진실과 회복

진실과 회복

트라우마를 겪는 이들을 위한 정의

TRUTH AND REPAIR

주디스 루이스 허먼 지음
김정아 옮김

북하우스

차례

일러두기

1. 저자의 주는 미주로, 옮긴이의 주는 각주로 달았다.
2. 원문에서 이탤릭체로 표기한 부분은 고딕체로 옮겼다.
3. 인명, 지명 등 외국어의 우리말 표기는 국립국어원 외래어 표기법을 따랐다.

서론

내가 처음 『트라우마』에서 트라우마의 망각된 역사를 썼을 때, 나는 트라우마를 겪는 사람들의 고통이 개인 심리의 문제이기만 한 것이 아니라 언제나 사회정의의 문제라는 논의를 펼쳤다. 트라우마의 원천에 있는 폭력은 지배와 탄압을 목적으로 삼는 폭력이라서, 애초에 그 폭력이 트라우마로 승인되고 트라우마라고 명명되려면, 세속적 민주주의 운동, 노예제 폐지 운동, 여성해방운동, 전쟁 종식 운동 같은 폭넓은 사회적 인권 운동의 역사적 맥락이 있어야 한다. 외상 후 스트레스 장애는, 베트남 전쟁 참전 유공자들이 자신들의 몸은 안전하게 돌아와 있지만 마음은 평생 베트남을 떠날 수 없다고 증언하며 백악관을 향해 훈장을 내던진 뒤에야 비로소 미국에서 정식 진단명으로 승인되었다. 성폭력은, 여성들이 여성해방운동과 함께 발언권을 얻게 되고, 강간, 폭행, 근친 성 학대라는 은폐된 일상적 범죄들에 대해 증언하게 된 뒤에야 비로소 전 세계적 병폐로 승인되었다.

트라우마 장애가 힘을 빼앗긴 이들의 질병이라면, 이들에게 힘을 실어주는 것이야말로 회복의 원리여야 한다. 트라우마가 수치심과 고립감을 낳는다면, 회복은 공동체 차원에서 이루어져야 한다. 이것이 내 작업의 치료적 통찰이다. 다른 문화권에서도 다른 시대에도 통했던 통찰이 아닐까 싶다.

전작 『트라우마』에서 나는 트라우마의 회복 과정을 대략 세 단계로 구분했다. 첫 번째 단계에서 생존자는 더 이상 폭력에 노출되지 않기라는 목표를 가지고 안전한 현재를 확보하기라는 복잡하고 힘든 과제에 집중해야 한다. 두려움 때문에 굴종할 수밖에 없었던 상황에 놓여 있었기에, 생존자는 자신의 안전이 확보될 때라야 비로소 두려움을 극복하고 능동감을 되찾을 수 있다. 반대로 말하면, 본격적 회복의 전제 조건은 일상에서 어느 정도 통제감과 선택지를 갖는 것이다. 그렇기 때문에 경찰과 법조 인력의 개입은 아무리 선의의 개입이라 해도 그로 인해 생존자의 통제력이 박탈되는 경우에는 추가적 피해가 야기될 수 있는 것이고, 생존자를 존중하고 힘을 실어주는 법적 개입이야말로 생존자가 겪은 피해에 대한 정의롭고 치유적인 배상의 방법인 것이다.

회복의 두 번째 단계에서 생존자는 트라우마를 애도하고 의미화한다는 목적하에 과거와 재회할 수 있다. 트라우마 사건을 겪은 생존자는 그 사건을 겪기 전의 자기 자신으로 돌아가는 것이 아니라, 과거를 부인하지 않되 과거로만 정의되는 것을 허용하지 않는 새로운 정체감을 벼릴 것이다. 생존자들의 회복을 시간을 두고 따라가는 연구들이 많이 나오면서, 사회적 지지는 순조로운 회복의 강력한 예측 요인인 반면에 사회적 고립은 유해하리라는 직관적 짐작이 사실이었음이 입증되어왔다. 사람은 자기 혼자 안전감을 느낄 수 없고, 자기 혼자 사건을 애도하고 의미화할 수도 없다.

과거의 애도가 끝없이 계속될 것 같겠지만, 언젠가는 끝이 온다. 세 번째 단계에서 생존자는 현재와 미래에 재집중하면서 더 넓은 공동체와의 관계들을 확장하고 삶에서 가능성 감각을 심화할 수 있다.[1] 본인의 고통이 더 큰 사회문제의 일부임을 인지한 일부 비범한 생존자들이 본인의 이야기를 남들을 위한 선물로 만들 때, 그들이 더 나은 세상을 모색하기 위해 남들과 이어질 때, 트라우마의 의미는 바뀔 수 있다. 내 동료이자 친구인 로버트 제이 리프턴은 그것을 가리켜 "생존자 사명"이라고 부른다.[2] 긴 시간 동안 내 환자들은 저마다의 삶을 되찾고자 이 회복의 단계들을 밟아왔고, 그동안 나는 그들의 증인이자 동지가 되는 특권을 누려왔다.

회복에는 네 번째 단계도 있는 게 아닐까, 그 마지막 단계는 정의가 아닐까 하는 생각을 내가 찬찬히 해보기 시작한 것은 최근의 일이다. 트라우마가 정말 사회문제라면(사회문제 맞다), 회복은 개인 차원에 머물 수 있는 문제가 아니다. 폭행하고 착취하는 가해자만 트라우마를 야기하는 게 아니다. 가학에 공모하거나 그 내용을 알고 싶지 않아 하거나 피해자를 비난하는 모든 방관자들의 방관적 대응 또는 무대응이 한층 더 심한 상처를 야기하는 경우가 많다. 종속되어 있거나 소외되어 있는 사람들을 해치는 범죄를 정당화, 용인, 비가시화하는 사회의 폭력 생태계를 이루는 요소 중 하나가 그런 상처들이다. 근원적 불의에 기인하는 것이 트라우마라면, 더 넓은 공동체 차원에서 불의를 바로잡기 위해 모종의 조치를 취하는 것이 온전한 치유의 필요조건이다.

생존자는 회복되기까지 정의에 대한 수많은 복합적 질문에 직면할 수밖에 없다. 생존자가 사람들 앞에서 진실을 말해도 괜찮을까? 공동체가 생존자의 진실성을 인정할 수 있을까? 피해를 바로잡을 수 있을까? 피해를 바로잡으려면 어떤 조치를 취해야 할까? 생존자와 가해자가 같은 공동체에서 살아가려면 어떻게 해야 할까? 가해자에게 책임지게 한다는 것이 무슨 뜻일까? 화해가 바람직할까? 화해하려면 어떻게 해야 할까? 공동체는 어떻게 치안을 유지하고 피해를 예방할 수 있을까?

이런 질문들에 대한 답을 찾으면서 나는 또 한 번 생존자들에게 귀를 기울였다. 이 책의 의도는 모두를 위한 정의로 나아가는 길을 그리는 것이다. 이 책에서 내가 주장하는 바는, 많은 사람들이 알고 싶지 않아 하는 진실을 뼛속 깊이 알고 있는 이들인 폭력 생존자들이 정의에 대한 새로운 이해로 나아가는 길에 앞장설 수 있다는 것이다. 첫 번째 단계는 생존자에게 직접 묻는 것, 즉 저질러진 일을 바로잡으려면 어찌 해야 할지, 힘닿는

데까지만이라도 바로잡으려면 어찌 해야 할지 당사자에게 묻는 것이다. 생존자 본인이 어떻게 생각하는지 사회가 당연히 알아두어야 할 것 같지만, 현실적으로 일이 그런 식으로 돌아가는 경우는 거의 없다. 경청이 급진적 조치가 될 수 있는 것은 그런 까닭이다.

이 책에서 내가 하려는 일은 많은 생존자들에게 정의가 무엇을 의미하는가를 밝히는 것, 그리고 이들의 생각을 토대로 사법 시스템의 비전을, 즉 이들의 필요와 기대가 진짜로 고려된다면 우리 사법 시스템이 얼마나 달라질 수 있을 것인지를 그리는 것이다. 다음과 같은 두 가지 이유에서 나는 생존자들 중에서도 특히 여성·아동 대상 폭력의 생존자들에게 초점을 맞추어왔다. (1) 지금 우리가 잘 알고 있는 대로, 이런 폭력은 인권 침해 중에서도 세계적으로 가장 흔하고 가장 오래된 인권 침해다.[3] (2) 내가 의료계에 발을 들여놓은 이래, 나는 이런 생존자들과 가장 많이 작업해왔다.

나는 여성해방운동의 와중에 성년이 되었다. 경청이라는 급진적 조치를 거기서 배울 수 있었으니 크나큰 행운이었다. 작가 그레이스 페일리가 쓴 것처럼, 그 시기에 운동에 동참한 여성들은 '위대한 두 번째 물결'의 "솟구침, 시끌벅적함, 짭조름함"[4] 덕분에 버틸 수 있었다. 나 역시 지금껏 그 힘에 의지해왔다. 1970년, 정신의학과 레지던트가 되기 두어 달 전에 나는 한 의식 고양 단체의 일원이 되었다. 자기 이야기를 하기 위해 모인 사람들의 힘을 그곳에서 먼저 경험했던 내 친구이자 대학 동기인 캐시 세라차일드는 미국 최남동부 지역에서 활동하는 민권 운동가였다. 그녀는 의식 고양을 가리켜 정치조직을 꾸리는 방법인 동시에 학문을 하는 방법이라고 했다. 뉴욕 레드스타킹스라는 단체에서 펴낸 에세이집 『페미니즘 혁명』에서 캐시는 말했다. "우리는 여자들이 너무 하고 싶어 하면서도 감히 하지 못하는 말과 행동을 하는 첫 번째 단체가 될 것이다."[5]

심리 치료실이라는 비공개 공간은 여성운동의 해방 공간과 비슷한 점이 많았다. 내 환자들이 비밀을 말해줄 때 나는 여성의 처지에 대해 새롭게 인식하며 귀를 기울였다. 레지던트 과정 중 처음 담당한 두 입원 환자는 자살 시도로 중태에 빠졌던 이들이다. 둘 다 부친에게 성적으로 학대당한 내력을 밝혔다. 그들이 절망에 빠진 것과 그들이 어릴 때부터 성적 대상으로서의 삶을 살았던 것이 관련돼 있음을 알기는 어렵지 않았다. 나는 일기에 이렇게 썼다. "가부장제에서 아버지가 딸과의 성교권을 갖는 것은 봉건영주가 초야권을 갖는 것과 마찬가지다." 내가 보았을 때 부친에 의한 성 학대는 여성에 대한 성적 억압의 전형적인 예인 듯했다.

레지던트 과정을 마친 뒤에 일하러 간 곳은 매사추세츠주 서머빌에 있는 간이 병원이었다. 보스턴의 외곽 도시인 서머빌은 당시 아일랜드계 미국인 위주 백인 노동계급의 요새 같은 곳이었다. 여성 전용 무료 진료소였던 내 일터는 강간 위기 센터와 폭행 피해 여성 쉼터처럼 여성운동가들이 1970년대 초반에 처음 만든 여러 "대항 시설들" 중 하나였다. 그곳에서 나는 근친에게 성적으로 학대당한 여성들을 더 많이 만날 수 있었다. 내 친구이자 동료인 리사 허시먼이 심리학 박사 학위를 취득한 직후, 나는 그녀와의 공동 작업을 통해 관련 연구를 심화시켰다. 우리는 그저 우리가 알고 지내는 다른 심리 상담가 두어 명에게 문의하는 것만으로 해당 사례 스무 건을 순식간에 추릴 수 있었다. 당시에 정신의학 교과서로 가장 널리 사용된 저서에서는 근친에 의한 성 학대가 100만분의 1 비율로 발생한다고 추산했다.[6] 저명한 권위자들의 저서였지만, 아동 학대가 상당히 높은 비율로 발생한다는 것을 고의로 외면하면서 만 단위를 틀린 것이었다. 우리 둘뿐이었다면 절대로 그런 권위자들에게 이의를 제기하려고 하지 않았겠지만, 여성운동의 기세와 열정이 우리 뒤를 받쳐주고 있었기에, 우리 환자들의 비밀을 맡게 되었다는 영광스러움이 있었기에, 우리는 여성들이 실제로 어떠한 처지에 놓여 있는가에 대한 공개 증언을 감행할 수 있었다.

1975년, 리사와 나는 신생 여성학 저널에 공동으로 논문을 투고했다.[7] 게재 수락 시점에서 실제 게재 시점까지 1년이 걸렸다. 그 1년 사이에 논문은 마치 사미즈다트•처럼 사본들이 만들어져 손에서 손으로 전해졌다. 곧 우리는 전국의 여성들로부터 이런 편지들을 받기 시작했다. "나 말고는 그런 사람이 없을 거라고 생각했다." "아무도 내 말을 안 믿을 거라고 생각했다."

• 냉전 시대 소련과 그 영향권 아래 놓여 있던 나라에서 당국의 검열을 피해 비밀리에 제작한 출판물.

"그렇게 된 게 내 잘못이라고 생각했다." 우리가 한 일은 여성들에게 귀를 기울임으로써, 그리고 그렇게 알아낸 것들을 과감히 발표함으로써, 오랫동안 은폐되어 있던 범죄를 폭로하는 쇄신의 순간을 위한 촉매가 된 것이었다. 우리는 임상 의료인으로서 우리 환자들이 수치와 공포라는 짐을 내려놓고 해방되는 모습을 목격하는 특권 또한 누릴 수 있었다. 그들이 들려준 이야기가 손가락질받는 대신 이해받았을 때, 그들의 절망은 새로운 희망이 되었고 그들의 고립은 새로운 공동체 감각이 되었다.

1981년, 나는 그런 발견들의 의의를 설명하는 나의 첫 책 『근친 성폭력, 감춰진 진실』을 펴냈다. '두 번째 물결' 페미니스트들이 펴낸, 여성 대상 폭력을 여러 차원에서 폭로하는 1970년대 저서들을 맨 뒤에서 따라가는 책이었다.[8] 내가 의료계에 발을 들여놓은 이래, 내 작업은 그렇게 혁명적이었던 순간의 그렇게 선구적이었던 폭로들을 근간으로 삼아왔다.[9]

같은 해, 빈곤층과 소외층에 공공 의료 서비스를 제공하는 "안전망" 병원인 케임브리지병원 정신의학과에서 나를 초빙했다. 하버드 의과대학 교육 병원이 된 직후였던 그 병원에서 신설한 정신의학과는 초심자 특유의 에너지와 창조력을 가지고 있었다. 교수진은 정신의학과 진료에서의 공동체 모델을 개발하는 일에 관심을 가지고 독창적인 방식으로 공헌하고 있는 의사들이었다. 그중 운영진은 모두 남성이었지만, 배짱 있어 보이는 두 여성을 흔쾌히 끼워주었다. 내가 여성운동에서 얻은 지식과 지혜를 정신의학 아카데미라는 대체로 멍청한 세계로 반입

할 자유를 누릴 수 있었던 곳은 하버드대학 생태계 내에서 그곳뿐이었던 것 같다.

국립정신건강연구소에서 강간 위기 프로그램들을 모범적으로 연구했던 공동체 심리학자인 동료 메리 하비와 나는 케임브리지시市로부터 수령한 소액 연구비를 가지고 범죄 피해자 정신 건강 치료 서비스를 개발하기 시작했다. 시간이 흘렀고, 우리는 이 연구를 기반으로 '폭력 피해자 프로그램'을 설립했다. 환자들에게는 의료 서비스와 지지 서비스를 제공하고, 정신건강 전문가들에게는 트라우마 치료 교육 서비스를 제공하고, 공동체 전체에 영향을 미치는 충격적인 사건이 발생했을 때 위기 대응 서비스를 제공하는 센터였다.

우리가 '폭력 피해자 프로그램'에서 만난 환자들 가운데 다수는 마찬가지로 아동기 학대, 성폭력, 가정 폭력의 지속적 영향을 짊어진 여성들(그리고 몇몇 남성들)이었다. 우리는 정치적 박해를 피해 피난처를 찾고 있는 난민들을 만나기도 했다. 나는 1980년대 초에 트라우마 스터디 그룹에 참석하기도 했다. 참전군인들, 피학대 아동들, 강간 생존자들, 가정 폭력 생존자들과 함께 작업하는 임상의들와 연구자들을 한데 모은, 내 친구 베셀 반 데어 콜크가 꾸린 모임이었다. 전쟁과 정치의 공적 영역에서든, 성, 재생산, 가정생활 같은 사적이어야 한다고 여겨지는 영역에서든, 억압이 억압인 것과 마찬가지로 트라우마는 트라우마다, 라는 것이 내게 점점 분명해졌다. 나는 『트라우마』를 집필하면서 바로 이런 통찰들을 토대로 삼았고, 1992년에 책을 출간했다.

'폭력 피해자 프로그램'은 지금까지 약 200명의 정신의학과 의사, 심리학자, 사회복지사에게 교육 서비스를 제공했다. 그들 중 다수가 자기만의 독창적인 방식으로 트라우마 분야에 공헌하고 있다. 우리는 트라우마 공개의 변증법을 장기간에 걸쳐 목격하고 있다. 트라우마에 대한 이해도가 높아진 시기(생존자가 이야기를 들려주고 전문 인력이 증인이 됨으로써 트라우마 이해의 동력이 만들어진 시기)가 있었고, 곧이어 사회적 백래시와 전문 인력 마비의 시기가 있었다. 여성들이, 흑인들이, 치욕당하고 멸시당해온 이들이 자기의 살아온 경험의 진실성을 주장하는 의식 고양 운동의 새로운 물결이 전 세계를 고무하고 있는 지금, 나는 증언으로 나의 학문적 삶과 직업적 삶에 형태를 잡아준 트라우마 생존자들과의 대화로 다시 돌아왔다.

이 책에서 나는 철학, 사회과학, 역사, 법, 심리학의 성과들을 활용할 것이고 아울러 생존자들과 직접적으로 협력하는 전문직 종사자들과의 인터뷰를 활용할 것이다. 그중에는 변호사, 판사, 권리 옹호 활동가, 교육자도 있고 당연히 정신 건강 의료계 종사자도 있다. 하지만 내 책은 기본적으로 생존자 본인의 증언에 토대를 두고 있다. 내 생각에 일각에서 생존자 정의, 아니면 치유적 정의라고 부르기 시작한 정의의 전문가는 바로 그들이다. 점점 많은 생존자가 대중 해방운동에 용기를 얻어 본인을 1인칭으로 서술하는 글을 출판하고 있다. 나 또한 다양한 배경의 여러 생존자들과 자유로운 형식의 심층 인터뷰를 진행했다.

이들은 나의 이런저런 직업적 사회 연결망을 통해 내 계획을 전해 듣고 나와의 대화에 흔쾌히 응해주었다. 이 훌륭한 여자들과 남자들은 생존자 사명을 감당하는 사람들, 본인의 이야기를 공유함으로써 본인의 트라우마에서 새로운 삶의 목표를 창조해낸 사람들이다. 어떤 사람들은 교사로서, 작가로서, 예술가로서, 변호사로서, 공동체 조직가로서, 성직자로서, 피해자 지지 활동가로서 폭력 예방을 위한 노력에 헌신해왔다. 어떤 사람들은 흔쾌히 자신의 본명을 밝히라고 말해주었고, 또 어떤 사람들은 이용도로 쓸 수 있도록 가명을 만들어주었다. 나는 책 전체에서 그들과의 인터뷰를 인용한다.

내 인터뷰에 응해준 생존자 중 한 명은 세라 슈퍼라는 이름의 젊은 여성으로, 미니애폴리스에 거주하는 공동체 조직가다. 세라의 이야기는 관습적 사법 시스템이 제공할 수 있는 최선을 보여주면서 동시에 그 최선보다 훨씬 높은 정의의 비전을 보여준다. 세라는 몇 년 전에 '성폭행 생존자 기념비' 기공식에 나를 초대하기 위해 처음 나에게 연락해왔다. 『트라우마』 가운데 그녀에게 영감을 준 장章이 있었던 것이다. 거기서 나는 강간과 전투를 비교하면서 둘 다 젊은 남자들과 여자들의 폭력적 신고식이라고 썼다. 워싱턴 DC의 '베트남전쟁 기념비'가 베트남 참전군인들의 공개적 인정, 순례, 치유를 위한 장소로 중요하다고 쓰면서 그에 비해 강간 피해자를 위한 기념비는 아무 데도 없다는 사실을 강조하기도 했다. 세라는 자기 도시에 그 기념비를 세우겠다고 결심했다. 그리고 그 결심을 실행했다.

세라는 전 남자 친구로부터 끔찍한 폭행을 당했다. 범인이 야간에 집 안에 침입해 칼로 위협하고 강간한 사건이었다. 세라는 간신히 도망쳐 나와서 비명을 질렀고 이웃에 의해 구조되었다. 사법 시스템이 이상적으로 작동한 드문 사례였다. 세라는 말했다. "몇 분 안에 경찰들이 도착했고, 나는 정말 좋은 대우를 받았다. 나는 고급 주택가에 사는 여자, 아주 백인다운 여자, 아주 부유한 여자였다. 나는 완벽한 피해자였다." 도주한 강간범 앨릭은 고속도로 추격전 끝에 체포되었다. 세라는 말했다. "그 역시 정말 좋은 대우를 받았다. 나는 종종 생각했다. 그가 잡혀왔을 때 어떻게 그렇게 다친 데가 전혀 없을 수가 있었는지 말이다." 그가 흑인이었다면 어떤 대우를 받았을지 그녀는 궁금해했다.

앨릭은 유죄를 인정했고 12년 징역형에 처해졌다. 세라는 선고의 엄중함을 통해 범죄의 위중함을 인정받았다고 느꼈다. 그는 그녀의 생명을 위협했으니까. 그리고 그녀는 그가 아직 위험하다고 생각하면서 그를 겁내고 있었으니까. 그녀는 말했다. "그때 그는 나한테 자신과의 관계를 끊은 데 대한 벌을 준 것이었다. 지금 그는 내가 자기한테 죗값을 치르게 한 데 대한 벌을 주고 싶어 할지도 모른다." 세라는 자기를 담당한 피해자 지지 활동가와 자기 사건을 기소한 지방 검사로부터 도움받고 있음을 확실히 느꼈고, 법정에서 본인의 이야기를 들려줄 기회를 얻을 수 있었다. "내가 피해자 의견서를 읽는 동안, 판사는 안경을 벗어 들고 진심으로 경청했다."

왜 그것으로 충분하지 않았을까? 정의가 구현되는 데 무엇이 부족했을까? 그 경험을 통틀어 세라에게 큰 상처가 된 부분 중 하나는, 강간이 그녀와 앨릭의 소위 리버럴하다는 공동체를 둘로 쪼갠 방식이었다. 그녀를 종종 집에 초대해주던 앨릭의 부모는 아들이 기소당하게 생겼으니 자기네 가족이 진짜 피해자라고 여긴 듯 지원 본부를 꾸림으로써 공동체의 지원을, 예컨대 변호사 선임비 후원, 그리고 그의 "훌륭한 인격"을 증언하는 편지 쓰기 캠페인을 체계화하려고 했다. 그동안 세라는 그들로부터 아무 소식도 듣지 못했다. 그녀는 삭제당했다는 느낌을 받았다. 강간당하고 몇 주 뒤, 세라는 자신이 그가 저지른 범죄의 피해자임을 미니애폴리스 언론에 밝히기로 했다. 그녀는 지인 중에 자기의 언론 활동에 응답해주는 사람이 거의 없는 것에 또 한 번 상처를 받았다. 세라는 말했다. "나는 성폭력을 둘러싸고 있는 침묵을 느꼈다. 그 침묵이 어떻게 가해자들을 보호하고 생존자들을 고립시키는지를, 그리고 공동체가 강간 문화를 지지하는 무지하고 수동적인 방관자가 되는 것을 그 침묵이 어떻게 허락하는지를 나는 그때 깨닫게 되었다."

이것이 성폭력 범죄와 함께 벌어지는 일들이다. 성폭력 범죄가 지배와 종속의 역학을 폭로할 때 공동체는 둘로 쪼개진다. 세라가 말하기를 자신은 강간 후유증으로 일상적 성차별에 대한 내성을 잃었다고 했다. 하지만 다시 데이트를 시작하면서 일상적 성차별이 문화에 얼마나 깊이 뿌리박혀 있는지를 깨닫게 되었다. 상대 남자들과 대화를 나눌 때면 그들의 성 관련 태도와 성 관련 경험을 화제로 삼았는데, 그들 중에 스트립 클럽 총각 파티에 안 가본 남자나 포르노를 생활의 일부로 삼지 않는 남자는 한 명도 없었다. 그 남자들은 자신에게 강간 문화에 참여하는 방식들 중 몇 가지에 대해 질문해온 최초의 상대가 그녀였다고 했다. 그 전까지 그들은 그것에 관해 생각해본 적이 한 번도 없었다. 생각해보아야 할 필요를 전혀 느끼지 못했던 것이다. 세라는 말했다. "정의가 구현되려면, 문화가 바뀌어야 한다. 치유가 이루어지려면, 젊은 남자들의 신고식에서 여성을 멸시하는 일이 사라지는 세상이 와야 할 것이다."

세라가 지지를 기대했던 많은 친구들과 동료들은 응답하지 않았지만, 정말 많은 비非지인들이 저마다의 이야기를 공유하며 응답해주었다. 세라는 말했다. "나는 내가 성폭력 생존자들에게 둘러싸여 있었으면서도 그 사실을 몰랐음을 그때야 알게 되었다." 그녀가 성폭력 실상의 공개적 인정을 가능하게 만들 기념비를 세우기로 마음먹은 데는 그것이 결정적이었다. 세라는 말했다. "난생처음 시의회 의원에게 편지를 썼다. 그 의원은 나를 공원 감사위원에게 소개해주었다. 그 위원은 내게 공원 감사위원회 정기 회의에서 3분간 연설할 수 있게 자리를 마련해주었다."

유능한 조직가였던 세라는 자기에게 편지를 보내주었던 많은 생존자들을 자기가 공원 감사위원회 위원들 앞에서 3분짜리 성명서를 읽는 자리로 불렀다. 지금 미니애폴리스공원에 '성폭행 생존자 기념비'가 세워져 있는 것은 이렇듯 세라의 리더십 덕분이자 권력에 의한 성적 학대가 사회문제로 떠오른 시점에 쏟아져 나온 이야기들 덕분이다. 기념비 헌정일은 2020년 10월 10일이었다. #미투 운동을 창시한 흑인 공동체 조직가 타라나 버크와 『버자이너 모놀로그』를 쓴 백인 극작가 V(개명 전 이름은 이브 엔슬러)가 헌정식 연설자들이었다. 세라는 이곳이 공교육의 장이자 '공동체 진실 말하기' 행사의 장이 될 날을 그려본다. 예술가 로리 그린의 기념비 모자이크들 가운데 하나가 이 책[원서]의 표지를 장식하고 있다.

공개적 인정을 통해 생존자들을 예우하는 것이 정의라고 하면 이는 흔히 생각하는 정의 개념과는 상당히 다르다. 하지만 내 생각에는 이러한 인정이야말로 생존자 정의 실현에 필수적이다. 생존자들에게는 이러한 인정이 큰 의미가 있다. 공동체와의 깨진 관계를 치유하는 데 도움이 되기 때문이다. 미국에 세워져 있는 무수한 '남부 연합 기념비'들에 대한 뼈아픈 청산으로부터 우리가 최근에 알게 된 것처럼 기념비는 정말 중요하다. 기념비는 우리 사회가 누구를 예우하고 누구를 존중하는지를 말해주는, 오래가는 공개 선언이다. 기념비는 어떤 경우에는 직접, 더 많은 경우에는 누락을 통해 누가 치욕당하고 무시당해야 하는지, 누가 안 보여야 하는지를 알려주기도 한다.

남북전쟁 이후 수많은 '남부 연합 기념비'가 세워졌다. 린치법과 짐 크로 법을 제도화한 반동의 시기였다. 2018년에 흑인 변호사 브라이언 스티븐슨과 '평등한 정의 구현 운동 본부'가 세운 국립 평화 정의 기념비가 앨라배마주 몽고메리에서 헌정되었다는 것은 그래서 대단히 중요한 의미가 있었다. '국립 린치 기념비'라는 약칭으로도 알려져 있는 이 기념물은 백인 우월주의 잔학 행위의 피해자 4000명의 이름을 밝힘으로써 그들을 예우하고 있다. 그리고 그들을 살해한 공동체를 하나하나 불러냄으로써 말해지지 않은 저마다의 역사를 인정할 것을 요구하고 있다. 성폭행 피해자 기념비도 마찬가지다. 이런 기념물은 생존자들의 권리를 공개적으로 옹호하고 남성 우월주의의 말해지지 않은 특권 의식들에 도전한다. 은폐되어 있던 잘못들의 공개적 인정은 평등한 정의로 나아가는 첫걸음을 여러모로 표상한다.

세라 슈퍼의 이야기는 관습적 사법 시스템 안에서 최선의 정의가 제공될 때조차 생존자에 대한 공개적 인정이라는 정의는 제공되지 않는 현실을 잘 보여준다. 하지만 더 현실적으로 말하면, 생존자의 대다수는 관행의 차원에서조차 정의를 만나지 못한다. 세라를 대했던 경찰들과 검사와 판사는 상대를 존중할 줄 아는 유능한 직업인들이었다. 대부분의 성폭력 생존자들은 그런 직위의 공무 종사자들을 만나지도 못하고, 요행히 만났더라도 만났던 일을 깊이 후회하게 된다. 경찰은 그들에게 진술을 받을 때 종종 피해자가 아닌 용의자를 대하듯 한다. 검사는 배심원단이 가지고 있을 수 있는 흔한 편견 탓에 이기기 어려울 수 있으니 그들의 사건에 신경 쓰고 싶어 하지 않는다. 판사 중에도 그런 편견을 가진 판사가 종종 있다. 사법 시스템을 경험해본 생존자들은 그때를 두고 "2차 강간"이었다고 말하기도 한다. 종속당하거나 소외되는 다른 집단도 비슷한 불의를 겪는다. 우리가 흑인 생명 운동에서 알게 된 것처럼, 유색인에 대한 경찰 폭력은 살인을 포함해 아무리 정도가 심해도 기본적으로 불처벌 범죄다. 우리는 더 나은 무언가를 당장 모색해야 한다.

*

이 책은 총 3부로 되어 있다. 1부에서는 이 책에 깔려 있는 이론, 곧 정의는 권력의 사회적 조직화에 의지한다는 이론을 펼친다. 1장과 2장에서는 근본적으로 상이한 두 가지 유형의 권력관계, 곧 지배·종속 기반의 권력관계와 호혜·상생 기반의 권력관계를 대조한다. 전자는 독재의 원형이고 후자는 평등의 원형이다. 역사를 통틀어, 세계 전체에서 두 가지 유형이 모두 발견된다. 친밀한 영역(사랑, 가족)에서 정치적 영역(국민국가), 국제적 영역(조직화된 종교, 사업, 범죄 집단)까지 미시적 대인관계와 거시적 사회구조 전부에서 두 가지 유형이 모두 발견된다. 전자는 전쟁의 역사, 정복의 역사, 노예노동의 역사, 대량학살의 역사에서 발견된다. 후자는 인간적 애착·돌봄의 진화에서, 그리고 해방, 평화, 정의를 향한 인간적 염원의 역사에서 발견된다. 나는 정의가 윤리적 개념, 즉 윤리 공동체를 설정한 뒤에야 논의할 수 있는 개념이라는 생각을 발전시킨다. 그러면서 지배와 종속의 관계들이 호혜의 관계들에서만 발견되는 신뢰와 공정의 원칙들에 기초한 대원칙인 정의와 양립할 수 없다는 주장을 펼친다.

3장에서는 독재가 어떻게 이루어지는가, 즉 독재의 규칙들과 수법들이 사회관계들의 조직 속에 어떻게 그렇게 깊이 뿌리박혀 있을 수 있는가를 보여주는 예로, 전 세계적인 가부장제 헤게모니를 탐색한다. 나는 문화와 관행뿐 아니라 법률 기구, 법 집행, 그리고 사법 그 자체에서 자행되는, 가부장제의 은폐된 폭력의 방식들 중 몇 가지를 상세하게 논의한다. 왜 가부장제를 예로 드느냐 하면, 가부장제가 내가 개인적으로나 직업적으로

나 너무나 잘 알고 있는 예이기 때문이다. 이 분석이 확장되어 다른 상황, 특정한 집단의 지배가 수 세기 동안 깊이 뿌리박혀 있는 상황, 예컨대 카스트제도, 노예제도, 식민주의, 종교적 박해가 대물림되는 상황에도 적용될 수 있으면 좋겠다. 내가 인용하는 대부분의 연구 자료와 증언 자료가 미국 자료인 것도 같은 이유에서다. 이것과 유사한 분석 기법들이 다른 나라들로 확장될 수 있어도 좋겠다.

2부는 내 제보자들의 증언으로부터 그려낸 정의의 비전들을 상세하게 논의한다. 나는 수많은 생존자들이 갖고 싶다고 하는 것(진실, 정의)과 우리 사법 시스템이 실제로 주는 것(처벌, 금전배상)의 근본적 괴리를 개괄한다. 4장은 진실에 대한 공개적 인정이 정의의 출발점이어야 함을 말하는 장이다. 내가 이 책을 위해서 인터뷰한 모든 생존자는, 그리고 감히 말하건대 내가 일터에서 만난 모든 생존자는, 다른 무엇보다 사실을 인정받고 정당성을 입증받기를 바랐다. 생존자는 더 넓은 공동체 안에서 자기가 중요시하는 구성원들이 진실을 인정하고 범죄를 비난하기를 원한다. 하지만 이 말은 생존자가 실제로 중요시되고 있어야 한다는 뜻이다. 아울러 이 말은 생존자의 신빙성이 편견 없이 판단될 수 있어야 한다는 뜻이다.

종속 주민이 정의를 찾아 나서게 되면, 그들이 얼마나 중요시되지 않고 있는지, 그들의 증언이 얼마나 신용을 얻지 못하고 있는지가 곧 분명해진다. 예를 들어, 인기 연예인 R 켈리가 최근 불법 성매매 건과 공갈 건으로 유죄판결을 받았을 때, 원로 법학

교수 킴벌리 크렌쇼는 이 유명한 약탈자가 수십 년간 무수히 많은 피해자들을 학대하고도 무사할 수 있었던 이유에 대해서 이렇게 말했다. "상호 중첩되는 연예계, 법조계, 언론계 종사자들이 흑인 여성·여아를 소모품으로 보도록 훈련돼왔다는 단순한 이유에서다." 그녀는 이어서 이렇게 말했다. "흑인 여성·여아 대상 학대를 용이하게 하는 인종차별과 미소지니•의 상호작용이 앞으로도 계속 배경 소음인 듯 당연시된다면, 이 불미스러운 대사건으로 표상되는 일반 역사의 잘못들을 바로잡을 기회는 영영 사라질 것이다."[10] 정의를 구현하려면 특별한 악명을 떨치는 한 명의 약탈자를 형사범으로 처벌하기만 하면 되는 것이 아니라 바로 이 일반 역사의 잘못들을 바로잡아야 한다.

5장과 6장에서는 가해자 처벌에 초점을 맞추는 대신 생존자의 피해를 복구하고 역사적 잘못들을 시정하는 데 초점을 맞추는 정의의 비전을 상세하게 논의한다. 가해 사실을 인정했다면, 손상된 관계를 바로잡기 위한 첫걸음은 사죄다. 이것이 5장의 주제다. 여기서 나는 진정한 사죄와 불성실한 사죄를 대조한다. 진정한 사죄는 매우 드물지만 놀라운 치유력을 발휘할 가능성이 있다. 반면, 불성실한 사죄는 또 다른 종류의 가해다. 진정한 사죄는 종종 용서와 화해로 이어진다. 하지만 용서하라는 사회적 압력은 방관자들이 이용하는 쉽고 편한 노선이자 이미 불

• misogyny. 여성이란 지적으로 열등하고, 이성적이기보다 감성적이며 유아적이거나 관능적인 존재라고 여기는 신념. '여성 혐오'로 번역되기도 한다.

의를 당한 생존자들이 또 다른 불의를 당하게 되는 함정이 될 수 있다는 것이 내 주장이다. 6장은 처벌이 정의의 척도가 아니라면 가해자에게 책임을 지게 한다는 것이 어떤 것일 수 있을지 그 비전들을 탐색한다. 나는 회복적 정의 운동의 대안적 이론들과 실천들을 검토하면서 그 창조적 가능성들을, 그리고 그 한계들을 고려한다. 아울러 나는 여성·아동 착취 범죄의 확산을 조장해온 기관들에 책임을 지게 하는, 기존의 민법 영역 내부에서 시작된 최근의 몇몇 움직임을 검토한다.

3부에서는 정의가 피해자를 치유할 뿐 아니라 가해자와 사회 전반을 치유할 수 있다는 논의를 좀 더 발전시킨다. 7장에서는 배상 문제를 탐색한다. 생존자 개인에 대한 금전배상이라는 기존의 개념에서 시작하는 탐색이되 법률 업무와 법 집행의 영역 내부에서 실질적인 보상 서비스를 창출하려면 어떠한 유형의 공동체 조직이 필요할 것인가를 고려할 수 있게 프레임을 확장하는 탐색이다.

마지막 두 장에서는 어떻게 해야 피해를 예방할 수 있을지 그 방법을 상상해보고자 한다. 가해자 처벌과 격리를 정의의 척도로 삼지 않으려면, 공동체 안전을 해치지 않으면서 가해자를 공동체에 복귀하게 만들 다른 방법들을 찾아내야 한다. 8장에서는 가해자와 가해자 재활에 대한 극소수의 연구물을 검토한다. 여기에서는 가해자 치료가 유효성이 있는지 그 증거를 고려한다.(현재 고려 가능한 대상은 범법 행위로 법원의 치료 명령을 받은 그 한 줌 말고는 거의 없다.) 아울러 나는 이런 범죄들을 권력 남용으로 이해하는 이론적 바탕이 있는 치료와 그 바탕에 그 어떤 사회 이론도 없는 치료의 차이를 강조한다. 마지막으로 9장에서는 젠더 기반 폭력을 예방하기 위한 새로운 모델을 개발할 때 대학 캠퍼스가 공중 보건 프레임과 사회정의 프레임을 둘 다 사용하는 실험실의 역할을 할 가능성을 고려한다. 이 책은 '생존자 의제'의 비전과 함께 마무리된다.

트라우마 생존자들에게 귀를 기울이고 그들의 이야기를 증언하는 작업, 지난 50년간의 내 직업 생활은 바로 그 작업을 근간으로 삼아왔다. 하지만 이 책은 나를 법과 역사와 정치철학 같은, 내 전문 영역과는 거리가 먼 앎과 생각의 영역들로 데려다 놓기도 했다. 이 책을 읽을 때, 어느 초학자가 정의란 무엇인가를 생존자 증언을 토대로 다시 상상해보고자 하고 있다고 생각하면서 읽기 바란다. 이런 생각들을 토대로 뭔가를 만들어내는 것은 미래의 다른 사람들일 것이다. 우리, 인간이라는 손상된 종種에게 미래가 있을진 확실치 않지만.

작업 방식에 관한 짧은 글

내가 수집한 증언들의 출처는 아동기 성 학대, 성폭행, 성매매, 성희롱, 가정 폭력 생존자(단일 또는 중복) 여성 스물여섯 명, 남성 네 명이다. 내가 그들을 만나기 위해 한 일은, 생존자들이 정의를 어떤 시각으로 바라보는지에 대해 이야기 나눌 방법을 찾고 있다는 소문을 나의 다양한 직업적 연결망을 통해 낸 것이 전부다. 나는 이 집단이 생존자 전체를 대표할 수 있다고 주장하지 않는다. 내가 꾸린 집단은 인종, 성적 지향, 계급, 지리적 배경 면에서는 제각각이었지만 학력 면에서는 비교적 고학력이었고 다수가 나처럼 학계에 있거나 전문직이었다. 나이는 적게는 22세에서 많게는 60세까지였고, 대부분 30대와 40대였다. 나는 '폭력 피해자 프로그램'의 환자였던 사람과는 인터뷰하지 않았다. 했다면 직업 윤리 위반이었을 것이다. 21세

미만인 사람이나 최근에 폭행을 당해 위기를 겪고 있는 사람과도 인터뷰하지 않았다. 내가 모집한 모든 제보자들은 회복의 시간을 보낸 뒤 '나에게 정의란 무엇을 의미하는가'를 성찰할 시간을 가진 사람들이었다.

내가 꾸린 제보자 그룹은 범죄 가해자를 신고하고 민/형사 시스템을 통해 책임을 지게 하고자 한 비율이 반이 넘는다는 면에서도 전형성이 부족했다. 이들의 비율은 이런 범죄를 당한 피해자들의 평균 신고율과 제소율을 크게 웃돌았다. 실제 소송에서 가해자에 대한 유죄판결을 받아낸 사람은 여섯 명(20퍼센트)이다. 유죄판결을 받아냈는가를 성공의 척도로 본다면, 이것 역시 사법 시스템의 통상적 성공률을 크게 웃도는 숫자다.

인터뷰는 자유로운 방식으로 진행됐다. 나는 그저 대화의 물꼬를 텄을 뿐, 이야기를 들려준 것은 제보자들이었다는 뜻이다. 나는 물었다. '무엇이 당신이 입은 피해를, 최소한 그 일부라도 보상해줄 수 있을까? 당신은 가해자와 방관자가 어떤 식으로 책임을 져야 한다고 생각하는가?' 피해자가 복수를 노리는 모습으로 정형화되는 경우가 많은 만큼, 나는 특히 분노와 원한의 감정들에 대해 물었다. 용서에 대해서 어떻게 생각하는지도 물었다. 정의의 형식적 구조를 마주했던 사람들에게는 이렇게 물었다. '당신은 왜 범죄를 신고했는가? 당신은 그때 무엇을 경험했는가?' 대부분의 인터뷰는 녹음 자료와 필사 자료를 남겼지만, 어떤 인터뷰는 메모만 남아 있다. 또 모든 제보자가 인터뷰 내용을 확인하고 동의서를 써주었다.

나는 20년 전에 래드클리프고등연구소에서 연구년을 보내면서 이 프로젝트에 착수했다. 몇몇 예비 연구 성과들은 논문으로 정리해서 2005년에 저널 〈바이얼런스 어게인스트 위민〉의 회복적 정의 특집호에 게재했다.[1] 그러다가 살아가는 일이 질병의 형태로, 원호 생활 시설 입주라는 형태로, 이어서 남편과 사별하는 형태로, 그리고 이어서 할머니가 되는 형태로 이 프로젝트를 방해했다. 이 모든 이유 때문에 이 프로젝트는 오랫동안 보류되어 있었다. 그러다가 3년 전부터 드디어 재개할 수 있었다. 나는 몇몇 추가 인터뷰를 진행했다. 그중에는 초기에 인터뷰했던 생존자 세 명과의 재再인터뷰도 있어서 20년 사이에 그들의 관점이 어떻게 진화했는지 알게 되었다. 팬데믹이어서 나는 독방에 감금된 것과 다름없이 지내고 있었고, 마침내 이 책의 집필을 시작하기에 옳은 때가 왔다고 생각했다.

1부

권력

1장
독재의 규칙

> 미국의 헌법 제정자들은 법률에 기초한 민주주의 공화국을 건국하고 견제와 균형의 시스템을 수립하면서, 고대 철학자들이 불렀던 명칭과 같은 '독재'라는 이름의 해악을 피하고자 했다. 그들이 생각한 해악은 한 개인이나 한 집단이 권력을 탈취하는 것, 또는 통치 세력이 법을 마음대로 주무르는 것이었다. 그 후 이어진 정치 논쟁은 주로 미국 사회 안에서의 독재, 예컨대 노예와 여성에 대한 독재 문제에 관한 것이었다.
> - 티머시 스나이더, 『독재』[1]

메리엄-웹스터 사전은 "독재"를 "힘 있는 사람이 힘없는 사람을 잔인하고 부당하게 대하는 것"이라고 정의한다. 딕셔너리 온라인 사전은 "임의적이거나 무제약적인 권력 행사, 폭군적인 권위 남용"이라고 정의한다. 케임브리지 영어 사전은 "한 명의 통치자나 작은 규모의 통치 집단이 무한한 권력을 신민이나 국민에게 부당하고 잔인하게 사용하는 것"이라고 말한다. 이 세 정의에는 무한정 행사되는 권력이라는 생각이 공통되게 들어 있다. 독재는 자유, 평등, 인권, 법치라는 계몽주의적 개념들의 대립항이다. 이 책에서 나는 독재가 정의의 대립항이기도 하다는 논의를 펼친다.

독재 사회는 지배와 종속의 규칙들에 의해 통치된다. 이 규칙들은 꽤 단순하다. 힘 있는 사람은 하고 싶은 대로 할 수 있으니까 하고 싶은 대로 한다. 허약하고 취약한 사람은 복종한다. 방관자는 무서워하면서 입을 다물거나 일부러 눈을 감거나 기꺼이 권력과 공모한다. 저항은 폭행, 감금, 고문, 처형 같은 극심한 처벌을 부를 수 있다. 이 기본 규칙들은 독재자 정권하에서, 절대군주 정권하에서, 범죄 집단과 준군사 집단이 통치하는 구역 내에서 지배적이다. 노예노동, 인신매매, 성매매가 자행되는 영역 내에서도, 몇몇 사이비 종교 집단 내에서도, 그리고 너무 자주 가족 내에서도 지배적이다. 어떤 주민 집단 전체가 국민으로서의 온전한 권리를 원칙상 또는 사실상 누리지 못할 때, 예컨대 여성일 때 또는 유색인일 때, 기성 민주주의 내에서도 이 규칙들을 적용할 수 있다. 이 책에서 내가 주로 젠더 기반 폭력의 영역에서 예를 가져오는 것은 그 영역을 가장 잘 알기 때문이다. 하지만 권력이 어떻게 조직돼 있는가에 대한 이 기본적인 생각들을 많은 다른 탄압의 영역들, 즉 특정한 주민 집단을 인종, 카스트, 출신 국가, 사회계급, 종교 같은 속성에 따라 지배해온 영역들에 융통성 있게 적용하자고 제안하고 싶다.

힘 있는 사람의 규칙은 늘 폭력과 협박을 통해 강제된다. 권력은 궁극적으로 이렇게 행사된다. 독재자의 통제에 복종해야 할 때 많은 사람들은 당연히 울분을 느낀다. 어떤 사람들은 저항의 유혹을 느낄 수도 있다. 그러니 통치자의 패권을 유지하고 종속 집단에게 분수에 맞는 자리를 가르친다는 목적하에 폭력이 주기적으로 사용되는 것은 늘 필연적이다. 그럼에도 통치 세력의 폭력은 너무 자주 비가시화된다. 법과 관행은 너무 자주 통치 집단의 지배를 뒷받침하고, 통치 이데올로기는 평화로움과 사회적 조화로움이라는 가식을 유지하기까지 한다. 폭력이 인정되었을 경우, 통치 이데올로기는 폭력을 유발했다면서 피해자를 비난한다. 이런 상황에서 폭력 피해자는 그 어떤 기본적 인권도 누릴 수 없고 그런 만큼 그 어떤 보호 조치와 시정 조치도 기대할 수 없다. 법전이 있고 심지어 법정도 있지만 이런 것은 그저 독재자나 지배 집단의 임의적 권력의 도구일 뿐이니, 정의는 없다.

강압적 통제의 수법들

폭력이 지배 유지를 위한 결정적 수법이기는 하지만 유일한 수법은 아니다. 다시 말해 폭력은 복종을 강요할 때 사용하는 여러 가지 강압 수법들 가운데 하나다. 전 세계적으로 사용되고 있는 이런 수법들을 이해하는 것이 중요하다. 그래야 이런 수법들이 개별 피해자들과 사회 전반에 어떤 영향을 끼치는지를 이해할 수 있기 때문이다. 1957년, 사회과학자 앨버트 비더먼은 중국 공산당이 한국전쟁 중에 미 공군 포로들로부터 허위 자백을 받아내기 위해 사용한 수법들을 기반으로 "강압 도표"를 작성해 발표했다. 당시 일각에서는 이런 수법들을 공산당이 새로 발명한 악마적 "세뇌" 테크닉으로 오해하기도 했지만, 비더먼이 설명하려고 했던 논점은 이것들이 오랜 시간에 의해 검증된, "경찰들과 심문자들이 수 세기에 걸쳐 사용했던" 수법들이라는 것이었다.[2] 1973년, 앰네스티 인터내셔널은 서로 다른 수많은 문화권들과 독재 정권들의 고문 생존자들이 내놓은 증언을 기반으로 비더먼과 거의 똑같은 내용의 강압 도표를 작성해 발표했다.[3] 1984년, 미네소타주 덜루스의 한 폭력 피해 여성 프로그램은 폭행 가해자가 파트너에 대한 지배를 유지하기 위해 사용하는 가장 흔한 수법들을 정리해 "폭력 도표"를 발표했다. 바퀴심은 권력과 통제이고, 바퀴살은 모든 강압 수법들이다. 두 목록은 기본적으로 일맥상통한다. 이 증거를 통해 알 수 있듯, 전쟁과 통치의 공개 영역(전통적으로 남자들의 세계)에서든 친밀한 관계들의 비공개 영역(전통적으로 여자들이 갇혀 있는 세계)에서든 독재의 특징들은 인지 가능하고 독재를 유지하기 위한 수법들은 동일하다.

폭력을 아주 빈번하게 사용할 필요는 없다. 한 번 사용할 때 확실하게 사용하기만 하면 된다. 폭행 피해 여성운동 진영에는 "한 번을 제대로 맞으면 1년이 꺾인다"라는 말이 있다. 한 피해자의 경험담을 들어보자. "그의 눈에서 그 시선을 보았을 때, 나는 그가 나를 정말 죽일 수도 있겠다는 것을 깨달았다." 그런 까닭에 폭력 위협은 (아니면 그저 그의 그 시선은) 복종 자세를 끌어내기에 충분할 수 있고, 피해자는 그 시선 앞에서 상시 경

출처: '가정 학대 개입 프로그램'(미네소타주 덜루스)
www.theduluthmodel.org

계 태세를 취할 것이다. 미국 중앙 정보부CIA의 억류자 심문 매뉴얼에는 이런 내용이 실려 있다. “많은 경우 강압 위협은 강압 그 자체보다 더 효과적으로 저항을 약화시키거나 무화시킨다.”[4]

신체 기능 통제하기, 사소한 규칙을 불규칙적으로 강요하기, 임의로 불규칙하게 상 주기 등 세 가지 추가적 수법을 사용하면 피해자로부터 확실한 복종을 끌어낼 수 있다. 신체 기능 통제 수법 중 가장 유명한 것으로는 수면 박탈이 있다. 학대범은 어둠과 밝음의 일주기日週期에 대응하는 생체리듬을 교란하고 통제한다. 물론 굶기기도 있다. 피해자의 자아 정체감과 자아 통합감을 가장 심각하게 붕괴시키는 수법으로는 감각 박탈과 약물을 사용한 상태 변경이 있다. 신체 통제에는 두발·복장 관련 규칙을 따르게 하는 것도 포함될 수 있다. 폭력단과 사이비 종교 집단에서나 노예 농장과 강제수용소에서의 극단적 수법으로는 문신이나 낙인도 포함될 수 있다.

이런 통제 수법들은 권력의 자리에 올라 권위를 남용하는 사람들에 의해서도 덜 극단적인 형태로 행해진다. 미국 연방 고등 법원의 어느 저명한 판사는 언젠가 재판 연구원들에게 말했다. “나는 너희가 읽는 것, 너희가 쓰는 것, 너희가 먹는 것을 통제한다. 내가 자지 말라고 하면 자지 마. 내가 싸지 말라고 하면 싸지 마. 알아들어?”[5] 이것이 농담이 아니었던 모양이다. 이 남자는 수십 년간 재판 연구원들을 학대하는 행위로, 특히 성희롱 행위로 악명을 떨쳤다. 심지어 법치의 이행을 위임받은 사람들이 독재의 규칙들과 수법들을 선호하는 경우도 있을 수 있다.

사소하고 임의적인 규칙을 불규칙적으로 강요하는 것은 피해자의 의지를 꺾고 피해자의 주도성을 박탈하기 위함이다. 성매매 생존자 레이철 로이드는 포주가 이 지배 수법을 어떻게 사용하는지 묘사한다.

> 포주가 포주는 위에, 매춘부는 밑에라는 관용구를 사용할 때, 이 말은 자신은 안전하게 인도를 걷고 있지만 나는 길거리로 나가야 한다는 뜻이다. 선 넘는다는 성매매 여성이 자기 포주나 다른 포주에게 불경하게 대한다는 뜻이다. 이 말은 다른 포주의 눈 똑바로 쳐다보기, 자기 포주 말 안 듣기, 불충분한 돈벌이 같은 위반들에 적용될 수 있다. 성매매 여성이 규칙을 위반한 데 대한 처벌은 자기 포주에게 얻어맞기부터 포주들에게 당하기까지 다양하다. (…) 무궁무진한 규칙들과 관례들이 있다. 모두 개인의 의지를 꺾기 위해 만들어진 것들이다. 처음에는 그런 제각각의 규칙들을 거의 이해할 수 없지만, 내 손으로 누군가의 의지를 꺾어보는 순간 그 모든 규칙이 전부 이해가 간다.[6]

피해자는 자기 행동의 어느 부분에 처벌당할 가능성이 있는지 결코 알지 못하기 때문에 자기 주도성을 포기하고 그냥 복종하는 수밖에 없다. 이 복종 상태가 "학습된 무기력"(실험자들이 가하는 가학적 충격으로부터 탈출하지 못하는 실험실 쥐들의 상태)에 비유되었던 것은 폭행 피해 여성 운동의 초창기였다.

하지만 처벌을 되풀이하는 것보다 훨씬 더 강력하게 행동을 조성하는 방법은 처벌을 되풀이하는 것에 더해 이따금 임의로 상을 던져주는 것이다. 쥐와 비둘기의 심리•를 공부해본 사람이라면 알 것이다. 이것은 포로로부터 자백을 받아내는 수법인 좋은 경찰/나쁜 경찰 수법의 기본이다. 가해자의 목표는 피해자에게 죽음의 공포와 함께 살려주는 데 대한 감사를 주입하는 것이다.

강압적 통제의 수법으로는 이 네 가지가 효과적이다. 하지만 복종하는 피해자로는 만족을 못 하는 수많은 독재자들이 있다. 그들은 자발적인 피해자를 요구한다. 그래서 피해자 마음 꺾기가 필요해진다. 세 가지 추가적 수법이 요구된다. 첫 번째 수법은 고립시키기, 곧 위로와 지지를 보내줄 것 같은 다른 사람들과의 관계 깨뜨리기다. 예컨대 파트너에게 친구나 가족을 만나러 가지 말라고 하는 폭행 가해자도 있다. 그러면서 종종 정조가 없다고 비난하고 질투한다. 두 번째 수법은 더럽히기다. 피해자를 더럽힌다는 말은 피해자로 하여금 피해자 본인을 모두에게 혐오스러운 존재라고 느끼게 만든다는 뜻이고, 피해자가 굴욕적이고 역겨운 짓이라고 생각하고 있는 어떤 일을 피해자 본인으로 하여금 억지로 하게 만든다는 뜻이다. 마지막 수법이자 가장 유해한 수법은 피해자로 하여금 피해자 본인의 도덕률

• 쥐와 비둘기에게 특정 행동을 하면 보상을 해주어 그 행동을 계속하게끔 유인했던 스키너의 실험을 말한다.

을 억지로 어기게 만들기, 이를 위해 피해자로 하여금 피해자 본인이 사랑하는 사람들을 배반하거나 해치게 만들기다. 이 마지막 세 가지 수법은 주로 공포보다는 수치를 유발함으로써 작동한다.

공포와 마찬가지로 수치는 지워지지 않는 기억을 만들어내는 강렬한 감정이다. 공포가 생명이 위협받고 있다는 신호인 데 비해 수치는 사회적 관계가 위협받고 있다는 신호로, 공포와 달리 수치는 사회적 감정이다. 수치는 거절당하거나 조롱당하거나 배척당하는 데 대한 반응이다. 수치는 영역을 침범당하는 데 대한 반응, 벌거벗겨지거나 벌거벗은 몸이 노출되는 데 대한 반응이기도 하다. 대부분의 사람들은 극도로 당황스러웠던 순간을, 숨고 싶었던 순간, "구멍으로 기어들어가서 죽고" 싶었던 순간을 생생하게 기억한다. 이것이 평범한 수치다. 수치는 우호적인 시선 마주침과 큰 웃음 나눔을 통해 해소될 수 있다. 궁극적으로 수치는 집단의 행동 규범을 세움으로써 공동체를 지키는 기능을 한다. 강압적 통제의 수법들에 당하고 있는 사람들의 악성 수치는 심각성 면에서 차원이 다르다. 죽고 싶다는 말은 비유가 아니라 말 그대로다. 피해자는 내내 자신이 더럽다고, 혐오스럽다고, 망가져 있다고 느낀다. 압력에 못 이겨 다른 사람들에게 피해를 야기했다면 더 이상 살아갈 자격이 없다고 생각할 정도로 강렬한 죄책감과 수치심을 느끼는 경우도 종종 있다.

고개 숙이기, 어깨 움츠리기, 시선 피하기 등 수치를 드러내는 자세들은 서로 다른 문화권들에서 공통으로 인지된다. 다른 포유동물들의 복종 자세들과도 비슷한데, 그러고 보면 모두의 생체에 비슷한 방식으로 장착되어 있는 것 같기도 하다. 독재자와 지배 집단은 종종 복종의 표시로 이런 자세들을 취할 것을 요구한다. 롤링 스톤스는 항상 남의 지시에 따르고 남과 눈을 못 마주치는 "여자아이girl"를 이겨먹었다고 노래한 것으로 유명하다.[7] 노예제와 린치법이 합법이었을 때, 흑인들은 이런 굴욕 자세들을 수행하지 못한 것을 빌미로 매질당하거나 말 그대로 낙인 찍히거나 불에 지져지거나 그보다 더 심한 처벌을 받을 수 있었다. 노예노동자가 폭행당한 뒤에 주인 앞에 무릎을 꿇고 감사를 표할 것을 요구받는 경우도 있었다. 흑인 사회학자 올랜도 패터슨에 따르면, 노예노동자의 복종 자세들은 생사 그 자체가 주인의 의지에 전적으로 좌우되는 "사회적 죽음"의 상태에 있음을 뜻한다.[8] 노예노동의 유산은 흑인 부모가 자녀에게 거의 의무적으로 해주는 "말"(경찰과 맞닥뜨렸을 때 목숨을 부지하기 위해 지켜야 할 수칙들, 예컨대 고개 숙이기, 시선 내리기, 순순히 시키는 대로 하기, 절대로 갑자기 움직이지 말기, 따지거나 항의하지 말기, 부드러운 목소리로 "맞습니다, 경관님" "아닙니다, 경관님"이라고 말하기)에 여전히 살아 있다.

독재자의 명령을 집행하고 독재 정권을 유지하는 수법들은 전 세계적으로 비슷하게 전수되고 사용된다. 어느 한 비밀 치안 세력에 의해 또 다른 비밀 치안 세력에게 전수되고, 그렇게 여러 일반적인 치안 세력에게 전수되어 종속·소외 집단들을 향해 비공식적으로 사용된다. 이를테면 마약과 총기를 밀매하는 조직범죄단들에게 전수된다. 인신매매·성 산업 쪽으로 전수된다. 포주, 간수, 사이비 종교 교주, 폭행 가해자, 친족 성폭행 가해자가 이런 수법들을 사용한다. 이런 수법들이 전 세계적으로 사용되는 것은 잘 먹히기 때문이다.

방관자가 따르는 규칙들

지금까지 나는 독재의 규칙들을 논의하면서 피해자와 가해자에 대해서만 언급했다. 하지만 집단 전체를 공포로 몰아넣기 위해 모두를 심하게 처벌할 필요는 없다. 몇 사람을 대상으로 지배자의 폭력적 명령을 집행하는 것, 특히 과감하게 항의하는 몇 사람을 겨냥하는 것이 나머지 사람들에 대한 효과적 경고가 될 수 있다. 말 그대로 닥치고 머리를 조아리라는 경고일 수도 있고, 비유적으로 그렇게 하라는 경고일 수도 있다. 반항심을 느낄 만한 패기 있는 영혼의 소유자라면, 포섭하는 것도 방법이다. 독재자는 종교·정치·군사 조직 안에, 또는 노골적인 범죄 조직 안에 엘리트 남성 단체를 심어놓는 경우가 많다. 경찰 안에 심어두는 것은 물론이다. 이런 비밀 단체들이 독재 권력의 집행자들이 된다. 이런 엘리트 집단들에서는 치밀한 신고식이 치러지는 경우가 많다. 신고식에서는 신병들을 대상으로 무조건 충성하라는 요구를 포함해 강압적 통제의 수법들 다수가 사용된다. 남성 단체에 합류한 사람들은 그 대가로 약탈자가 되는 법을 배우게 되고, 얻어지는 노획물의 한 부분을 포상으로 받게 된다. 노획물은 부富일 수도 있고 여성의 몸일 수도 있다.

아울러 독재 정권은 일반 대중에게 냉소, 무관심, 옹졸한 이기주의 즉, 내 몸의 안락에 관심을 쏟을 뿐 내 이웃이 피해를 당했을 때는 관심을 거두는 태도를 심어놓는다. 통치자는 공동체 감각을 훼손하고 공익을 파손함으로써 종속 주민을 고립당하고 통제당하는 상태에 고정시킨다. 또 이런 정권은 부패를 크고 작은 규모로 키우면서, 사람들로 하여금 혜택을 누리는 데 혈안이 되게 만든다. 나는 항상 나의 동료 시민보다 더 많은 혜택을 누려야 한다는 식으로 말이다. 저널리스트 마샤 게센에 따르면, 전제 정권에서 권력 가까이에 있는 것은 부를 얻는 가장 좋은 방법, 경우에 따라서는 유일한 방법이다. 역으로, 부는 권력을 지키는 데 사용된다. 게센에 따르면, "이 체제는 부패 없이 존립할 수 없다. 이 체제에서 부패는 연료이자 사회의 아교阿膠이자 통제 도구이기 때문이다." 아니면, 이 체제에서 부패는 국민이 서로를 신뢰하지 못하게 하고 법치를 신뢰하지 못하게 하는, 사회의 용제溶劑일 수도 있다. 이어서 게센은 이렇게 말한다. "모든 체제 진입자는 부패 공모자가 된다. 이 말은 모두가 언제나 이런저런 방식으로 법의 적용 범위를 벗어나 있다는 뜻이다."[9] 뇌물 수수 같은 작은 부패에 관여한 사람은 '다들 마찬가지'라고 못 박고 '오직 바보들만 정직 같은 공덕公德을 믿는다'라고 못 박음으로써 자기가 법을 안 지키는 체제에 관여한 것을 정당화하는 경향이 있다.

게센에 따르면, 전제 정권에서 독재자들과 독재 변론자들은 끊임없이 거짓말을 한다. 범죄를 부인하기 위한 거짓말이기도 하지만, 그보다는 독재자가 무슨 헛소리를 하든 그것이 곧 현실임을 확실히 하기 위한 거짓말에 더 가깝다. 독재자가 끊임없이 쏘아대는 거짓말, 가스라이팅, 프로파간다에 지친 많은 보통 사람들은 그냥 신경을 꺼버린다. 진상 알아내기가 너무 위험한 일이 되었을 때 또는 그저 너무 고단한 일이 되었을 때, 그냥 모든 공적 관계에서 발을 빼버리고 싶은 마음, 가장 좁은 사적 관심사에 집중하고 싶은 마음이 생긴다. 공공 영역으로부터 관심을 거두는 보통 사람이 많아질수록, 절대 권력을 휘둘러 법뿐 아니라 진실성 그 자체를 마음대로 주무르겠다는 독재자의 큰소리가 점점 힘을 얻게 된다.[10]

그러니 독재의 규칙을 따라 사는 사람들, 곧 방관자들은 일련의 선택지 앞에 서게 된다. 독재자의 공범 겸 졸개 되기(부패한 시스템 안에서 적극적 공모로 이득 취하기)를 택할 수도 있다. 무언의 목격자 되기(권력 남용을 눈치챘으나 무서워서 또는 관심이 없어서 입 다물고 있기)를 택할 수도 있다. 그냥 나 몰라라 하는 입장으로 후퇴하기(나는 어떤 사건에도 아무 영향도 미칠 수 없는 무력한 존재라고 느끼기)를 택할 수도 있다. 이 모든 차원의 공모는 그저 "묻어가기"(세상일이 원래 그렇다고 그냥 수긍하기)라는 말로 합리화될 수 있다. 방관자의 딜레마에 공감하는 것은 가능하다. 진상을 알아낼 용기, 목소리를 높일 용기, 피해자를 위해 개입할 용기, 내가 그런 용기를 냈을 때 어떤 벌을 받을지 알면서 그런 용기를 낼 사람은 거의 없다. 너무나도 쉽게 이런 말을 하게 된다. "내 알 바도 아니고, 설사 안다 한들 내가 무슨 힘이 있나?"

미국처럼 민주주의 정부를 표방하기는 하지만 여전히 크고 작은 독재의 규칙을 역사적으로 종속당해온 주민(자국 주민과 식민 제국 주민 양쪽 모두)에게 적용하는 나라의 사람들에게는 상황이 훨씬 더 복합적이다. 역사가 마이클 로스버그는 그런 상황에 연루된 사람들을 지칭하기 위해 "연루된 주체들"이라는 용어를 만들어냈다. 가해자이거나 피해자인 것은 아니라고 해도, 그들을 그냥 "소극적 방관자"로 간주하기는 어렵다. 그들이 다른 사람들이 당하는 억압으로부터 알게 모르게 이득을 취한다는 것, 그리고 그들이 취하는 조치 또는 아무 조치도 취하지 않기가 불평등한 사회구조의 영구화에 일조한다는 것이 그 이유다. 로스버그가 볼 때, 연루된 주체들은 "지배 벨트 컨베이어"의 일부다. 독재의 규칙을 영구화하는 강압적 통제의 수법들에 무지하고 폭력 범죄들에 무지하다고 해도, 그들은 윤리적으로 문제가 있다. 다른 사람들이 당하는 종속으로부터 간접적으로 생기는 특권을 그들이 누리고 있다는 것이 그 이유다. 따라서 그들은, 저질러진 일의 증인으로 직접 연루되어 있는 것은 아니라고 해도, 저질러진 일을 바로잡는 데 대한 사회적 책임을 분담하고 있다. 로스버그는 말한다. "'연루의 양상들', 역사적·현재적 불의에 연루된 방식들은 복합적이고 다면적이며 때때로 모순적이지만, 어떻게 불의에 연루되어 있는가를 직시하는 일은 정의를 추구하는 데 필수적이다."[11]

내가 피해자가 되면 친구들, 친척들, 이웃들을 포함하고 법조 관리들도 물론 포함하는 방관자들의 공모와 침묵이 엄청난 배신으로 느껴진다. 피해자라는 운명과 함께 고립당하고 방치당하기 때문이다. 약탈자가 존재하고 절대 권력을 노리는 사이코패스가 존재한다는 사실, 그런 사실은 생존자로서 받아들일 만하다. 하지만 그 많은 협력자들, 그러니까 조력자들, 변론자들, 남들의 복종으로부터 이익을 얻는 사람들은? 그 많은 암묵적 공모자들, 알고 싶지 않아 하거나 도와주고 싶어 하지 않는 사람들, "내 알 바 아니다"라고 말하는 사람들, 일신의 안락 외에는 아무 관심도 없는 사람들은? 분란을 일으킨다는 이유로 피해자를 비난하는 사람들은? 정의를 시행할 책무를 다하기는커녕 권력자들과 결탁하는 사람들은? 생존자는 이렇게 배신당한 쓰라림을 가해자로부터 직접 당한 피해보다 심지어 더 크게 느끼기도 한다. 이것은 우리가 이 책에 나오는 생존자들의 증언 속에서 거듭 듣게 될 주제다.

어떤 독재자도 전능하지 않다. 아무리 큰소리쳐봤자 그저 독재자다. 많은 다른 사람들의 적극적 공모나 소극적 묵인이 없으면 유지될 수 없는 것이 독재 정권이다. 방관자들이 생존자들을 지지하면서 옳은 태도를 취하기 시작하면, 독재자 권력은 붕괴하기 시작한다. 그런 까닭에, 독재의 피해에 대한 보상은 다른 무엇보다 방관자들과 더 큰 공동체에게 스스로의 윤리적 책임을 인지할 것과 피해당한 사람들과 연대하는 조치를 취할 것을 요구한다. 그들은 진상을 알아내 인정할 용기, 스스로의 공포와 냉소를 극복할 용기, 독재의 범죄를 규탄할 용기, 인간의 존엄함의 이름으로 생존자들의 동지가 될 용기를 내야 한다. 많은 생존자들이 정의를 말할 때 이야기하는 것이 바로 이런 화해, 더 큰 공동체와의 화해다.

독재의 규칙이 본질적으로 불의하다면, 공동체에서의 삶을 가능하게 하고 정의를 가능하게 할 새로운 규칙이 세워져야 한다. 정의를 위한 기본적인 윤리적 토대를 새로 세우려면 어떠한 사회적 협약이 요구될까? 다음 장은 그것에 대해서 탐색한다.

2장
평등의 규칙

> 우리는 관계의 그물에서 탈출할 수도, 운명이라는 구속복을 벗을 수도 없습니다.
> - 마틴 루서 킹 주니어[1]

정의正義란 무엇인가? 메리엄-웹스터 사전에 따르면, 정의란 공정한 대우를 뜻한다. 옥스퍼드 영어 사전에 기술되어 있는 내용도 마찬가지다. 케임브리지 영어 사전은 동의어 목록에 "공평", "공정", "공명정대"를 올렸다. 심플 잉글리시 위키피디아는 이 정의定意를 확장해 정의正義란 "만인이 평등한 윤리적 가치를 가진다는 평등주의적인 생각을 기반으로 하는 윤리학적·법리적 개념"이라고 말한다. 정의定意상, 정의正義의 토대는 민주주의적 평등의 원칙이다.

독재 치하에서 사회관계들은 지배와 종속으로 특징지어지고, 1장에 나온 "폭력 도표"의 강압 수법들을 통해 유지된다. 이런 규칙이 있는 곳에는 승자와 패자가 있다. 반면에 "비폭력 도표"에서 보듯 평등한 사회관계들은 호혜로 특징지어지고 협조를

출처: '가정 학대 개입 프로그램'(미네소타주 덜루스)
www.theduluthmodel.org

통해 유지된다. 만인이 평등한 발언권을 가진다. 만인은 존중받고 돌봄받을 자격을 가진다. 권력은 공유되고 책임은 분담된다. 결정은 호혜적 합의와 절충을 통해 내려진다. 분쟁은 협상을 통해 해결된다. 관계는 신뢰와 공정의 원칙을 지키고 법치의 선을 넘지 않는다. 공동체의 모든 구성원은 공익을 수호하고 양도 불가능한 권리를 수호할 의무를 함께 짊어진다. 이렇게 이상적인 규칙하에서라면 오직 승자만 있을 뿐이니, 모두가 자유롭고 영화롭고 안전할 것이다.

무소불위의 독재라는 것은 없듯, 완벽한 민주주의라는 것도 없다. 평등의 원칙은 어디까지나 이상理想이라서 철저히 실현된 적은 한 번도 없다. 부와 교육 같은 사회적 자원의 불평등한 배분은 항상 있게 마련이다. 어떤 관계는, 예컨대 어른과 아이 사이의 관계처럼 본질적으로 불평등하다. 그럼에도 민주주의 시스템에서 사회관계를 맺을 때는 호혜의 원칙을 따르겠다는 포부를 품고, 권력과 통제의 행사에 근거하는 대신 협력, 존중, 공정의 실천에 근거하겠다는 포부를 품는다.

정의의 토대인 평등이라는 개념은 자유권을 인권의 핵심으로 인지하고 인간 평등을 사회와 거버넌스의 토대로 간주하는 계몽주의 철학 전통을 따른다. 현대 철학자 존 롤스는 『정의론』에서 이 전통을 따라간다. 『정의론』이라는 그의 종합적 논고의 첫 장에 따르면, 정의는 "사회 기구들의 첫 번째 덕목"이자 "잘 조직된 인간 단체의 근본 헌장"이며, 여기서 정의는 곧 공정이다. 롤스에 따르면, 정의가 곧 공정이라는 생각은 개념적으로 합리적이고 직관적으로 이해하기 쉽다. 어린아이들은 단체 게임에 참가해보자마자 공정이라는 개념을 인지한다. 게임의 규칙은 모두에게 평등하게 적용되니, 자유롭게 성장하고 있는 아이라면 게임 중에 누군가가 암묵적 사회계약을 위반했을 경우 "반칙이야!"라고 소리치게 마련이다. 존 로크, 장-자크 루소, 이마누엘 칸트의 사회계약 이론들을 기반으로 삼는 롤스 교수에 따르면, 정의가 곧 평등이라는 개념은 "민주주의 사회의 윤리적 토대로 삼기에 가장 적절하다."[2]

다르게 접근하자면, 정의와 법치는 자유와 평등이라는 민주주의의 요구 사이에서 균형을 잡는 방법이자 모든 시민의 안전을 지키는 방법이다. 만인은 평등한 생명권과 자유권을 가져야 하지만, 내 자유는 남들의 권리를 침해하는 지점에서 멈추어야 한다. 그 누구도 다른 사람을 강압해 내 의지에 복종시킬 권리를 갖고 있지 않다. 그렇기 때문에, 정의로운 사회의 법은 다른 사람들에게 강압적 통제의 수법을 사용하는 것을 금지하고 있다. 폭력, 협박, 괴롭힘은 범죄다.

여기서 질문이 하나 떠오른다. 정의로운 사회는 위법과 범법에 어떻게 대응하는가? 위법과 범법에 대응하기 위한 사법 기구들이 마련되어 있다. 경찰, 검사, 판사 등 공동체를 대리하는 전문 종사자가 정의의 집행을 담당한다. 경찰은 합법적 무력 사용권을 독점해 개입 및 수사를 담당하고, 검사는 사회를 대표해 법정에 증거를 제출하고, 판사는 법을 어떻게 적용해야 하는가를 공평무사하게 판결하고 법을 어긴 사람들이 어떠한 대가를 치러야 하는가를 결정한다.

이런 전문직에 부여된 권력은 엄청나고 쉽게 악용된다. 범죄자로 지목된 사람을 보호하는 수많은 조항이 미국의 헌법과 형법에 부기되어 있는 데는 이런 정당한 이유가 있다. 그럴수록 피해당한 사람을 보호하는 조항들을 통해 균형이 잡혀야 하는데, 상황은 그렇지 못하다. 사법기관들 앞에서, 그리고 법 앞에서, 범죄 피해자의 관점은 형식적 대표성을 전혀 가지지 못한다.

민주주의라고 해서 피해자의 권익이 곧 국가의 권익이 되느냐 하면 그렇지 않다. 미국을 예로 들어보면, 경찰은 범죄를 얼마나 제대로 수사할지, 용의자를 체포할지 말지에 대해 엄청난 재량권을 가지고 있고, 검사는 형사 기소를 할지 말지에 대해 엄청난 재량권을 가지고 있다. 일이 실제로 어떻게 돌아가는지를 보면, 인종, 계급, 젠더 같은 속성들로 인해 더 중요하게 여겨지는 피해자가 있고 덜 중요하게 여겨지는 피해자가 있다. 가해자가 체포·기소되었다고 해도, 사건은 대부분 재판까지 가기보다 "양형 거래", 즉 검사와 가해자 측 변호사 사이의 협상으로 마무리된다. 이런 결정들은 피해자를 전혀 고려하지 않은 채로 피해자의 의견과는 전혀 무관하게 내려진다. 이런 결정들을 피해자에게 고지해주지 않는 경우까지 있다. 사건이 재판까지 가는 드문 경우, 피해자는 무슨 수를 써서라도 피해자를 모욕하고 피해자의 신빙성을 떨어뜨리고자 하는 가해자 측 변호사의 적대적 심문을 감수해야 한다. 이런 내용을 보면, 기존 사법기관들은 범죄 피해자를 대함에 있어서 공정의 이상에 한참 못 미친다.

전통적 사법기관들

아마 1980년대였을 텐데, '폭력 피해자 프로그램' 운영 초기에 나는 미국정신의학협회의 연례 회의에서 개설한 1일 강좌 하나를 들었다. 법정에 전문가 증인으로 나서야 하는 이들에게 증언 잘하는 법을 알려주는, 저명한 법의학 전문 정신의학과 의사 필 레스닉 박사의 강좌였다. 많지는 않았지만 우리 환자들의 사건이 법정으로 가는 경우가 있었고, 나는 그들을 위해 법정에 서게 될 경우에 대비해 효과적인 증언 방법을 배우고 싶었다. 강좌의 주제를 소개하기 위해 레스닉 박사는 두 무리의 남자들을 찍은 한 장의 사진을 거대한 스크린에 띄웠다. 애팔래치아 산지의 남자들. 험상궂은 표정. 거대한 콧수염을 기르고 무릎 사이에 장총을 끼운 살벌한 모습. 그들이 바로 수 세대에 걸친 씨족 간 유혈 분쟁으로 악명을 떨친 전설적인 햇필드가家와 매코이가家의 남자들이었다.

레스닉 박사는 물었다. "우리에게는 왜 법정이 있는가?" 진상을 밝히기 위해, 또는 정의를 널리 베풀기 위해 법정이 있는 것이라고 생각하는 사람들도 있을 것이라고 박사는 말했다. 하지만 박사에 따르면, 그런 생각들은 순진할 정도로 이상주의적인 관념이었다. 법정이 있는 진짜 이유는 분쟁을 총싸움 없이 해결하기 위함이 아니겠느냐고 박사는 말했다. 미국의 법정은 적을 제압하기 위해 물리적 공격이 아닌 다음에는 그 어떤 잔혹하고 위협적인 전술이라도 사용할 수 있는 위험한 적대 구역이라고 박사는 말했다.

총으로 무장한 그 백인 남자들의 이미지가 지금까지 내 머릿속에 남아 있다. 이제 나도 비슷한 생각을 하고 있다. 우리의 전통적 사법은 백인 남성들 사이의 갈등을 해결하기 위해 고안된 시스템이었다. 애초에 건국 초기부터 시민이었던 백인 남성들만을 위한 시스템이었지, 여성들의 피해, 노예노동 주민들이나 선주민들의 피해를 바로잡기 위해 고안된 시스템이 아니었다. 오히려 그러한 피해의 적극적 도구가 될 때가 많았다. 그렇게 보자면, 오늘날까지도 여성들이, 그리고 노예노동 주민들의 후손들이 사법 시스템으로부터 심하게 소외돼 있다는 것은 그리 놀라운 일이 아니다.

우리의 형법 시스템에서 피해 당사자는 피해자가 아닌 국가이고, 범죄자를 고소할 권리는 피해자가 아니라 오직 국가에 있다. 이것이 계몽주의 법 이론의 근간이자 근대 민주주의의 기본 전제다. 정의를 이렇게 개념화했을 때, 실제 피해자가 소송에서 수행할 역할은 거의 없다. 피해자는 그저 증인 역할을 하는 데 그친다. 사건성은 검사와 변호사의 (레스닉 박사가 총싸움 없는 전쟁이라고 묘사한) 충돌로 전부 옮겨진다. 내 제보자 중 하나인 가정 폭력 생존자 메리 월시는 그것에 대해서 이렇게 말했다. "내 역할이 그저 '큰 기계의 작은 톱니'에 불과하리라는 사실을 미리 알아두자. 감정적으로 받아들일 일이 아니라는 것을 초반에 알아두는 편이 좋다. 내 역할은 자문하는 역할이 아닐 것이다. 관련 사실들에 대해 더 많이 아는 사람은 나지만, 나는 그저 증인일 뿐이다. '정의'라는 것에 대한 환상을 가지고 있었다면, 나 자신의 마음의 평화를 위해 그런 환상은 미리 버리자."

우리 사법 시스템에서는 왜 이렇게 범죄 피해자가 주변적 역할로 밀려나게 되었을까? '피해자는 화가 나 있다, 이성을 잃었다, 보복 말고는 안중에 없다, 그러니 피해자를 신뢰하기란 불가능하다'라는 우리 사법 시스템의 짐작 때문인 듯하다. 최근에 중요한 역할을 하고 있는 인권 활동가 아리에 나이어의 표현을 빌리면, "법치 사회라고 하는 우리 사회에서 가해가 발생하는 경우, 우리는 개별 피해자가 나서서 복수를 하게 할 것이 아니라 사회가 나서서 가해자에게 책임을 지게 함으로써 피해자, 고통을 겪은 사람에게 존중을 표해야 한다고 말한다."[3] 국가가 피해자보다 더 냉철하고 더 공정하리라는 전제는 거의 문제시되지 않는다. 피해자가 앙갚음을 갈망하리라는 것이 그저 당연시되고, 사법 절차에서 피해자에게 능동적 역할을 준다 해도 재판결과가 좋은 쪽으로 바뀌지도 않을뿐더러 자칫 최악의 결과, 즉 자경단원들의 끝없이 되풀이되는 사적 제재를 낳을지도 모른다는 것도 마찬가지로 당연시된다.

지배 공동체와 방관자들에게는 여성들과 여타 종속 집단들의 의분, 즉 자발적 복종이라는 지배적 규범을 위반하는 감정이 특히 큰 위협이 된다. 분노는 범죄 피해자로부터 표현되는 경우 매우 꺼림칙한 감정이고, 지배 공동체는 이 감정을 애써 무시한다. 피해자의 열띤 공분은 흔히 불온 세력으로 인지되고, 피해자가 잘못의 시정을 요청하는 일은 방관자의 평온과 안락을 어지럽힌다. 윤리철학자이자 법철학자 마사 누스바움은 분노를 "피해자성의 악덕들" 중 하나로 꼽는다. 그녀는 "앞으로 나아가는" (잘못을 시정하고자 하는 올바른) 분노와 순수하게 응보적인 (가해자에게 고통을 주고자 하는) 분노를 구분하고 있고, 대부분의 피해자가 두 가지 분노의 뒤섞임을 느낀다는 것을 인지하고 있다.[4] 하지만 분노를 악덕으로 꼽는 것은 피해자 수치 주기라는 너무 흔한 관행과 불편할 정도로 가깝다.

피해자의 분노에 쏟아지는 사회 전반의 지탄은 그런 분노를 금기로 만들 정도로 무반성적이고 강력하다. 작가 수전 저코비는 이런 금기가 어떻게 작동하는지, 범죄 피해자에게 무엇이 기대되는지를 묘사한다. 말하자면 범죄 피해자는 "정의를 원할 뿐 앙갚음하려는 것이 아니다"라는 겸손한 의례적 선언을 통해서 가해자 처벌을 원하는 동기의 순수성을 확립해야 하며, 그것은 아무리 끔찍한 범죄 피해를 당한 사람이라고 해도 마찬가지다.[5] 폭력을 당해온 피해 집단들이 문제의 폭력에 주의를 촉구하기 위해 조직을 만들 때 역사적으로 어떤 일이 있었느냐 하면, "말썽꾼"이라는 비방에 시달리는 경우도 있었고, 사회질서를 폭력 수단으로 전복하고자 한다는 혐의로 박해당하는 경우도 있었다. 한 세기 전 노동운동에서 그런 일이 있었고, 60년 전

흑인 민권운동에서 그런 일이 있었고, 지금 다시 그런 일이 일어나고 있다.

피해자가 분노를 느끼냐는 그가 당한 피해에 공동체가 어떻게 응답하느냐에 전적으로 좌우된다. 응보적 분노, 다른 표현을 쓰자면 맹목적 격분, 또는 굴욕의 격노는 피해자라는 운명과 함께 고립당하고 방치당했을 때 느껴지는 감정이다. 보복욕은 고립과 무력함에서 비롯된다. 「복수는 괴로워라」라는 에세이에서 조지 오웰은 말한다. "정확히 말해서 복수에 해당하는 조치는 없다. 복수할 수 없을 때만 복수하고 싶고, 복수할 수 없으니까 복수하고 싶다. 복수할 힘이 생기면 복수할 마음이 사라진다. 1940년에 나치 친위대 장교들이 얻어맞고 짓밟히는 모습을 안 보고 싶었을 사람은 없지 않았을까? 하지만 그렇게 할 수 있게 되었을 때 실제로 그렇게 하는 것은 한심하고 역겨울 뿐이다."[6]

공동체가 피해자 지원을 위해 결집할 때 한 사람의 복수심이었던 것은 모두의 옳은 공분, 즉 보상의 원동력으로 작용할 수 있는 감정으로 바뀐다. 피해자에게 공정한 정의가 허락된다면, 피해자의 분노가 무력한 울분으로 곪아 터질 일도 없다. 법철학자 제프리 머피는 정의가 어디에 토대를 두어야 하는가를 설명하기 위해 그리스 신화라는 이야기 은유를 불러온다. 지혜의 여신 아테나는 복수의 여신들을 추방하는 대신 포용함으로써, 징벌 요괴들이었던 그들을 자비로운 여신들로 바꾸어놓는다. 이 비전을 확장하면서 머피는 범죄 피해자의 울분과 공분이 사실상 타당한 감정, 사회적 인정과 존중이 주어져 마땅한 감정이라는 논의를 펼친다. 이런 감정들이 과격해질 수 있다는 점은 그도 인정하지만, 과격해지지 않을 수 있는 감정은 없지 않느냐고 그는 반문한다.[7] 정말로 공정한 시스템이려면, 피해자에 관한 세간의 편견과 우려에 끌려가지 말고 피해자를 정의의 자장 안으로 끌어들일 더 좋은 방법을 찾아내야 한다.

윤리 공동체에 대한 생각들

로스 런던은 법조인으로서 검사직, 변호사직, 지방법원 판사직을 모두 경험하며 미국의 사법 시스템을 여러 관점에서 관찰했다. 『범죄, 처벌, 회복적 정의』는 런던 교수가 법학자로서 집필한 저서로, 여기서 그는 범죄 피해자에게 좀 더 주의를 기울이는 정의에 대한 새로운 생각들을 제안하고, 사회계약론을 논의하는 맥락에서 윤리 공동체 개념을 들여온다. 그의 정의에 따르면 윤리 공동체는 "사회적 상생의 규칙들에 의해 결속된 사람들"이다.[8] 이타주의 사회생물학에서 차용해온 개념인 윤리 공동체는 친족 네트워크에서 발원해 더 넓은 사회집단들로 확장된다. 공동체에 내가 소속되어 있느냐는 구성원들이 호혜적 도덕률을 존중하리라고 믿느냐에 달려 있다. 그 믿음이 깨졌을 때 피해자의 손상감과 격노감을 피해자와 공유하고 피해자 지원을 위해 결집하고 가해자에게 책임을 지게 하는 것이 윤리 공동체다. 이런 조치들을 통해 피해자는 공동체에 소속돼 있음을 확인받게 되고 가해자는 공동체의 일원으로 남아 있기 위한 조건, 즉 참회하고 있다는 것과 피해를 보상할 용의가 있다는 것을 확실히 보여주어야 한다는 조건을 제시받는다.

런던은 정의의 기원이 피해자와 윤리 공동체, 즉 상생의 규약을 집행하기 위해 결집하는 공동체의 동맹에 있다는 논의를 펼친다. 공동체에 대한 신뢰가 근본적으로 무너지고 공동체가 불의하다는 느낌이 드는 때는 언제인가를 두고, 공동체가 범죄를 저지른 가해자에게 책임을 지게 하지 못할 때라고 묘사하면서 런던은 이렇게 말한다. "범죄 피해자의 고통을 그저 개인의 불행이라고 여기는 곳에 있을 때 범죄 피해자는 어떤 느낌이 들까. 고립감을 느낄 것이고, 윤리 공동체로부터 무시당한다고 느낄 것이다. 피해자의 울분을 공유하고 정의에 대한 피해자의 요구를 공유하는 곳에 있을 때라야 비로소 피해자는 자신이 윤리 공동체에서 온전한 구성원으로서의 자리를 되찾았다고 느낄 수 있을 것이다."[9]

신뢰와 상생이 정의와 윤리 공동체의 근간이라는 논의는 법학과 철학에서뿐 아니라 심리학에서도 통한다. 발달심리학자 에릭 에릭슨의 고전적 저서 『유년기와 사회』에서는 신뢰를 인간 심리 발달의 토대로 묘사한다. 아동의 자율성과 주도성이 발달하는 토대, 젊은 성인의 자아 정체감과 친교 및 돌봄의 능력이 발달하는 토대, 성숙한 성인의 미덕인 성실함이 발달하는 토대에는 믿을 만한 양육자와의 안전한 애착 관계가 있다. 각 유년 세대의 생존, 건강, 행복은 해당 시기에 함께하는 성인들의

보살핌과 성실성을 신뢰할 수 있느냐에 달려 있다.[10]

세대 간 연동은 상호 의존성을 실감하게 한다. 유아와 성인 양육자 사이의 관계는 권력 면에서는 너무나 불평등하지만, 둘 다에게 분명 이득이 되는 상생 관계라는 점에서 기본적 사회계약 관계라고 할 수 있다. 생후 6주 정도 된 영아의 첫 미소는 애정 분출이라고 하든, 최악의 피로와 수면 부족에 시달리는 부모의 생체에도 장착되어 있는 도파민 반응이라고 하든 즉각적 열락을 불러일으킨다. 이 근본적 애착 관계로부터 신뢰의 심리적 토대가 만들어지고, 이 토대로부터 인간적 사회성의 토대, 공정과 상생의 규약에 기초한 윤리 공동체의 토대가 만들어진다.[11]

윤리 공동체에 대한 생각은 특히 생존자 증언과 공명한다. 나는 윤리 공동체라는 용어를 다친 구성원을 도와주러 오는, 구성원 개개인에게 그럴 거라고 신뢰를 줄 수 있는 공동체라는 넓은 의미로 사용하겠다. 폭력적 범죄가 저질러졌을 때 공동체가 피해자를 지원하지 않는다면, 피해자에게는 공동체로부터 버림받았다는 느낌이 닥치고, 피해자가 공동체에 대해 가지고 있었던 신뢰감과 소속감은 심각하게 훼손된다. 피해자는 고립감과 소외감을 느낀다. 이로부터 심한 모멸감, 더럽혀졌다는 정체감이 생기는 경우가 너무 많다. 범죄 신고하기와 공개재판의 각종 고초 겪기를 감행한 흔치 않은 성폭력 피해자 중 하나인 작가 섀넬 밀러는 판사에게 제출하는 피해자 의견서에서 이렇게 밝혔다. "신문에서는 저의 이름이 '술에 취해 의식 잃은 여자'였습니다. 그 이름뿐이었습니다. 한동안 저는 그 이름이 저의 전 존재를 가리킨다고 믿었습니다. 다시 배우는 수밖에 없었습니다. 저의 진짜 이름과 저의 정체감을 다시 배워야 했고 (…) '동아리 파티에서 술에 취해 쓰레기 수거함 뒤에서 발견된 피해자'가 저의 전 존재가 아님을 다시 배워야 했고 (…) '나'란 돌이킬 수 없이 손상당한 한 인간임을 다시 배워야 했습니다."[12] 이것이 더럽혀졌다는 정체감이라는 말의 의미다.

서넬 밀러 같은 피해자가 이런 의견서를 제출할 수 있도록 하는 제도가 미국 형법에 도입된 것은 비교적 최근의 일이다. 이것은 재판 중에 피해자에게 발언권을 좀 더 주기 위해 마련된 극소수의 제도들 중 하나다. 1982년에 대통령산하범죄피해자대책위원회의 권고로 처음 마련되어 이제 대부분의 주에서 시행되고 있는 이 제도는 형사소송 양형 단계(범죄 사실이 합리적 의심이 없는 정도로 인정되어 있는 단계, 곧 피고가 유죄를 인정했거나 피고에게 유죄판결이 내려진 이후의 단계)에서 폭력 범죄 피해자가 본인의 의견을 판사에게 직접 전달하는 것을 허용한다. 1991년, 대법원은 이러한 종류의 증언을 법정 증언으로 인정하는 것이 위헌이 아니라는 판결을 내렸다. 작은 포용의 제스처일 뿐이라고 느낄 수도 있다. 이런 판결 같은 것으로는 국가가 기소자 역할을 맡는다는 문제, 유죄성 여부의 결정이 공방 중심적이라는 문제, 구형이 궁극적으로 판사의 재량이라는 문제에 그 어떤 이의도 제기할 수 없다. 이런 모든 사안에서 피해자는 여전히 "큰 기계의 작은 톱니"다.

그럼에도 피해자 의견서는 자유주의자들과 전통주의자들 양쪽 다로부터 반대당해왔다. 발언권을 얻은 피해자는 필연적으로 가해자의 극단적 처벌을 요구하리라는 우려에서였다. 피해자들을 이런 식으로 정형화하는 사람들이 실제로 피해자 의견서를 한 번이라도 읽어본 적이 있는지 궁금해질 때가 있다. 나는 상당량의 피해자 의견서를 읽어왔다. 이런 의견서의 범상함과 겸손함은 소송 과정들의 격식성과는 대조적이고 나는 종종 이 대조에 매료된다. 이런 의견서 중에는 손으로 쓴 것들도 많다. 대부분의 경우 피해자들이 이런 의견서를 쓰는 데는 자신이 그저 사건 번호로만 언급되는 대신 피해를 당한 한 사람으로 나서고 싶다는 마음이 있다. 피해자들이 판사, 즉 윤리 공동체의 대표에게 원하는 것은 나와 내 가족이 겪은 고통을 알아주는 것, 그 고통이 끝나지 않고 있음을 알아주는 것이다. 가해자 가족도 고통을 겪어보아야 한다고 말하는 피해자들도 있다. 다음은 피해자 진술서의 예들이다.(이름들은 가명이다.)

재판장님, 저는 그때 사람들한테 너무 화가 났습니다. 래리가 저한테 그런 짓을 했으니까요. 그때 당한 일을 생각하느라 밤에 잠도 못 잤어요. 제가 래리한테 바라는 건, 저한테 한 짓을 저희 엄마한테 사실대로 말하는 것입니다. 저희 엄마는 제 말을 안 믿으니까요. 제가 재판장님한테 바라는 건, 래리가 저한테 범죄를 저질렀으니, 범죄에 합당한 처벌을 내려주시는 것입니다.

저는 그 이야기를 상담사들, 경찰들, 의사들, 간호사들한테

다 했습니다. 검사하겠다고 해서 검사받았고, 사진 찍겠다고 해서 사진 찍혔고, 그러느라 제 존엄은 갈가리 찢겼습니다! 제가 어떤 일을 당했는지 제 자녀들에게도 말해주어야 했습니다. 엄마가 아이들한테 이야기할 때는 연령에 적합한 단어를 써야 한다는데, 그래야 아이들이 받아들일 수 있다는데, 강간당했다는 이야기를 할 때 쓸 수 있는, 그 연령에 적합한 단어가 뭐가 있을까요?

존경하는 재판장님, 사람들과 친해지고 진심을 나눌 수 있게 되기까지가 저에게는 대단히 힘겨운 시간이었습니다. 웨슬리 B의 범죄가 저를 범죄 피해자로 만든 그날 밤 이후로, 그렇게 또 훼손될지 모른다는 두려움이 생긴 탓입니다. 이 사건으로 인해 저와 제 가족의 사생활이 대중 앞에 드러나고 외설적인 논평들이 쏟아진 탓에, 저희는 무너지지 않기 위해 안간힘을 써야 했습니다. 저는 하룻밤 사이에 어린아이의 순진무구함을 빼앗기고 어른의 자리로 밀려났습니다.

이런 피해자 의견서에 비판적 태도를 갖고 있는 사람들은 피해자에 대한 판사의 공감이 지나치게 가혹한 판결로 귀결되리라는 잘못된 편견 또한 갖고 있다.[13] 그들이 생각하기에, 판사는 그런 감정들에 좌우되어서는 안 되는 존재다. 나는 판사가 바로 그런 감정들에 좌우되어야 하는 존재, 범죄가 저질러졌음이 판명된 뒤에는 윤리 공동체의 대표로서 범죄 피해자에게 연대를 표시해야 하는 존재라는 정반대의 논의를 펴겠다. 피해자에게 연대를 표시하는 것은 사실 여부가 합당한 절차에 따라 인정되기도 전에 피고인 쪽으로 또는 신고한 증인 쪽으로 기우는 모습을 보이는 것과는 완전히 다르다. 배심원단이 범죄 사실을 인정했다면 사법기관들은 생존자와 동맹해야 한다. 권세의 자리에 앉아 있는 사람이 피해자의 이야기를 경청하고 피해자의 옳은 공분을 공유한다는 것을 피해자 본인이 알 수 있을 때라야 비로소 신뢰가 재구축된다.

윤리철학자 버나드 윌리엄스에 따르면, 타인의 피해에 공분을 느끼는 능력은 사회적 유대의 중요한 기반이다. 그는 울분과 공분을 눌러두어야 할 유해한 감정들로 보는 대신 공감과 연결의 잠재적 원천으로 본다. 윌리엄스에 따르면, 공분은 내 명예가 훼손되었을 때뿐 아니라 타인의 명예가 훼손되었을 때도 발휘될 수 있다. 이렇게 "공유된 감정은 사람들을 감정 공동체로 묶어주는 데 도움이 된다."[14]

피해자가 윤리 공동체로 인해 느꼈던 심한 굴욕감과 방치감을 치유하기 위해서는 정의가 구현되어야 한다. 그렇기 때문에 심리적 트라우마를 치유하는 과정에서 피해자의 인간성이 원래대로 존중받을 가능성을 포함하는 정의를 추구하는 일이 중요한 부분을 차지할 수밖에 없다. 연루된 방관자들은 생존자의 옆에 함께함으로써 자기의 윤리적 자리를 되찾을 수 있다. 생존자가 수치심이라는 죄를 내려놓았을 때 비로소 공동체는 그때까지 무관심했다는 무거운 죄책감, 그리고 가해자와 공모했다는 더 무거운 죄책감이라는 짐을 내려놓을 수 있다. 윤리 공동체는 생존자의 명예를 회복시킴으로써 공동체 자체의 명예 또한 회복시킬 수 있다.

3장
가부장제

> 어떤 문화권이냐에 따라 무엇을 중시하느냐가 다르지만, 어떤 문화권에서도 여성이 중시되는 경우는 없다. 거기가 밑바닥이라면 어느 시간 어느 공간이든 거기에는 여성들이 있다.
>
> - 캐서린 A 매키넌, 『수정되지 않는 페미니즘』[1]

가부장제는 가장 널리 확산되어 있고 가장 오래 지속되고 있는 형태의 독재다. 남성 지배와 여성 종속의 사회 시스템이 천 년 이상 대세로 자리 잡아왔고, 지금도 여전히 전 세계의 여러 나라에서 다소간 대세로 자리 잡고 있다. 가부장제는 다양한 형태의 정부와 공존하고 있다. 그중에는 족장이 왕인 나라도 있고 전체주의 독재 정권도 있고 미국 같은 입헌 민주주의 정치체제도 있다. 가부장제는 독재의 규칙들과 수법들이 한 사회 전체에 다양하게 스며들어 있는 아주 좋은 예다. 가부장제 사회에서 독재는 내밀한 관계들 속에도 스며들어 있고, 행정, 입법, 사법 제도들 속에도 스며들어 있다.

남성 우월주의는 다른 형태의 독재와 마찬가지로 궁극적으로 폭력에 의해서 집행된다. 국제연합 산하 단체들에 의해 국제적으로 수집된 데이터가 그 강력한 증거다. 여성 대상 폭력은 세계에서 가장 흔히 자행되는 인권 침해 중 하나다.[2] 미국에서 거듭 실시된 전국 역학조사에 따르면, 여성의 약 20퍼센트가 강간 피해자다. 열두 살에서 스물네 살 사이의 여아 및 젊은 여성의 피해율이 가장 높다. 흑인, 갈색인, 선주민, 레즈비언 여성의 피해율은 그보다 더 높다.[3] 그 외 선진국들에서 실시해온 비슷한 연구들도 비슷한 결과를 보여준다. 평시 국가에서 폭력 가해자는 주로 피해자가 아는 민간인, 즉 군경이 아니라 지인이나 가족이다. 전시에는 강간 피해율이 급증한다. 군軍이 강간을 정복 및 인종 청소의 도구로, 곧 적국의 여성·여아(그리고 때때로 적국의 남성·남아)를 강간함으로써 적을 모욕하는 수단으로 사용하기 때문이다. 고대 그리스·로마의 기록들로까지 거슬러 올라가는 전 세계 분쟁 지역들에서 발생한 집단 강간에 관한 역사 기록들을 보면, 전쟁을 벌이는 남성 패거리들 사이에서 도출될 수 있는 유일한 합의는 '이긴 편은 상대편의 여자들과 아이들을 폭행해도 되고 성 노예로 잡아가도 된다'가 아닐까 하는 생각이 든다. 20세기 중반 이후 기록들만 보더라도, 베트남, 캄보디아, 인도네시아, 아프가니스탄, 방글라데시, 미얀마, 이라크, 시리아, 리비아, 수단, 우간다, 르완다, 콩고민주공화국, 키프로스, 보스니아, 콜롬비아에서 침략 전쟁 중에 또는 내전 중에 이러한 관행이 자행되었음을 알 수 있다. 가장 최근에는 우크라이나에서, 그리고 그 외 세계 곳곳에서 이런 일이 계속되고 있다.[4]

강간을 권력 행사를 위한 권력 행사 그 자체로 보는 것, 그러니까 남성 우월주의의 지표 범죄로 보는 것도 가능할 것이다. 강간은 종종 패거리 남성들(동창생들, 불법 무장 단체 조직원들)에 의해 칭송받는 범죄로서 지배와 종속의 퍼포먼스를 성별화하고 여성·여아에게 응분의 자리를 가르친다. 강간 범죄 발생률은 특히 청년층에서 대단히 높다. 강간을 일탈 행동으로 간주하는 것이 거의 불가능할 정도다. 미국 대학생이 비공개 설문에 응할 때, 여학생은 네 명 중 한 명꼴로 성관계에서 강제성이 있었음을 인정하고, 남학생은 약 5퍼센트에서 10퍼센트가 여성을 성적으로 "이용"한 적이 한 번 이상 있었음을 인정한다.[5] 강간이 대단히 복잡한 범죄이자 엄청난 피해를 초래할 수 있는 범죄인 것은 사실이지만, 어떤 면에서는 가장 덜 복잡한 형태의 젠더 억압이다. 일회성 사건일 때가 많고, 피해자가 가해자로부터 도망치는 것도 가능하기 때문이다.

성매매, 직장 내 성추행 등은 강간과 달리 침해가 반복되는 형태의 성 착취다. 침해가 반복된다는 말은 강압적 통제의 관계성이 확립되어 있는 탓에 도망치는 것이 거의 불가능하다는 뜻이다. 물리적 보복의 공포나 경제적 의존이, 또는 두 가지가 함께 피해자를 옭아맬 수 있다. 이런 관계성에 매여 있는 피해자는 굴종 수행을 받아들이고자 하는 동시에 여전히 반항적인 자아의 일부를 감추고자 하니, 피해자의 인격성이 뒤틀리기 시작한다. 가정 폭력의 관계성은 훨씬 더 복합적이다. 애정 표현이 복종 요구와 뒤섞여 있고, 피해자는 때로 경제적으로 가해자에게 의존하고 있고, 가해자와 피해자가 가정과 자식을 공유하고 있다. 이런 상황 속에 갇혀 있는 피해자는 피해자가 되는 것에 더해 수동적·공모적 방관자가 될 수 있다. 예를 들어, 폭행 피해 여성이 자식의 학대를 목격했을 경우 공포에 사로잡혀 있는 탓에 개입하지 못할 수도 있고, 심지어 자식이 폭력을 유발했다고 비난할 수도 있다. 이 책에서 우리는 이런 이야기들을 듣게 될 것이다. 이런 독재 수법을 쓸 때, 사람들이 자기 도덕률을 위반하게 되고 자기가 사랑하는 사람을 배반하게 되는 것은 불가피하다.

그중 가장 복잡한 형태의 성 학대는 피해자가 아동·청소년일 때다. 미국 질병통제예방센터에 따르면 미국 내에서 여아는 네 명 중 한 명꼴로, 남아는 열세 명 중 한 명꼴로 성 학대를 경험했다.[6] 학대자의 대다수가 가족, 교사, 운동 코치, 종교 지도자 등 피해자가 신뢰하는 남성인 것은 여아와 남아에게 공통된다. 무작위로 선정한 성인 여성 900명을 대상으로 설문 조사를 실시했을 때, 16퍼센트가 아동기에 친척에게 성 학대를 당했다고 응답했고, 4.5퍼센트는 친부 또는 계부에게 학대당했다고 응답했다.[7] '미국 문화는 허용적·퇴폐적 문화다', '미국은 가부장제의 전통적 관행들을 무너뜨려온 나라다', '앞의 데이터는 미국이 그런 나라라는 것을 반영하고 있다' 같은 주장이 나올지도 모르지만, 실상을 들여다보면 부친에 의한 성폭행의 가장 중요한 상관물correlate 중 하나가 가부장제의 폭력성이다.[8]

독재의 수법에 당하는 성인 피해자는 마음이 망가지겠지만, 아동 피해자는 아예 정체감이 망가진다. 아이의 학대자가 아이가 의지하는 보호자일 때, 아이는 '나를 사랑한다고 하는 사람들은 나에게 상처를 줄 것이다', '상처받는 것은 사랑받기 위해 치러야 할 대가다'라는 것을 어렸을 때부터 학습하게 된다. 그 어린 나이에 신뢰와 안전한 애착이 훼손되면 일관성 있는 자아감, 즉 내가 공간을 점하고 있고 시간적으로 지속적이고 사랑받을 만한 존재라는 감각의 형성 메커니즘이 손상된다. "나는 존재하지 않는다", "내 몸은 내 것이 아니다" 같은 생존자의 말이 그러한 손상을 드러낼 수도 있고, 생존자가 거울에 비친 자기 모습을 알아보지 못할 수도 있다.

이런 경험을 임상 용어로 표현한다면 이인감과 비현실감을 유발하는 해리성 경험이라고 할 수 있을 것이다. 아동기에 학대와 양육 소홀을 경험한 생존자들에 대한 신경생물학 연구들을 보면, 일반적으로 뇌에서 서로 그물처럼 연결되어 있는 부분들, 즉 신체 지각, 감정 인지, 과거 기억, 미래 감각을 연결함으로써 자기 인식의 기반을 형성해야 하는 부분들이 생존자의 뇌에서는 말 그대로 서로 단절되어 있는 것을 알 수 있다.[9] 문학계의 유명인으로부터 성 학대를 당한 생존자인 프랑스 작가 바네사 스프링고라는 자기 경험을 이렇게 묘사한다. "나는 없어져갔고, 연기처럼 사라져갔고, 서서히 죽어갔다. 내 영혼이 내 모공들을 통해 새어 나가듯."[10]

피학대 아동이 성인이 되면, 이런 상처들로 인해 신뢰 관계, 친밀 관계, 상생 관계를 맺는 능력치가 떨어진다. 스스로를 보호하는 능력치 또한 손상되면서 반복 학대에 취약해진다. 정신의학과 의사이자 연구자인 나의 좋은 친구이자 동료 프랭크 퍼트넘은 성 학대를 경험한 여아 그룹 여든네 명을 30년 남짓 추적 조사해온 연구팀의 책임자다. 평균 11세 여아였던 그들 중 다수가 이제 자식이 있고 심지어 손주도 있다. 아동 보호 기관이 학대 사실을 최초로 확인한 시점으로부터 현재 시점까지 계속 진행 중인 이 연구를 보면, 청소년기와 성인기 초기가 대단히 힘든 시간이었음을 알 수 있다. 10대 임신율, 학교 중퇴율, 우울증, 외상 후 스트레스 장애, 물질 남용 같은 정신 건강 이상 증상 진단율이 또래에 비해서 높았다. 자살 기도는 흔했다.[11]

아동 학대 생존자는 강간 피해자, 성매매 피해자, 친밀한 파트너 폭력 피해자가 되는 비율이 높다.[12] 그들의 공동체 안에서 대부분의 사람들은 그들을 눈에 안 보이는 존재로 여길지 몰라도, 약탈자들은 그들을 쉽게 알아본다. 포주들이 젊은 성매매 여성들을 모집할 때 무엇을 눈여겨보는지 한 포주의 말을 들어보자. "예쁘게 생긴 거, 중요하다. 성 쪽에 조예가 깊은 거, 전혀 안 중요한 건 아니지만. 그런 건 생각보다 배우기 쉬우니까. 다 필요 없고 제일 중요한 건 시키는 대로 하는 거. 그런 여자를 어떻게 찾느냐고? 아빠랑, 삼촌이랑, 오빠랑, 그런 남자랑 성관계를 하는 여자들을 찾으면 된다. 알잖아, 그런 남자. 그 남자가 너무 좋기도 하고 무섭기도 하고 그 남자한테는 감히 대들 생각을 못 하고."[13] 페미니스트 작가 앤드리아 드워킨은 근친 성폭행을 성매매 "훈련소"로 묘사한다.[14]

이런 병폐들은 여성 억압에서 태어나는 것들이다. 그중 일부는 대물림된다.[15] 학대를 경험한 아동들이나 성인 생존자들과 함께 작업하는 사람 중에 지배하기를 남성 특권으로 간주하고 학대를 대물림하는 가정들과 부딪혀보지 않은 사람은 아무도 없다. 이 책에서 우리는 그런 가정에서 성장한 생존자들의 이야기도 듣게 될 것이다. 하지만 다행스럽게도 아동기에 학대를 경험한 생존자(남아와 여아 모두)의 대다수가 자기 자식을 학대하지 않는다는 신빙성 있는 증거가 있다.[16] 많은 생존자가 "학대의 사슬"을 끊겠다고 결심한다. 많은 생존자에게는 이러한 유형의 정의가 자기 힘으로 구현할 수 있는 유일한 정의일 것이다. 그들의 학대자들에게 책임을 지게 할 방법은 전혀 없을 것이다.

불처벌

가부장제의 범죄들은 관행, 은폐, 부인의 중첩들을 통해 변호된다. 사실상 불처벌 범죄다. 국제연합의 한 최근 보고서는 문제를 이렇게 묘사한다. "전 세계의 정부들은 여성 대상 폭력을 국제 기준에 따라 처벌하는 데 실패하고 있다. (…) 정부가 폭력 가해자에게 책임을 지게 하는 데 실패할 때, 추가적 학대를 조장하게 될 뿐 아니라 여성에게 가해지는 남성의 폭력이 용인 가능하고 정상적이라는 메시지를 주게 된다."[17] 심리학자이자 생존자인 제니퍼 프레이드는 생존자가 국가로부터 피해를 보상받으려고 노력하다가 실패하는 경우나 정의 추구가 상황을 악화시킬 뿐이리라는 것을 알기에 피해를 보상받으려는 노력을 아예 시작하지 않는 경우를 묘사하기 위해 "기관의 배신"에 대해 말한다.[18]

예를 들어 미국에서 강간은 명목상 심각한 범죄, 곧 흉악 범죄로 간주된다. 하지만 대부분의 경우 피해자는 너무 겁이 나서 또는 너무 수치스러워서 경찰에 신고하는 것은 고사하고 당장은 다른 사람에게 강간당했다는 말을 하지도 못한다. 피해자가 수치스러워하는 것은 "자업자득"이라는 사회적 태도가 널리 퍼져 있는 데서 비롯된다. 경찰에게도 그런 태도가 있을 수 있음을 피해자는 잘 알고 있는 것이다. 관련 연구들에 따르면, 미국에서는 강간 사건의 20퍼센트 이하가 경찰에 신고된다.[19] 피해자가 신고를 하고 도움을 받거나 위안을 찾는 경우는 거의 없다. 〈애틀랜틱〉이 최근 '정의는 존재하는가'라는 프로젝트의 일환으로 공개한 2019년 특집 기사 「불신이라는 전염병」을 보면, 성폭행 신고에 법 집행이 뒤따르지 않는다는 말이 무슨 뜻인지를 상세하게 알게 된다. 그중 가장 끔찍한 증거는 경찰서 창고에 먼지를 뒤집어쓴 채 버려져 있는 수천 개의 미검未檢 "강간 키트", 병원 응급실에서 피해자로부터 채취한 정액 시료다.[20] 바버라 브래들리 해거티 기자는 이러한 물리적 증거를 통해 경찰의 무관심과 관리 소홀을 드러내면서 대부분의 강간 신고가 아무 신빙성 없는 신고라는 믿음이 경찰관들 사이에서 얼마나 넓고 깊게 퍼져 있는지를 보여준다. 그녀는 말한다. "군국주의라는 복류수가 흐르는 곳에서 강간 사건의 운명은 수사관이 피해자를, 가해자가 아닌 피해자를 어떤 시각으로 보고 있는가에 좌우된다."

강간 사건 신고를 접수, 수사하는 경우는 드물고, 강간범을 체포, 기소, 처벌하는 경우는 더더욱 드물다. 최근의 기소 현황을 보면, 강간 사건의 1퍼센트에서 5퍼센트가 실제로 기소되고 강간 사건의 0퍼센트에서 5퍼센트가 유죄 인정이나 유죄판결로 마무리된다.[21] 아동 성 학대 사건은 신고율 자체가 너무 낮고 기소율은 더 낮아서 일단 불처벌이 확실하다. 성폭행 피해자들의 승소를 위해 조력하는 법정 변호사 제인 매닝은 말한다. "나는 성폭행 생존자들과 함께 일하면서 이런 종류의 직무 유기를 전국에서 거듭 목격하고 있다. 성폭행 사건이 접수되었을 때 수사관들은 피해자로부터 적절한 진술 확보하기, 증명력을 갖는 녹화 영상 찾기, 주요 증인들로부터 진술 받기, 가해자 배경을 수사해 비슷한 범죄를 저지른 전력이 있는지 알아보기, 증거가 될 만한 전자 자료나 문서 자료 보관하기, 그 외 기본적인 수사 절차 밟기라는 의무를 일상적으로 불이행한다."[22]

매닝에 따르면, 수사관들이 강간 사건의 수사 의무를 불이행하면 검사들은 증거 불충분이라는 사유를 들어 불기소할 것이다. 피해자가 "무고함"의 정형화된 이미지에 들어맞지 않는 여자일 때, 즉 젊지 않고 백인이 아니고 금발이 아니고 품위가 없고 성 경험이 있는 여자일 때도, 검사들은 대다수의 강간 사건인 데이트 강간 사건이나 지인 강간 사건을 불기소하는 경향이 있다. 검사들은 배심원들이 가장 "완벽한" 피해자들만을 편견 없이 대할 것이라는 사유를 들어 불기소를 합리화할 것이다. 검사의 성공은 승소율로 판단되고 강간 사건에는 변수가 많으니, 많은 검사들은 피해자의 정당성을 의심하지 않는다고 하더라도 위험 부담을 피할 것이다. 피해자는 수사나 기소와 관련해 아무 발언권이 없다. 경찰이 수사 직무를 불이행하더라도, 검사가 불기소하더라도, 피해자에게는 아무 대응책이 없다. 현실적으로 우리 형사 시스템은 강간과 아동 성 학대를 심각한 범죄로 다뤄야 할 의무 앞에서 철저한 불이행으로 일관하고 있다.

작가 미셸 보들러는 회고록이자 선언문인 『강간은 범죄인가?』에서 관계자들이 자기 사건을 얼마나 무시했는지와 사법 시스템이 일반적으로 성폭행 사건을 얼마나 무시하는지를 묘사한다.

> 글을 쓰는 사람들과 법을 집행하는 사람들의 대부분이 강간을 폭력으로 보는 대신 성교로 보는 나라, 성교를 남성의 욕구이자 거침없이 누려져야 하는 무언가로 간주하는 나라, 이 나라가 그런 나라일 때, 강간은 앞으로도 계속해서 아무 뒤탈 없이 저지를 수 있는 범죄일 것이다. (…) 우발적 사고라는 프레임, 오해라는 프레임, 생존의 규칙들을 숙지하지 못한 여성들(그리고 아이들)의 망상이라는 프레임, 예컨대 가해자는 그래도 된다는 프레임이 강간과 성폭행에 씌워진다.[23]

"오해"라는 중요한 말이 나왔다. 이 책에서는 이 말이 또 나올 것이다. 오해였다는 말은 여성들이 발언할 용기를 냈을 때 가장 흔히 마주치게 되는 상대편 변론 중 하나다.

법정에 가는 사건은 이렇듯 극소수인데, 사건이 법정에 갔다 하더라도 피해자는 공방 중심주의 법정에서 겪을 장기적 시련을 예상해야 한다. 상처를 치유해야 하는, 돌봄과 사회적 지지를 필요로 하는 시기에, 상대편은 피해자의 약점들을 모두 들추어낼 것이다. 법정이 피해자에게 요구하는 것들을 보면, 외상 후 스트레스 징후들을 악화시키는 데 거의 최적화되어 있는 듯하다. 피해자가 회복되기 위해서는 자기 생활에 대한 통제력과 통제감을 가질 수 있어야 하는데, 법정은 피해자에게 복잡한 규칙들과 관료주의적 절차들에 복종하기를 요구한다. 피해자로서는 이해할 수 없는 것들일 수도 있고, 어쨌든 통제할 수 없는 것들이다. 피해자에게는 회복될 시간이 필요한데, 법정 일정은 피해자의 회복 생활을 거듭 방해한다. 소송은 그렇게 몇 달씩, 몇 년씩 계속될 수 있다. 피해자에게는 자기 이야기를 자기 방식으로 들려줄 기회가 필요한데, 법정은 피해자에게 증인석에 서서 검사의 단도직입적 질문들에 답변하기와 피고인 측 변호인의 반대신문 참아내기를 요구한다. 트라우마를 재경험하게 하는 특정 자극들은 종종 통제되거나 제한될 필요가 있는데, 법정은 피해자에게 과거를 아주 상세하게 재경험하기를 요구한다. 피해자는 가해자와의 직접적인 상호작용을 우려하는 경우가 많은데, 법정은 피고와의 대면을 요구한다. 성폭력 피해자가 사법 시스템과의 조우를 흔히 "2차 강간"[24]이라고 말하는 데는 바로 이런 이유들이 있다.

형사 법정에서 피고인은 유죄의 증명이 합리적 의심이 없는 정도에 이르기 전까지는 무죄로 추정된다. 무죄 추정과 대단히 강력한 증명력 요구라는 형법의 두 원칙이 마련되어 있는 것은 정의의 저울을 피고인 쪽으로 기울이기 위함이다. 이는 일개 시민과 국가 사이에 엄청난 권력 격차가 있음을 인지한 데서 나온 배려다. 하지만 피해자와 가해자 사이의 권력 격차가 큰 경우 권력이 매우 현실적으로 작동하고 있음에도 불구하고 법정에서 증언하는 범죄 피해자의 안전과 안녕은 그런 배려를 전혀 받지 못하고 있다. 많은 피해자가 가해자로부터, 또는 가해자의 친구들이나 가족들로부터 보복당할 것이라는 우려 탓에 증인이 되기를 거부한다. 법정에서 기다리고 있는 것이 수치의 무대임을 아는 탓에 증인이 되기를 거부하는 피해자도 많다. 강간 사건에서 피고인이 무고하리라는 추정은 고소인이 거짓말한다는 단순한 추정으로 종종 번역되고, 피해자는 재판받고 있는 것이 가해자가 아닌 피해자 본인이라고 종종 느끼게 된다. 대부분의 피해자가 형사 시스템의 정식 제도들에 사실상 접근할 수 없는 데는 바로 이런 이유들이 있다.

공동체는 생존자를 위해 무엇을 해야 할까. 생존자의 이야기에 열린 마음으로, 의심하고 멸시하는 태도가 아닌 염려하고 공감하는 태도로 귀를 기울여야 한다. 물론 무고죄라는 것이 있지만, 성폭행 사건에서는 그런 거짓 고소가 드물다. 성폭행 고소가 무고일지 모른다는 우려는 언론의 공상 속에서 심하게 부풀려져 있다.[25] "강간이야"라는 여성의 외침이 거짓말일 것이라는 가정은 그저 흔한 성차별적 편견일 뿐이다. 생존자가 원하는 것은 생존자가 무고하리라는 추정을 통해 정의의 저울이 균형을 되찾는 것이다.

트라우마 생존자는 자기 이야기에 일관성을 부여하는 데 어려움을 겪는 경우가 많고 적대적 질문 앞에서는 그런 경우가 더 많으니, 법정에서 그만큼 더 불리하다. 트라우마 생존자의 이야기에 일관성이 없는 이유는 트라우마 기억이 통상적 기억과 다르다는 데 있다.[26] 충격이 닥치는 순간 사람들은 종종 의식 마비 상태에 빠지게 되는데, 이를 전문용어로 해리라고 한다. 이 순간에는 경험되는 것이 비현실적이라고 느껴진다. 시간이 느려진다는 느낌일 수도 있고, 유체 이탈의 느낌일 수도 있다. 이런 상태에서 저장된 기억은 파편적이라서 통상적 내러티브의 논리를 결여하고 있다. 생존자는 냄새나 소리 같은 감각 자극적 세부 사항은 강하고 괴로운 플래시백으로 선명하게 떠올리는 반면 시공간 정보 같은 방향 지시적 세부 사항은 거의 혹은 전혀 떠올리지 못할 수도 있다. 부분적 기억상실, 심지어 전면적 기억상실의 구간들도 나타날 수 있다. 많은 자료를 통해 알려져 있듯 이런 종류의 기억력 장애는 종종 혼란의 원천이 되어왔다. 생존자는 이런 종류의 기억력 장애 때문에 스스로를 의심하게 되거나 자기가 미쳐버렸다고 생각하게 되는 경우가 많다. 기억 결손이 생존자의 신빙성을 공격하는 데 사용되는 경우도 잦았

다. 실은 이런 종류의 기억력 장애는 트라우마 사건의 진상 밝히기와 전혀 모순되지 않는다.[27]

미국 상원 의회의 2018년 브렛 캐버노(대법관 후보로 지명된 항소 법원 판사) 인사 청문회는 성폭행에 관한 수많은 통상적 편견의 전시장이었다. 인사 청문회에 증인으로 출석한 심리학 교수 크리스틴 블레이시 포드는 과거에 있었던 강간 미수 사건에 대해 증언했다. 그들이 10대였을 때 성인 감독자가 없는 파티에서 지명자 캐버노와 그의 친구가 자신을 강간하려고 했다는 증언이었다. 그녀의 증언이 의심을 산 것은 그녀가 정확한 사건 발생일과 파티 장소를 말하지 못한 탓이었다. 여전히 너무나 선명하게 기억나는 것은 그들의 웃음소리라고, 술 취한 폭행범들은 그때 웃고 있었다고 그녀는 말했다. 그녀를 침대에 찍어 누르고 그녀의 입을 틀어막고 그녀에게 죽음의 공포를 안겨주는 일이 그 남자들에게는 그저 장난이라는 것, 그것을 알았을 때 그녀가 느낀 모멸감이 그 말 한마디에 정확히 표현돼 있었다.

캐버노 판사의 인준에 찬성한 한 상원 의원은 포드 박사의 증언이 완벽하게 신빙성 있는 증언이라고 생각되지만 지명자에게는 "무죄로 추정될" 권리가 있다고 말했다. 이 상원 의원처럼 무죄 추정의 의미를 잘못 알고 있는 경우가 많지만, 법을 제정해야 하는 상원 의원이면 좀 제대로 알고 있어야 할 것이다. 무죄 추정의 원칙은 형사재판에만 적용된다. 캐버노 판사는 형사 사건의 피고인으로 재판받은 것이 아니었다. 인준이 거부된다고 해서 신병이 구속되는 것이 아니었다. 그가 이 나라에서 가장 높은 법정의 판사로 승진하기에 적합한 인물인가에 대한 판단은 철저하고 공평무사한 조사에 따른 판단이었어야 했다. 지명자를 지지하는 증인이든 지명자가 승진에 부적합하다고 증언하는 증인이든 똑같이 존중받고 경청받을 권리가 있었다.

현실은 달랐다. 캐버노 판사는 클래런스 토머스 판사가 앞서 만들어놓은 성공적 각본을 따랐고(상원 인사 청문회에서 성추행 혐의를 받았을 때 토머스 판사는 이런 것이 바로 "하이테크 린치"라는 유명한 비유를 남겼다), 상원 의원들은 벌컥 화를 내고 마구 침을 뱉는 캐버노의 다보 퍼포먼스를 관람할 수밖에 없었다.(다보DARVO는 심리학자 제니퍼 프레이드가 만들어낸, "부인하기Deny, 공격하기Attack, 피해자 가해자 바꿔치기Reverse Victim and Offender"의 머리글자다.) 누가 가장 시끄럽게 악을 쓰나 하고 보면, 자격 없이 누리는 특권을 잃을 가능성에 맞닥뜨린 사람들이 가장 시끄럽다. 지명자와 대통령을 포함해 그를 지지하는 권력자들이 이 정도로 심한 격노감을 표출하는 것에 질려버린 상원 의회는 더 조사하기를 포기하고 그의 임명을 서둘러 인준했다. 성적 불법 행위의 가해자라는 신빙성 있는 혐의를 받는 두 남자가 대법원 판사석에 앉아 있다는 아이러니를 생존자들은 어쩔 수 없이 지켜봐야 했다. 이 두 판사를 가부장적 불처벌의 살아 있는 화신으로 간주하는 것도 가능할 것이다.

두 여자아이의 개인적 불행

피해자, 가해자, 방관자의 삼각관계에서 가해자를 불처벌한다는 말은 방관자가 가해자와 한편이 된다는 뜻이고, 피해자가 사회와 법의 무게에 짓눌려 고립당한다는 뜻이다. 범죄는 피해자를 범죄를 저지른 가해자로부터 고립시킬 뿐 아니라, 피해자의 진실성을 의심하거나 가해자를 비난하는 대신 피해자를 비난하거나 범죄를 보고도 못 본 척하는 모든 사람들로부터 고립시킨다. 가부장제의 공고한 권력에 가로막혔을 때 거의 대부분의 윤리 공동체는 피해자 지원에 나서지 못한다. 피해당한 것은 피해자의 "개인적 불행"이라면서 알아서 회복하라고 내버려두는 것이다. 이것이 독재가 영속하는 방식이다.

로지 맥머핸은 매사추세츠주 서머빌(백인 노동계급이 주로 거주하는 보스턴 외곽 도시)에서 성장한 작가로, 그녀의 『운 좋은 딸: 화해의 회고』는 학대하는 아버지의 독재에 시달리는 학대의 피해자이자 목격자인 아이가 윤리 공동체로부터의 배신을 어떻게 경험하는지를 묘사하고 있다. 그녀는 "다리가 길고 몸통이 굵은 남자, 장시간 노동하는 화물 트럭 노조원" 아버지를 복합적 인물로 묘사한다. 어떨 때는 그녀와 그녀의 여동생들을 데리고 경이로운 야외 모험 여행을 떠나는, 도시에서 나고 자란 딸들에게 자연을 접하게 해주는 아버지였지만, 어떨 때는 (특히 술을 마실 때는) 모든 가족과 중증 장애를 가진 그녀의 남동생에게까지 심한 폭력을 휘두를 수 있는 아버지였다. 그녀를 성 학대의 대상이자 편애의 대상으로 삼은 아버지, 그렇게 그녀의 어머니와 여동생들로 하여금 그녀를 상대로 울분을 터뜨리게 만든 아버지이기도 했다. 그는 수시로 가족들이 자기의 명령에 군말 없이 복종해야 한다고 믿으며 호통을 쳤고, 가족들은 늘 폭행에 대한 공포 속에서 그의 비위를 맞추는 생활을 했다.

로지는 첫 번째로 어머니로부터 배신을 느낀다. "나는 엄마가 그에게 저항하기를 바랐다. 그가 엄마한테 이거 해라 저거 해라 이건 이렇게 해라 저건 저렇게 해라 할 때 엄마가 그냥 그대로 했다는 것, 그것이 내가 엄마를 증오한 수많은 이유 중 하나였다." 두 번째 배신은 기관의 배신이다. 로지는 자기가 911에 전화를 걸었던 장면을 묘사한다. 신고한 것은 처음이 아니다. 아버지가 여동생을 폭행하고 있다. 건방지게 말대꾸를 했다면서. "당장 경찰 보내주세요. 안 그러면 이 집에서 살인 나요." 이 말이 입에서 나올 때 그녀는 자기가 정말로 그렇게 될까 봐 겁내고 있음을 깨닫는다. 서머빌 경찰서에서 두 경찰이 온다. 포치 밑 은신처에 숨어 있던 로지는 그들이 집 안으로 들어가는 것을 지켜보면서 치안 경찰의 위압적 엠블럼에 감명을 받는다. "내 손에 무기가 들려 있다면, 내 옷에 배지가 달려 있다면, 내 신발에 묵직한 밑창이 깔려 있다면" 훨씬 더 용감해질 수 있으리라는 생각이 든다.

하지만 경찰들은 여동생 얼굴이 온통 피 칠갑인 것을 보면서도 아버지를 체포하지 않는다. 체포하기는커녕 아버지와 남자 대 남자로 대화를 하더니 그중 한 경찰이 여동생들에게 충고

한다. "아빠한테 더 잘해드려라. 너네가 그러기로 약속하면 우리도 너네 아빠 안 잡아갈게." 이제 은신처에서 빠져나와 집 안에 들어와 있는 로지는 경찰의 몰이해에 항변한다. "우리가 잘해준다고 아빠가 안 때리는 게 아니라고요." 경찰은 로지를 혼낸다. "아가씨 태도가 문제네. 애초에 태도가 그 모양이니까 집안 꼴이 이 모양인 거야." 그들이 떠날 때 그녀는 약자의 무력한 격분을 느낀다. "경찰은 상황 파악을 너무 못했다. 우리를 지켜달라고 경찰을 불렀던 건데. 아빠는 남의 말을 절대 안 듣는 사람이었지만, 경찰은 법대로 할 수 있으니까, 경찰이 말하면 아빠도 들었을 거다. 우리는 할 수 있는 게 없었는데. 우리는 그저 아빠 소유의 애들이었는데. 아빠 마음대로 할 수 있는 아빠 물건이었는데."[28]

헤아릴 수 없이 오랜 세월 동안 국가기관들은 이런 방식으로 아버지들의 규칙을 용납, 지지해왔다. 단기간에 망각되지 않을 가부장제의 규칙을 아이들은 이런 방식으로 학습하고 있다.

흑인 아이들이 독재의 규칙을 학습하는 일은 가부장제와 연동하는 두 번째 독재, 즉 수 세기에 걸쳐 단단하게 자리 잡은 노예제도와 짐 크로의 유산으로 인해 더욱 복잡해진다. 우리는 이 두 번째 독재를 구조적 인종차별이라고 부른다. 흑인 남녀에 대한 경찰 폭력은 흑인을 억압하는 형사 사법 시스템의 수많은 징후 중 가장 두드러진 징후일 뿐이다. 흑인이 경찰의 위해에 시달리는 일은 너무나 흔하고, 흑인 수감자 비율은 과도하게 높다.[29] 수많은 흑인 공동체에서는 경찰을 공동체의 보호자로 지각하기보다 공동체의 점령자로 지각한다. 이 말은 학대당하는 여성들과 아동들이 경찰에 도움을 요청할 생각을 못 할 것이라는 뜻이다. 로지 맥머핸에게 충격적이었던 것은 경찰이 아버지 편이라는 사실, 아버지가 폭력을 휘둘렀을 때 경찰이 폭력을 도발한다면서 딸들을 비난한다는 사실이었다. 많은 흑인 여아들은 그런 데서 충격을 받지 않을 것이다. 애초에 경찰을 부를 생각도 못 할 것이다.

작가 겸 다큐멘터리 영화 감독 아이샤 샤히다 시먼스는 최근 『유책자의 사랑』이라는, 흑인 여성들이 흑인 가정과 흑인 공동체에서 자행되는 성폭력에 관해 증언한 책을 펴냈다. 이 책에는 그녀의 증언, 아동기에 조부에게 성 학대를 당했던 경험을 묘사한 글이 첫 번째로 실려 있다. 그녀의 부모는 힘든 업무를 처리하는 민권·인권 전문가들이다. 출장을 자주 다녀야 하는 부모는 집을 비울 때 아이샤를 친조부에게 맡긴다. 친조부는 밤에 그녀의 침대에 몰래 올라가서 그녀의 몸을 함부로 다룬다. 아이샤는 "할아버지"를 아주 좋아하지만, 그 시간을 아주 싫어한다. 그녀는 자기가 조부에게 느끼는 감정을 "커다란 고통스러운 수수께끼"라고 묘사한다.

로지 맥머핸과 마찬가지로 아이샤 또한 첫 번째로 어머니로부터 배신을 느낀다. 그녀가 조부의 행동을 밝혔을 때, 그녀의 어머니는 처음에는 믿지 않으려고 한다. 아이샤는 펑펑 울면서 믿어달라고 한다. 딸의 말이 거짓이 아님을 겨우 믿을 수 있게 된 어머니가 전 남편인 딸의 친부에게 문제를 알리자, 친부는 자기가 자기 의붓아버지와 따로 대화함으로써 문제를 해결하겠다고 한다. 취해진 조치는 그뿐이고, 부모는 문제가 해결되었다고 가정한다. 부모의 출장은 계속되고, 학대도 계속된다. 어머니는 딸에게 할머니에게는 절대 말해서는 안 된다고 경고한다. "할머니한테 말하는 건 할머니를 죽이는 거야."

할머니를 사랑하는 아이샤에게 이 경고가 권력과 책임을 떠안긴다. 물론 피해자에게 권력과 책임이 있다는 것은 상상 속 이야기이고, 실제 권력과 책임은 가해자에게 있다. 아울러 이 경고는 손녀와 조모 사이에 침묵의 벽을 세움으로써 조모가 손녀를 보호해줄 가능성을 원천 봉쇄한다. 손녀가 생일이나 명절에 조부모를 방문할 때 손녀는 아무 일도 없었던 것처럼 처신할 것으로 기대된다. 그렇게 어른이 되고 그렇게 세월이 간다. 그녀는 말한다. "내가 30년이 넘는 시간 동안 가족에 대한 의리를 지키겠다고 정신적 곡예를 펼쳤다는 것이 나를 아찔하게 한다. 내 부모가 그에게 책임을 지게 했더라면 어땠을까?"

이 증언집에 실린 두 번째 글에서 그녀의 모친 궨덜린 조하라 시먼스 박사는 자기가 아이를 보호하기 위한 그 어떤 조치도 취한 적이 없다는 사실에 직면하기 위해 고군분투한다. 그녀는 자기가 그때 그 상황을 어떻게 합리화했는지를 고백한다. 그것은 '나는 사회정의를 위해 일하고 있으니 나의 일이 가장 중요하다, 심지어 내 딸의 안위보다도 내가 하는 일이 더 중요하다'라는 자기기만적 합리화였다. 이것은 그녀가 일찍이 흑인해방운동 진영 내부에서 학습한 논리였다. 민권운동가였던 그녀를 그녀의 "동지들" 중 하나가 강간하려고 한 적이 있었고 그녀는 그와 싸워야 했다. 그녀는 소속 단체인 학생비폭력조정위원회의 지도부에 문제를 제기했다.(경찰에 신고한다는 것은 아예 고려하지도 않았다.) 지도부는 그녀의 문제 제기를 사소하다고 묵살했고, 모두가 목숨을 걸고 큐클럭스클랜 독재에 맞서 미국 최남동부 지역 흑인 유권자 등록에 매진하고 있는 중대한 시기에 그런 문제를 제기했다는 이유로 그녀를 견책했다. 지도부가 보았을 때 문제는 그녀의 운동 진영 '형제들' 중 하나가 그녀를 강간하려고 한 데 있는 것이 아니라 그녀가 저항한 데 있었다. 지도부는 그녀에게 그저 이렇게 말함으로써 문제를 매듭지었다. "좀 주지 그랬니."

이런 방식으로 시먼스 박사는 남성 특권의 구체적 내용, 가부장제의 영구적 규칙들을 학습했다. 그녀가 운동 진영 "형제들"과 똑같은 용기를 발휘하고 그들과 똑같은 위험을 감수했음에도, 그녀의 신체는 여전히 그들의 재량에 맡겨져 있었다. 독재를 극복하기 위해 투쟁하는 그녀에게는 또 다른 종류의 독재에 복종할 것이 요구되었다. 슬프게도 이런 일은 해방운동 진영에서 자주 있어왔다. 세월이 흘러 그녀가 딸을 배신한 것은 바로 이런 규칙들을 너무나 성공적으로 내면화하고 있었던 탓이다.

궨덜린 시먼스의 증언은 본인이 범죄에 어떻게 공모했는지를 고백하는 공개 참회로서, 수많은 생존자들이 방관자들에게 간절히 바라는 종류의 인정, 사죄, 보상의 본보기다. 딸에게 "잊어주기를, 행복한 가정을 뒤흔들어놓지 말아주기를" 바랐던 것이 얼마나 이기적이었는지를 그녀는 인정한다. 자기가 딸에게 얼마나 엄청난 해악을 끼치고 있는지를 제대로 알지 못했다는 것을 그녀는 인정한다. 자기가 그렇게 오랜 세월 동안 무대응으로 일관했다는 것에 충격과 수치를 느끼고 있음을 그녀는 인정한다. 그녀는 딸에게 해악을 끼친 것에 슬픔을 표하고, 딸이 아예 연을 끊어버리는 대신 화를 내면서도 계속 보상을 요구해온 것에 감사를 표한다. 그녀는 이렇게 말함으로써 글을 마무리한다. "나는 딸이 나를 용서해주기를, 그리고 이렇게 딸의 모범을 따라 배우는 생활이 계속되기를 기도할 뿐이다." 어머니의 참회 앞에서 딸 아이샤는 이런 이야기를 공유해준 것과 스스로의 유책성을 공개적으로 인정해준 것에 감사를 표한다.[30]

『유책자의 사랑』에 필자로 참여한 여성들은 생존자의 요구에 부응하면서 생존자의 손상된 관계(가족과의 관계, 공동체와의 관계)를 치유하는 데 중점을 두는 종류의 정의를 한마음으로 그리고 있다. 아울러 그들은 가해자를 수감 시설에 가두거나 구제불능의 악인으로 취급하지 않으면서 가해 행동을 엄중히 저지할 방법을 찾고 있다. 대부분의 필자들은 "형법적 불의 시스템"을 대체할 시스템 마련을 원하고 있지만, 그러한 대안이 아직 희망 사항이라는 것 또한 잘 알고 있으며, 바로 그 대안을 마련하는 일에 더 넓은 윤리 공동체가 나서야 한다고 역설하고 있다.

*

이 책 2부에서 우리는 생존자들의 목소리에 한층 더 깊이 귀를 기울이면서 그들이 그리는 좀 더 바람직한 정의의 비전을 따라갈 것이다. 그들은 가부장적 불처벌을 근절하려면 어떻게 해야 하는지, 존중과 공정이라는 치유의 원칙을 모두에게로 확장함으로써 전통적으로 종속당하고 멸시당하는 자리를 배정받아온 사람들까지 아우르려면 어떻게 해야 하는지를 들려줄 것이다.

2부

정의의 비전

4장
인정

자신들이 원하는 것을 생존자들이 말하고 있다. 우리는 들어야 한다.[1]
- 알렉산드라 브로드스키, 『성범죄에서의 정의』

생존자 정의의 제1원칙은 공동체가 피해 사실을 인정해야 한다는 것이다. 생존자가 공동체의 인정을 원한다는 것은 직관적으로도 이해할 수 있다. 은폐와 부인이 독재자의 제1방어선이라면, 공개적 진실 말하기는 생존자의 제1저항책이어야 하고, 생존자의 정당성을 인지하는 것은 윤리 공동체의 제1연대책이어야 한다.

'뉴욕 급진 페미니스트들'이라는 단체에서 조직한 '제1회 강간 공론화'가 1971년에 열렸다. 거기서 나온 생존자들의 공개 증언으로 새로운 종류의 공개 법정이 생겨났다. 이 자리에서는 여성 대상 폭력이 개인적 불행으로 여겨지는 대신 오랜 세월 동안 비가시화되고 암묵적으로 용인되어온 형법적 불의로 여겨질 수 있었다. 이 자리에서 자기 이야기를 공개한 생존자들은 수치심 대신 정의로운 격노감을 드러냈고, 더 넓은 공동체를 향해 오랫동안 은폐되어 있던 진실을 이제 좀 인지해달라고 한마음으로 요구했다. 그로부터 50년이 흐른 뒤에 생겨난 생존자 조직에서도 제1요구는 똑같다. 2020년, 미투 인터내셔널의 니키타 미첼은 한 온라인 미팅에서 1200명을 헤아리는 생존자들을 환영하면서 이렇게 말했다. "전국의, 전 세계의 생존자들이 이름을 밝히며 이렇게 말하고 있다. '나도 성폭력 피해자다.' '나도 고발한다.' '나도 온전히 존엄한 인간으로 살 것이다.'"

우리는 이런 증언을 나에게 아낌없이 공유해준 생존자들의 목소리를 4장에서부터 계속 듣게 될 것이다. 나는 그들을 인터뷰하면서 이상적이라고 생각되는 정의의 모습을 그려달라고 요청했다. 모든 것을 당신 마음대로 정할 수 있다면, 당신은 더 넓은 공동체가 어떻게 하기를 바라는가? 당신은 가해자가 어떻게 하기를 바라는가? 당연하게도 답변은 매우 다양했지만, 그들이 그리는 정의의 비전 속에는 몇 가지 공통된 내용이 있었다. 무엇보다도 피해를 인정받아야 한다는 것. 그다음으로는 사죄받기와 배상받기를 통해 피해를 바로잡아야 한다는 것. 2부에서 자세히 논의할 내용들이다.

정의의 이상적 모습에 관해 답변해준 생존자들이 만장일치로 동의한 것은 바로 이 첫 번째 내용이었다. 그들은 진상이 알려지기를 원했다. 수년간 가정 폭력 피해자였던 한 생존자(이름의 머리글자를 따서 ER)는 그 소망을 단순하게 표현했다. "저 사람이 어떤 사람인지, 나한테 무슨 짓을 했는지, 그걸 사람들이 좀 알면 좋겠다. 저도 사람이면 다른 사람한테 그런 짓을 하면 안 되는 거잖아!" 아울러 그녀는 가해자가 가해 사실을 직시하기를 원했다. "저 사람은, 그거 다 거짓말이다, 라고 말하고 다닐 사람이다. 그렇게 믿고 살 사람이다. 자기가 무슨 짓을 했는지 안 듣고 싶겠지. 야, 어딜 도망가! 네가 무슨 짓을 했는지 내가 말하고 있잖아!"

일단 피해자를 사람으로 인지해야 함을 강조하는 일이 필요하다고 느낀다는 점에서는 다른 많은 생존자들도 마찬가지였다. '당신의 신체를 사용할 목적으로 돈을 냈던 남자들, 당신은 그 남자들에게 어떻게 하고 싶은가?'라는 질문에 아동기에 근친 성폭행과 성매매 피해자였던 생존자인 여성학 연구자 케이트 프라이스는 이렇게 답했다. "성 구매자들은 트럭 운전사들이었다. 여자는 남자가 시키는 대로 해야 한다는 것이 그들의 생각이었다. 나는 그들을 어떻게도 하고 싶지 않다. 그들을 영원히 안 만나고 살고 싶다. 생각만 해도 소름 끼친다. 하지만 이 말이 그들에게 들렸으면 좋겠다. '나도 사람이다. 나도 살아 있고 나도 숨을 쉰다. 몸이 내 전부가 아니다.'" 가해자에게 피해자의 말을 들으라고 한다는 점과 가해자가 가해 사실을 공개적으로 인정하기를 바란다는 점은 그녀도 마찬가지였다. "다른 모든 피해 아동들의 말이 가해자들에게 들렸으면 좋겠다. 가해자 가족에게도 가해 사실이 알려졌으면 좋겠다. 가해자가 자기 가족에게 진상을 밝히는 편지를 보내는 것을 의무화했으면 좋겠다." 투명한 공개야말로 정의로 가는 첫걸음이라는 것이 그녀의 생각이었다.

많은 생존자는 가해자의 진상 인정뿐 아니라 적극적 또는 소극적 공모자인 방관자의 진상 인정 또한 필요로 했고, 이런 종류의 인정에 가해자의 자백 못지않게 중요한 의미를, 아니 그것보다 더 중요한 의미를 부여했다. 예를 들면, 프라이스 박사는 아동·청소년 성매매의 진상이 자신이 나고 자란 펜실베이니아 러스트벨트의 더 넓은 공동체에 알려지기를 바랐다. 그녀는 말했다. "우리 문화가 그것을 작동시키는 연료다. 우리가 그것을 성장시키는 비료다. 가난을 당연시하는 문화, 가난한 사람에게 분수에 맞게 감사해하면서 살라고 하는 문화가 애팔래치아 문화다. 이런 문화에는 착취의 패턴이 있다." '당신이 미성년자이고 약물에 취해서 저항할 수 없는 상태임을 알았을 텐데도 당신의 신체를 사용할 목적으로 돈을 냈던 남자들, 당신은 그 남자들에게 어떤 처벌을 내리고 싶은가?'라는 질문에 그녀는 그들을 처벌하는 것이 무슨 의미가 있는지 모르겠다고 답했다. 단, 자신을 팔아넘긴 부친에게 처벌이 내려지는 것은 간절히 원했다. 그녀는 이렇게 말했다. "지금 우리가 모든 구매자를 수감 시설에 가둔다 해도, 다음 세대에 다른 구매자들이 생길 것이다. 그렇기 때문에 우리가 방대한 규모의 진상 인정을 필요로 하는 것이고, 그렇기 때문에 우리가 국가의 권위를 필요로 하는 것이다. 피해자 증언을 중요한 증거로 채택하는 사법 시스템이 만들어지려면 그 길밖에 없다."

방대한 규모의 진상 인정이란 개별 가해자들이 범행을 자백한다는 의미이기도 하지만, 범행에 조력한 모든 사람들이 공모 행위를 자백한다는 의미이기도 하다. 예를 들어, 2003년 〈보스턴 글로브〉의 스포트라이트 탐사 보도팀이 가톨릭교회 내부에서 무수히 일어난 아동 성 학대를 최초로 폭로한 직후, 일군의 생존자들이 한자리에 모여 구체적인 요구 사항들을 담은 성명서를 발표한 적이 있다. '보스턴 대교구 개혁 요구서'라는 제목의 이 성명서의 첫 번째 요구 사항은 교회 고위층이 "범죄를 저지른 소아 성 도착자 사제들을 다른 교구로 이동시킴으로써 수많은 아동이 추가로 학대 피해를 당하게 만든 죄책을 자백"해야 한다는 것이었다. 그들의 다음 요구 사항은 교회가 죄책을 고백할 때는 공개적으로, 그리고 서면으로 자백해야 한다는 것, 그리고 "학대 피해자들에게는 잘못이 없다는 점과 수치스러워해야 하는 것은 학대 가해자들과 학대 은폐자들뿐이라는 점"을 이 자백서에 명시해야 한다는 것이었다.[2] 이 권력형 학대가 전통적인 기관들의 뿌리 깊은 관행이었다는 사실, 이 사실을 모든 연루자들이 인정해주기를 원했다는 점은 이 생존자들도 내 제보자들과 마찬가지였다.(이 개혁 요구서가 어떻게 되었는지에 대해서는 6장에서 좀 더 알아볼 것이다.)

생존자가 가해자에게 원하는 인정은 단순한 사실의 인정을 넘어서는 가해 인정이다. 사실을 부인하는 것이 많은 가해자의 제1방어선이지만, 증거를 마주한 일부 가해자는 사실을 인정하면서도 사실의 중요성은 묵살 또는 축소한다. 이렇게 "별일 아니잖아"라는 방어선이 마련된다.('저 여자는 왜 저렇게 호들갑이지?' '저 여자는 왜 저렇게 내숭이지?' '저 여자는 유머감각이 없어.' '그건 정말 그냥 오해라니까. 어쨌든 이제 다 끝난 일이잖아.' '저 여자는 왜 다 지난 일을 이제 와서 꺼내는 거야? 이제 모두 훌훌 털고 일어나야 할 때인데.') 일부 가해자는 자기가 한 짓을 기꺼이 인정하는 것 같아 보이지만 그것이 가해였다는 것을 인지하지 못하거나 가해든 아니든 신경 안 쓰면서 피해자가 항의하는 것을 비난한다.

현재 형법학 교수로 재직 중인 "로즈"는 예전에 대학에 다닐 때 강간 피해자였다고 말한다. 어느 파티에서 술을 마시다가 필름이 끊긴 듯, 아무 기억이 없었다. 그 일에 대한 소문이 돌기 시작했고, 로즈는 자기가 강간당했다는 것을 전 남자 친구에게서 듣고 알게 되었다.(전 남자 친구는 전 여자 친구가 그런 놈이랑 "같이 잤다"는 것에 화나 있었다.) 로즈는 다소 당황스러워하면서 말했다. "나는 오랫동안 그 일을 강간이라고 부르지 못하고 있었다." 가해자와는 고등학교 때부터 아는 사이였다. "나는 그 남학생이 구제불능의 악인이라고 생각지 않았다." 로즈는 추궁할 생각으로 가해자에게 전화를 걸었다. 그런데 놀랍게도 가해자는 사실을 부인하지 않았다. 가해자의 말은 이상하게 객관적이었다. "그래 맞아, 너 그때 진짜 필름 끊겼었어." 로즈는 말했다. "전혀 사과하는 기색이 아니었다."

몰이해는 가해자의 전유물이 아니었다. 강간 피해를 당한 다음 날, 통증 때문에 병원을 찾아간 로즈는 방광염 진단을 받았다. 의사의 말은 느물거리는 웃음과 함께였다. "밤에 잠을 못 잔

모양이네요." 로즈는 말했다. "나한테는 '자업자득'이라는 말로 들렸다."

생존자는 피해가 경시당하거나 조롱당하기를 원하지 않으며, 피해자가 되었다는 이유로 비난당하기도 원하지 않는다. 생존자는 과하게 감정적이라는 묵살이나 "이겨내라"라는 설교도 원하지 않는다. 생존자는 공동체가 피해자의 고통을 인지, 존중하고 피해의 심각성을 인정하기를 원한다. 개인으로서의 생존자는 내가 속한 윤리 공동체를 구성하는 사람들이 내 말을 들어주고 내 말을 믿어주고 내가 상처받았음을 알아주고 나에게 도움과 지지를 보내주기를 바란다. 집단으로서의 생존자는 사회와 언론이 생존자의 무소부재함을 인지하기를, 아울러 성폭력이 그저 개인적 불행이 아니라 주요한 공중 보건 문제임을 인지하기를 바란다.

예를 들어, 2003년에 하버드대학에서 라틴아메리카학 대학원 과정을 시작한 리비아 리베라의 이야기를 살펴보자. 푸에르토리코에서 나고 자란 리베라는 자신의 아동기를 두고 꽤 특권적이었던 시기, 하지만 "여자는 성녀 아니면 매춘부라고 보는 폭압적 가톨릭 환경"에 둘러싸여 있던 시기로 묘사했다. 교구에서 운영하는 사립학교에 다녔고, 교회 성가대였고, 심지어 수녀가 되기를 꿈꾸기도 했다. 그녀가 10대 청소년이 되었을 때 그녀의 부친이 그녀에게 총구를 들이대면서 "어디 한번 '가족의 명예'를 더럽혀봐, 내가 당장 죽여버릴 테니"라고 했다. 하지만 그녀는 이미 어떤 명망 있고 존경받는 이웃에게 수년 동안 성 학대를 당해왔고(가해자는 소도시의 실세 엘리트였고 그녀는 피해 사실을 아무에게도 말하지 못했다), 그때 이미 그녀는 더럽혀진 명예를 영영 씻을 수 없다고 느끼고 있었다. 그녀의 피난처는 집 안의 서재였다. 그녀는 거기서 학문적 관심을 키웠다. 대학원에 진학했을 때 그녀는 아동기의 숨 막히는 문화에서 탈출할 수 있으리라는 기대와 라틴아메리카의 민주주의 심화 방안을 연구하겠다는 계획을 가지고 있었다.

리베라는 연구하고 싶은 분야에서 가장 명망 있는 교수 중 하나였던 호르헤 도밍게스의 연구팀에 합류했다. 그녀는 미처 모르고 있었지만, 그자는 학생들과 직원들에 대한 성희롱으로 악명을 떨치는 자이기도 했다. 1983년에 이미 대학 측의 징계가 있었다. 하지만 징계 이후에도 그자의 승급은 전혀 가로막히지 않았고, 리베라가 하버드대학에 왔을 무렵 그자는 국제정세연구소 소장으로 이름을 날리고 있었다. 그녀는 말했다. “남자들은 저한테 권력이 생겼다 싶으면 세상이 다 제 건 줄 안다. 여자들을 학대하는 재주가 있는 자들이 있다. 그런 자들은 여자들의 취약함을 귀신같이 찾아낸다.” 저 여자를 강간하면 얼마나 좋을까 따위의 망상을 교수라는 자가 공개 석상에서 떠벌렸다. 그자의 연구팀에 소속된 다른 팀원들은 그녀에게 이렇게 말했다. “저 교수는 한번 갖겠다고 마음먹은 것은 절대 그냥 안 둬.”

이 적대적 환경은 리베라의 고질적 외상 후 스트레스 장애를 악화시켰다. 학업성적은 줄곧 우수했지만 학위 논문을 기한 내에 완성하지 못할 것 같았다. 학위 논문 제출 기한 연장을 요청하기 위해 장애학생지원센터에 찾아가 지도 교수와 문제를 겪고 있다며 연장 요청 사유를 밝혔을 때, "당신은 '하버드 인재'가 아닌 모양이다"라는 말이 그녀에게 던져졌다. 이 판단은 암묵적으로 인종차별적이고 성차별적인 기관의 속성뿐 아니라 악명 높은 포식자를 비호하는(가해자의 문제 행동에서 비롯된 피해의 심각성을 인정하는 대신 피해자를 수치 주고 배척하는) 기관의 행태를 반영하고 있었다. "나는 높은 학점을 받는 학생이었고, 내가 사람들에게서 원한 것이 '불쌍한 리비아'에 대한 동정과 연민은 아니었지만, 나 같은 사람에게는 조금은 각별한 배려가 필요하지 않을까 싶다." 그녀는 학위 논문을 완성하지 못했고, 결국 대학을 그만두었다.

그렇게 시간이 흐르고 2018년, 여성 열여덟 명이 도밍게스를 성추행으로 고소했다는 내용의 기사가 〈크로니클 오브 하이어 에듀케이션〉에 실렸다. 35년이 넘는 기간 동안 발생한 사건들이었다. 가장 먼저 발생한 것으로 알려진 사건은 1979년, 가장 나중 사건은 2015년에 일어났다. 도밍게스는 "내 행동을 '오인'한 것 같다"(표현을 바꾸면, '그거 다 오해야')라고 주장하면서 혐의를 부인했지만, 그럼에도 조기 퇴직이 현명한 선택이라는 것을 알게 되었다.

2019년, 진상 조사를 마친 뒤 혐의의 신빙성을 확인한 대학 측은 피의자의 명예교수직과 기타 특권들을 박탈하고 피의자의 개설 과목들을 폐강했다. 2021년, 대학 총장은 최초로 고소에 나섰던 여성에게 (그리고 "그때 하버드대학이 시의적절한 조치를 취하지 않은 탓에 성추행으로 피해를 입은 여성들에게") 공개적으로 사죄한다는 뜻을 밝혔다.[3] 하지만 현 시점까지 대학 측 조치의 초점은 (공개 사죄를 빼면) 가해자를 뒤늦게 푸대접하기와 향후 권고 사항들을 구상할 위원회 꾸리기였다. 30년 넘게 경력 단절을 겪은 피해 여성들에게 이러한 조치가 얼마나 위로가 될지 모르겠다. 하버드대학이 피해를 바로잡아야 할 책임을 인지했다는 신호는 지금까지는 전혀 없었다.

리베라는 이제 과거에 연연하지 않는다. 그녀는 동료 대학원생과 결혼했고, 원 가족에게서 받아보지 못한 지지와 이해를 남편에게서 받고 있다. 그녀는 말했다. "남편이 건강했으니 나도 건강해져야 했다." 그녀는 학문적 활동을 계속해나가고 있다.(그녀가 손목에 문신으로 새긴 두 글자의 한자漢字는 "학문에 힘씀"을 뜻한다.) 그녀는 이러한 증언을 통해서 외상 후 스트레스 장애를 앓는 학생으로 사는 일의 어려움에 대해 대중적 이해를 높이는 데 기여할 수 있기를 소망한다. 수많은 생존자들과 마찬가지로 그녀는 스스로를 치유하고 싶다는 소망뿐 아니라 다른 생존자들을 치유하고 싶다는 소망과 함께, 그리고 어쩌면 여기서 한 발 더 나아가 가해에 공모한 기관을 정의 쪽으로 기울이고 싶다는 소망과 함께, 자기 이야기를 다른 사람들에게 선물로 건넴으로써 자기 이야기의 의미를 찾을 수 있었다.

정당성 입증

생존자가 공동체에 바라는 보상 조치에는 위기 시의 즉각적 도움과 리베라가 요청했던 종류와 같은 지지에서부터 폭력 예방을 위한 광범위한 교육 프로그램 운영에 이르기까지 여러 종류가 있다. 하지만 생존자가 가장 바라는 형태의 조치는 윤리적 정당성을 입증받는 것이다. 생존자는 방관자들이 입장을 명확히 하기를, 잘못을 잘못이라고 인정하기를, 범죄를 명확히 규탄하기를 바란다. 생존자가 무슨 피해를 당했든 덮어놓고 생존자를 비난하는 세간의 편견과 마주할 때, 생존자는 공동체가 생존자의 정당성을 명확하게 옹호하기를 바란다. 생존자는 자기가 수치스러워하지 않아도 되기를, 응당 수치스러워해야 할 가해자가 수치스러워하기를 바란다. 이것이 내 인터뷰이들의 일치된 견해다. 나와 인터뷰한 사람들이 절감했던 대로, 범죄의 목적은 이들의 명예를 더럽히고 이들을 고립시키는 것이었으니, 이들은 본인의 명예를 되찾고 공동체와의 관계를 재확립하는 데 힘썼다. 이들은 정의를 피해 인정이자 정당성 입증이라고 정의하는 것에 이견이 없었다.

하지만 우리 사법 시스템은 피해 인정과 정당성 입증을 어렵게 만든다. 아동기에 성 학대를 경험한 생존자인 변호사 겸 정치철학 교수 로스 체잇의 이야기는 피해 인정과 정당성 입증을 확보한다는 것이 구체적으로 무엇인가를 보여주기도 하지만, 정의에서 가장 기본이 되는 이런 조건들을 확보하기 위해 얼마나 엄청난 투쟁이 요구되는가를 보여주기도 한다. 어렸을 때 샌프란시스코 소년 성가대 대원이었던 체잇은 성인이 되어 이 유서 깊은 기관에서 운영하는 여름 캠프에 참석했을 때 캠프 책임자에게 학대당했던 일을 기억해낸다. 그는 사건을 조사했고, 성가대 여름 캠프에서 학대당한 남아가 자기 말고도 많다는 것을 알게 되었다. 체잇과 다른 두 명의 생존자가 형사 고소장을 제출했지만, 공소시효가 지난 뒤여서 기소가 불가능했다. 체잇은 가해자인 빌 파머라는 남자와 성가대 전부를 상대로 민사 손해배상 청구 소송을 개시했다.

이론적으로, 생존자에게 민사소송은 형사 고소에 비해 비교적 덜 험한 길이다. 민법은 시민 대 시민의 분쟁, 또는 개인 대 단체의 분쟁을 다룬다. 국가가 판사의 형상을 하고 분쟁 중재자 역할을 하는 것은 형법과 마찬가지지만, 민법상 국가의 입장은 중립적이다. 생존자는 소송 개시 여부를 선택할 수 있다. 손해배상 청구 소장이 접수되면 피고에게 답변의 의무가 부과되고, 법원은 양측의 입장을 들은 뒤 판결을 내린다. 피해 사실을 증명받으면 배상금을 받게 되고, 피해가 얼마나 중대한 것이었는가는 법원이 배상금 액수를 얼마로 했는가를 통해 판단될 수 있다.

민법은 피고의 신병을 구속할 것인가를 정하는 법이 아니니, 형법과는 달리 정의의 저울이 피고에게 유리하게 기울어져 있지 않다. 입증 책임은 여전히 원고에게 있지만, 피고에게는 무죄로 추정받을 권리가 없다. 민사 법정에서는 원고와 피고가 법 앞에 평등하므로, 정의의 저울은 이론적으로는 어느 쪽으로도 기울어져 있지 않다. 또한 증거에 요구되는 기준은 비교적 엄격한 "합리적 의심이 없는 정도"여야 하는 것이 아니라 "증거력의 비교 우위"가 있으면 된다.

이런 점들을 생각한다면, 민사소송이 형사 고소보다는 생존자에게 더 수월한 길일 것 같다. 하지만 민사소송도 험한 길이기는 마찬가지다. 민사소송도 공방 중심주의 내부에서 진행되기는 마찬가지라서, 생존자는 법정 안에서 수치 주기 공격과 사생활에 대한 추잡한 공격에 시달리게 되는 것에 더해 법정 밖에서 치부를 털고 뒤지는 각종 음해 시도들(예컨대 정신의학과 진료 기록 제출 명령)에 시달리게 되리라고 예상할 수 있다.

소송에는 변호사도 필요하고, 변호사 선임 비용은 고가高價일 수 있다. 생존자는 종종 재력의 열세를 느낀다. 예를 들어, 변호사 겸 페미니스트 피해자 지지 활동가 알렉산드라 브로드스키(로스쿨 졸업 후 경력 5년)의 말로는, 널리 알려진 업계 가이드라인에 따르면 그녀 정도의 신진 변호사가 시간당 거의 500달러를 청구하는 것으로 되어 있다.[4] 이론적으로 모든 국민이 법 앞에 평등한지는 모르겠지만, 현실적으로 종속 집단 구성원이 정의를 추구하는 경우에는 원고와 피고 간의 권력 격차가 너무나 분명해 보인다.

중년 기혼 남성에 이성애자 백인인 로스 체잇은 자기가 누리는 젠더, 학력, 인종, 계급에서의 특권들을, 그러니까 자기에게 주어진 지위와 신빙성의 원천들을 십분 인지하고 있다. "내가 처음 법률 전문가에게 말했을 때, 그는 나에게 이렇게 말했다. '당연하다, 다들 믿어줄 것이다, 남자 말이니까! 여자가 고소하겠다고 찾아오면 거짓말이라고 생각하는 사람들이 있다. 하지만 누가 남자를 의심하겠나! 당신 같은 분이 그런 거짓말을 왜 하겠나?'" 체잇은 공방 중심주의가 어떻게 작동하는지를 잘 아는 당사자로서 상대편 변호사에게 이렇게 말할 수 있었다. "당신이 개싸움을 하고 싶다면, 나도 개싸움으로 응해주겠다. 어차피 내가 이기는 게임이겠지만." 민법은 남자들을 위해 만들어진 것 같다고 체잇의 아내는 말했다.

피고 빌 파머가 변론 기일에 불출석했기 때문에, 판결은 자연스럽게 체잇에게 유리해졌다. 하지만 배상액 판결을 위한 별도의 공판이 열리게 되었다. 체잇 같은 법조계 배경을 가진 사람에게도 법정에서 증언하기는 울음이 터져 나올 정도로 울컥한 경험이었다. 그는 말했다. "나는 증인석에 올라 사건의 전말을 진술했다. 판사는 내 피해 배상 청구에 50만 달러라는 값을 매겼다. 감정이 북받쳤던 기억이 난다. 생각해본 적도 없는 액수였으니까. 내게 올 돈은 아니었지만. 어쨌든 판사는 내 말을 믿어주었을 뿐 아니라 이것이 중요한 일이라고 생각해주었던 것이다! 돈이 얼마냐가 의미가 없는 건 아니다. 그날은 시스템으로부터 내 피해를, 내 가치를 인정받은 날이었다. '그렇게 다 지나간 일을 왜 이제 와서 떠벌리고 있나?'라고 말할 수도 있었을 그들이 그렇게 말하지 않았다."

체잇이 증언한 날에는 체잇의 양친도 법정까지 동행했고, 체잇이 성가대를 상대로 소송을 제기했을 때는 '믿었던 기관으로부터 배신당한 것은 부모도 아들과 마찬가지다'라는 요지의 지지 진술서를 작성했다. 체잇은 말했다. "양친이 그렇게 해준 것은 내게 큰 의미가 있었다. 내 편에 서주는 일이었고, 피해가 한 사람만의 문제가 아니라고 말해주는 일이었다." 체잇의 부모가 아들의 소송에 목소리를 보탠 일은 한 사람의 피해는 모두에게 피해라는 윤리 공동체의 기본 원칙을 보여준 사례였다. 윤리 공동체는, 물론 가족으로부터 출발하지만, 가족 너머로 확장된다.(그러길 바란다.)

체잇은 자기 한 사람만의 피해를 인정한 판결을 받아들일 수 없었다. 그가 여름 캠프에 갔던 다른 대원 출신들을 수소문했을 때 학대당했음을 인정한 사람은 많이 있었지만 공개 증언에 기꺼이 나서겠다는 사람은 거의 없었다. 기소하기에는 너무 늦었다는 공소시효 만료 결정이 나오기에 앞서 범죄 수사 단계에서 두 남자가 보강 증인으로 나서주었을 때만 해도 체잇은 방향을 잘 잡았다고 생각했다. 하지만 민사소송의 경우, 정의가 피해를 구성할 때 대체로 기관의 문제가 아닌 개인의 문제로 구성하는 탓에 기관의 배신을 공동으로 바로잡을 해결책은 없다. 집단소송이라는 것이 있고, 우리는 그것에 대해서 이 책 뒤쪽에서 좀 더 듣게 되겠지만, 그런 해결책의 수혜자 자격과 관련해서 여러 가지 제약들이 있다. 체잇은 말했다. "나는 성가대가 그 일을 은폐했다는 것을 알고 있었다. 소송에서 이기면 상대의 잘못을 바로잡을 수 있을 거라는 순진한 생각을 가지고 있었다. 나는 성가대가 그 캠프에 갔던 모두에게 편지를 쓰기를 원했다. 그렇게 하는 게 전적으로 옳은 일이었다. 하지만 성가대 측 변호사는 그 생각에 완강하게 반대했다. "우리는 그렇게 안 한다. 우리가 그렇게 한다고 당신이 주장한 피해를 배상할 수 있는 게 아니다. 당신이 원하는 게 뭔가?"

진을 빼고 질질 끄는 법정 싸움 끝에(체잇은 이것을 "끝까지 싸운 싸움"이라고 묘사했다), 성가대는 결국 체잇의 소송을 법정 밖 합의로 가져갔다. 대부분의 민사사건들은 이런 방식으로 해결된다. 법정 밖 합의라는 신경줄 전쟁은 때로 공판 예정일 아침까지 이어진다. 대부분의 경우 법정 밖 합의는 (종종 기밀 유지 협약NDA이 동반되는) 책임 인정 없는 합의금 지불로 성사된다. 상당한 재량을 쥐고 있던 성가대 측 변호사에게는 상대의 요구 조건이 곤혹스러웠다. 체잇은 성가대가 학대범과 달리 법원이 지급을 명한 배상금을 실제로 지급하리라는 것을 알면서도 배상금 액수에 신경 쓰지 않는 것 같았다. 체잇은 기밀 유지 협약 서명을 거부하면서 합의에 필요한 협상 불가 조건으로 포식자 은닉 책임의 공개적 인정이라는 사항을 넣을 것을 요구했다. 체잇은 말했다. "그것이 심리적으로 유의미하다는 것을 그들은 이해를 못 했다. 마음의 상처에는 인정이 약인 것을."

체잇은 민사 법원에서 정의를 추구하면서 마지막까지 싸워냄으로써 생존자 정의의 첫 번째 목표에 도달할 수 있었다. 체잇은 가해자가 배상금을 지급하지 않는 동안 법원으로부터 지급 명령 결정문을 받아냈고, 공모 기관으로부터 과거에 그러한 사실이 있었고 그로 인한 피해가 있었다는 공개 인정까지 받아낼 수 있었다. 법정 밖 합의 내용에 잘못에 대한 기관의 인정과 공식 사과문까지 포함되어 있었으니, 그의 친구들과 법조계 동료들 몇몇은 깜짝 놀랐다. 그들은 말했다. "변호사라는 종족은 이러지 않잖아!" 하지만 이러한 인정, 생존자 정의의 첫 번째 목표에 도달하기까지 믿을 수 없을 만큼 어려운 과정이 있었다는 것, 그 과정에서 법률 전문가의 역량, 사회적 지지, 경제적 자산, 강인한 투지 등 체잇이 동원할 수 있는 모든 자원이 동원돼야 했다는 것 또한 이 이야기는 보여주고 있다. 이런 종류의 수많은 사건이 기밀 유지 협약을 포함한 합의로 마무리되고 있다는 사실은 범죄자들과 범죄 조력 기관들이 침묵을 매수하기 위해 얼마나 엄청난 비용을 들이는지와 사법 시스템이 어떤 방법으로 그것을 가능케 하는지를 너무나 잘 보여주고 있다.

체잇은 생존자 정의의 첫 번째 목표인 피해 인정과 정당성 입증에 도달했다는 것에 자부심을 느꼈지만, 그 너머의 목표들인 진정한 사죄, 책임 인정, 동일한 피해에 대한 예방책 마련, 모든 피해자에게 배상하고자 하는 성실한 노력에 도달하지 못했다는 것 때문에 사법 시스템에 불만을 느꼈다. 몇 년 뒤, 체잇은 빌 파머가 텍사스로 건너가 그곳의 한 교회에서 성가대를 꾸리고 있다는 소문을 들었다. 법은 이를 저지할 그 어떤 장치도 제공해주지 않았고, 과거에 여름 캠프에서 학대당했을 수 있는 다른 모든 대원 출신들에게 연락할 의무를 샌프란시스코 소년 성가대에 강제할 그 어떤 방법도 제시해주지 않았다. 공식 사과문에 대해서 체잇은 이렇게 말했다. "그 글의 명칭은 사과문이었고, 나는 변호사 종족의 일원으로서 사과문이 뭔지 모르지 않았다. 그것은 말의 흥정이었다. 예를 들면 이런 표현이 있었다. '만약 원고의 주장이 사실이라면.' 그럼 사실이 아닐 수도 있다는 건가? 어쨌든 가장 중요한 것은 그들이 아니라고 부인하지 않았다는 것이다."

생존자가 그저 진실의 공개적 인정이라는 이 첫 번째 목표에 도달하기 위해 싸울 때조차도 그것이 얼마나 힘든 싸움인지를 체잇의 사례는 잘 보여주고 있다. 생존자가 용기와 인내를 발휘하면 기존 사법 시스템 안에서도 이길 수 있을 때가 있다는 희망을 주는 사례임에는 틀림없지만, 그것이 예사롭게 거둘 수 있는 승리도 아니고 온전한 승리일 수도 없다는 것 또한 함께 알게 해주는 사례다. 생존자 정의의 비전을 실현하고자 할 때, 피해 인정과 정당성 입증은 필요조건이지만 충분조건은 아니다. 생존자 정의의 비전은 인정의 차원을 넘어 사죄받기, 책임지게 하기, 배상받기를 포함하는 방향으로 확장된다. 이제 우리는 사죄의 문제로 넘어간다.

5장
사죄

성직자를 통해 사죄해봤자 의미가 없다. 대변인을 통해 사죄해봤자 의미가 없다. 언론을 통해 사죄해봤자 의미가 없다. 본인이 직접 사죄해야 의미가 있다. 그렇다는 것을 나는 1학년 때 메리 아델 수녀님한테 배웠다.
- 스티븐 루비노(아동기에 가톨릭 사제들에게 학대당한 생존자들의 소송 대리인)[1]

많은 생존자들은 진정한 사죄를 간절히 원한다. 가해자가 범죄를 인정하기를 원하고, 가해자로부터 '내가 모든 책임을 지겠다'는 말, 후회한다는 말, 변명이 아닌 말을 듣기를 원하며, 가해자가 자기로 인해서 야기된 고통을 인지하기를 원하고, 가해자로부터 '잘못을 바로잡는 데 필요한 일이라면 무슨 일이든 하겠다'는 말을 듣기를 원한다. 진정한 사죄는 가해자의 다짐, 즉 '나는 윤리적 깨우침을 얻었다', '나는 이제 그때와는 다른 사람이고 앞으로는 절대 그런 범죄를 저지르지 않을 것이다'라는 식의 암시적 또는 명시적 다짐이기도 하다. 진정한 사죄는 개인 문제이고 감정 문제이며, 관계를 바로잡을 수 있는가의 문제다. 가해자가 고개를 숙이고 용서를 구할 때, 그 자세는 피해자 가해자 간 권력의 역학이 역전되었음을 상징한다. 용서할 수 있는 권력, 또는 용서하지 않을 수 있는 권력을 피해자가 갖게 되는 것이다. 가해자의 겸손한 자세는 피해자의 자존감 회복에 큰 도움이 된다.[2] 가해자의 겸손함은 피해자를 괴롭히는 무력한 울분을 달래주며, 용서해주고 싶다는 마음을 불러일으키는 때도 많다.[3] 안타깝게도 그렇게 온전하고 진정한 사죄는 드물다.

우리가 3장에서 만난 로지 맥머핸은 『운 좋은 딸: 화해의 회고』에서 가정 폭력과 성 학대의 시기를 보내고 가족 관계를 회복하기에 이르는 사죄와 용서의 이야기를 들려준다. 영감을 줄 뿐 아니라 교훈을 주는 이야기다. 이러한 결과가 나오기에 앞서 10년이 넘는 회복의 시간이 있었고, 이러한 결과를 내기 위해 가족 구성원 하나하나에게 상당한 사회적 지원이 들어갔다.

로지의 회복 과정은 열두 살 때 시작되었다. 모친과 여동생들이 알코올의존자의 가족을 위한 자조 모임인 익명의 알코올의존자들AA을 찾아감으로써 고립에서 벗어나는 첫걸음이 디뎌졌다. 이것은 여러 가지 의미에서 새로운 윤리 공동체의 시작점으로, 부친의 독재에 맞서기가 여기서 시작되었다. AA 모임에 참석하는 것은 무료이고, 전국의 수많은 공동체가 교회 아래층을 모임 장소로 하고 있어서 쉽게 찾아갈 수 있다.(세계 여러 나라에서 AA 모임이 운영되고 있다.) 모임의 운영은 12전통, 즉 비공개 운영, 민주적 운영, 카리스마 있는 리더나 지배하려 드는 리더의 장악을 차단할 수 있는 운영 방식을 따른다. AA 회원은 의존자 가족이 의존자를 치료할 수 없다는 스스로의 무력함에 대한 인정을 시작으로 12단계 과정을 실천한다. 이런 무력함을 인정하게 되면, 의존자가 하는 행동을 가지고 의존자 가족을 비난하면 안 된다는 것을 이해하게 되고("나 때문이 아니었어, 나는 고쳐줄 수 없어, 내 힘으로는 안 돼"), 의존자를 달래려고 하거나 구하려고 하기보다는 자기 돌봄에 주력해야 한다는 것도 이해하게 된다.("그냥 내려놓고 신께 맡겨.")

로지는 AA에서의 알음알음으로, 급진 페미니스트 공동체에서 무료로 운영하는 서머빌의 간이 병원의 상담 치료사 "엘라"를 찾아갔다. 로지는 엘라를 묘사하면서 '처음으로 나와 내 여동생들을 도와준 사람'이라고 했다. 엘라의 동료이자 로지의 책에 "야페 박사"라는 가명으로 등장하는 정신의학과 의사는 로지의 모친을 진료하기 시작했다. 상담 치료로 지지대를 얻고 AA에서 후원자를 얻은 로지의 모친은 마침내 아이들과 함께 폭행 피해 여성 쉼터로 피신하기로 했다. 공동체 활동가들이 그런 쉼터들을 개소하기 시작할 때였다. 루지의 모친은 로지의 부친에게 거주지에서 퇴거할 것과 가족에게 접근하지 말 것을 명하는 법원 명령을 여러 번의 신청 끝에 받아낼 수 있었다.

공식 사법기관이 도움되는 방식으로 개입했던 것은 이 이야기를 통틀어 이 법원 명령이 전부다. 로지와 로지 가족은 거의 모든 도움을 여성해방운동으로부터 얻었다. 학대 피해 여성이 법원에 가해자의 접근 금지를 신청할 권리를 얻게 된 것(법률 개혁)과 폭행 피해 여성 쉼터와 여성 전용 진료소가 세워진 것(민간 활동)은 1970년대에 두 번째 물결 페미니즘이 이룩한 귀중한 성과들이었다. 다시 말해, 페미니즘이라는 저항운동을 뺀

다면 이 여자아이들과 그들의 모친에게는 가부장제의 권력에 저항할 그 어떤 자원도 없었다.

폭력을 중단시킨 것이 가족의 중대 전환점이기는 했지만, 회복에는 다년간의 세월이 더 필요했다. 로지의 모친은 남편과 헤어지면서 상담 치료를 중단했지만, 로지는 문제 많은 청소년기를 지나고 가족과 절연한 시기를 지나는 내내 엘라에게 불규칙적으로 상담 치료를 받았다. 로지는 마침내 고학으로 대학을 나왔다. 로지와 로지의 두 여동생이 같은 해에 졸업했다. 이 노동계급 가족에게는 첫 대졸자들이었다. 로지의 모친은 성대한 축하연을 주최했다. 많은 친척들이 참석했지만 로지의 부친은 참석하지 않았다. 엘라는 잠시 들러서 축하 인사를 전했다.

그 후 또 한 차례 전환점이 왔다. 로지의 부친이 금주의 시기와 재발의 시기를 반복하고 별거의 시기와 재결합 시도의 시기를 반복하던 끝에 심장마비로 거의 죽음의 문턱까지 갔다. 집중 간호가 필요한 위험한 시기에 로지, 로지의 모친, 로지의 여동생들이 한마음으로 의리 있게 병상을 지켰고, 의식을 되찾은 로지의 부친은 감사를 표했다. 그리고 살아남았다. 제2의 인생을 살 기회를 얻은 로지의 부친은 드디어 금주에 전력을 다했고, 폭행 가해자 프로그램이 제공하는 성범죄자 치료에 참여하는 데 동의했다.

로지는 그때 스물여섯이었고, 그제야 비로소 양친과 대면할 각오가 생겼다. 로지는 양친에게 엘라의 상담실에서 만나자고 했다. 로지는 양친에게 읽어주고 싶은 피해자 의견 진술서를 엘라와 함께 오랫동안 준비 중이었다. 그동안 야페 박사는 로지의 양친에게 연락을 취해 대면 준비를 돕고자 했다. 야페 박사는 이들에게 세션에 참석한다면 딸의 이야기를 끝까지 묵묵히 경청해야 한다고 설명했고, 로지의 양친은 세션에 동반 참석하는 데 동의했다.

로지는 자기가 원하는 형태의 법정을 스스로 선택한 듯, 부친을 상대로 증언하기 시작했다.

> 나는 당신 때문에 내 몸을 징그러워했다.
> 나는 당신 때문에 나 자신을 겁냈다.
> 나는 당신 때문에 남자는 인간이 아니라고 생각했다.
> 당신은 나에게 소리를 질렀다.
> 당신은 나를 구타했다.
> 당신은 나를 꽁꽁 묶었다.
> 당신은 나를 지배하려고 했다.
> 당신은 나를 소유물로 삼으려고 했다.

로지는 부친의 학대 피해들을 열거해나갔다. 로지의 증언이 끝났을 때, 양친은 흐느껴 울고 있었다. 엘라가 양친에게 답변해보라고 권했다. 부친은 말했다. "내가 그랬던 거 안다. 없던 일이 될 수 없다는 거 알아. 미안하다." 그러고는 그 어떤 변명도 불가능하다는 걸 잘 안다는 말을 덧붙였다. 이어서 모친이 말했다. "시간이 흐른다고 그냥 지나갈 일이 아니라는 거 알고 있었어요. 그 일 때문에 저 애 인생이 더 고달파질 거 알고 있었어요. 그 일을 저 애 인생에서 없애버리고 싶어요. 할 수만 있다면 정말 그러고 싶어요." 로지는 이러한 사죄의 말에서 진심을 느꼈고, 세션이 마무리되는 순간에는 그것으로 충분했다. 엘라는 세 사람이 자랑스럽다고 말하면서 세션의 성공을 축하했고, 로즈는 "중력으로부터 자유로워져서" 공중으로 둥실 떠오른 느낌이었다.

세션 직후에 화해가 이루어졌고 이는 충분히 견고한 화해였다. 세월이 흘러 세 자매가 저마다 파트너를 찾아서 자식을 키우게 되었을 때는 가족 3대가 무사히 모이고 로지의 양친이 손주들과 애정 관계를 맺는 것이 가능해졌다. 다만 조부모만 있는 곳에 아이들을 있게 하지 않는다는 합의가 있었다. 로지가 펴낸 회고록에는 이런 말이 있다. "나는 이 이야기가 해결책의 일부가 되기를, 아동기 학대와 성적 트라우마로 점철된 가족의 '정의 회복' 방안을 둘러싼 거국적 대화에 보탬이 되기를 바란다."[4]

나는 진정한 사죄란 어떤 것인가를 보여주는 예로 로지의 이야기를 길게 인용했다. 어떤 말로 사죄하느냐보다는 감정이 공유되느냐가 중요하다. 로지가 보았을 때 진실한 후회의 표현은 양친의 눈물에 있었다. 자기 연민의 눈물이 아니라 딸에게 미안해하는 눈물이었다. 회고록이 나온 직후, 로지는 인터뷰에서 이런 말을 덧붙였다. "나를 가해했던 사람들이 진심으로 후회하고 또 후회할 때 정말 엄청난 효과가 있다. 그들은 그렇게 여생을 살았다."[5]

내가 "야페" 박사라는 것을 여러분은 이미 짐작했을지도 모르겠다. 수많은 근친 성폭행 생존자들의 가족 비밀 폭로 문제를 상담해온 가족 상담 치료 전문가 "엘라"는 나의 오랜 친구이자 가장 친한 동료 에밀리 샤초프다.(우리는 로지의 제안으로 로지의 허락하에 우리의 정체를 밝힌다.) 이런 예는 대단히 드물다. 이런 예가 너무 드물다는 것도 내가 이 이야기를 하는 이유다. 생존자가 아무리 간절히 사죄받고 싶다 하더라도, 인정과 후회를 만날 가능성보다는 부인과 핑계와 비난을 마주칠 가능성이 높은 만큼, 실망에 확실히 대비해야 한다. 그런 까닭에 우리가 생존자에게 직접 대면 세션을 권하는 경우는 가해자의 응답이 세션의 성공 여부를 좌우하지 않으리라는 것을 생존자가 확신하고 있는 경우에 한한다. 면담의 주 목적은 생존자에게 진상을 발화할 기회를 주는 것과 가해자에게 더 이상 피해자를 침묵시킬 수 없을 것임을 고지하는 것으로 한정된다.[6]

진심이 담긴 사죄를 받는 경우는 드물지만, 그런 드문 경우, 정말 벅차오른다. 성실한 사죄는 악행의 구제 가능성에 대한 희망을 키운다. 반면에 불성실한 사죄는 바로 그 희망을 조롱함으로써 피해에 모욕을 더한다. 그런 까닭에, 나와 인터뷰한 생존자들은 피해를 인정받고 정당성을 입증받기를 원하느냐는 질문에는 모두가 강하게 그렇다고 답변한 반면, 사죄받고 싶으냐는 질문에는 양면적 답변이 대부분이었다. 후회의 표현은 조종의 다른 형태일 뿐일 것이라는 답변도 많았다. '나를 학대했던 자는 공감 능력 자체가 없는 것 같다', '나를 학대했던 자가 후회한다고 말해도 나는 못 믿을 것 같다'라는 답변도 있었다. "과오가 범해졌다" 같은 수동태 사죄나 "피해자가 있었다면 유감이다" 같은 가정법 사죄를 일컫는 소위 "정치가의 사죄"를 받고 싶다는 답변은 전혀 없었다.

실제로 피해자에게 미안함을 느끼지 않는 가해자가 많다. 우리가 4장에서 만난 로스 체잇 교수는 수년간 수감 시설에서 성범죄자들을 대상으로 자원봉사를 했다. 이는 생존자 사명의 일환이었다. 윤리학 수업을 꾸려 학생들을 가르쳤고, 상담 치료 그룹을 꾸려 환자들을 관찰했다. 그가 자원봉사를 그만두면서 받았던 인상은 이랬다. "내가 만난 수감자들은 개중 제일 나은 축이다. 범죄를 저지른 것을 인정하고 상담받기로 한 사람들이다. 하지만 나는 그들이 치료 프로그램에서 애쓰는 모습을 관찰하면서 아연해진다. 그들은 다른 사람 입장에서 생각할 능력이 없다. 그들은 자기 행동이 낳은 결과에 닿지 못한다. 그들도 그런 짓을 한 게 잘못이라는 건 안다. 그들도 그런 짓을 한 것을 후회하기는 한다. 정말로 후회를 하기는 하는데, 그런 짓을 안 했으면 감옥에 안 왔을 거라면서 후회한다."

나와 인터뷰한 생존자 중에 학대 가해자로부터 사죄받으려고 한 적이 있는 사람은 아주 소수였고, 실제로 사죄받은 사람은 더욱 소수였다. 사죄의 말을 믿지 않는다는 답변과 함께 몇몇 생존자는 사죄받은 뒤에 화해 부담이 생기는 것을 원치 않는다는 뜻을 분명히 밝혔다. 학대 가해자인 오빠로부터의 사죄를 절대 원치 않는다는 시인이자 근친 성폭행 생존자 "캐럴라인"

은 이렇게 말했다. "오빠는 그런 짓을 한 걸 미안해하는 게 아니라 그런 짓에 대해 말하는 걸 좋아라 할 거다. 오빠는 그런 짓을 했다고 후회할 사람이 아니다. 나는 또 한 번 오물을 뒤집어썼다는 느낌에 괴로워질 거다. 그러니 사죄받지 않도록 조심할 거다. 사죄를 받으면 용서해주라는 압력이 내려올 테니까."

용서하라고?

이렇게 우리는 용서라는 복잡한 문제 앞에 서게 된다. 다음 장에서 좀 더 깊이 다루어질 오늘날의 회복적 정의 운동은 가해자와 피해자의 대면의 장을 마련함으로써 범죄의 피해를 치유한다는 비전을 세우고 있다. 말하자면 가해자가 피해를 인정하고 가해를 사죄하고 배상을 약속하면, 용서와 화해가 따르고 공동체가 그 증인이 되어주는 것이다.[7] 그런데 이것이 생존자들에게 과연 더 나은 형태의 정의일까?

약간의 역사적 원근법이 이 질문을 조명해줄지도 모른다. 고전학자 데이비드 콘스탄이 쓴, 시사하는 바가 많은 2010년 저서 『용서는 나중에: 윤리적 개념의 기원들』[8]에 따르면, 사람이 사람을 용서해준다는 개념은 비교적 최근에 발원한 현대적 개념이다. 그리스·로마 시대에는 이런 개념이 없었고, 심지어 구약·신약 성경에도 놀랍게도 안 나온다. 성경과 유대교·초기 기독교 신학자들의 저서를 보면, 죄를 용서할 수 있는 권세와 자비는 오직 신에게만 있다. "죄를 짓는 것은 인간의 속성이고 용서하는 것은 신의 속성이다"라는 속담은 이를 잘 보여준다. 인간의 마음을 들여다보고 거기서 용서에 필요한 전제 조건인 회오와 개심을 알아볼 수 있는 권능은 오직 신에게만 있다는 것, 이것이 수 세기에 걸쳐 유대교·기독교 신학이 이해한 바였다. 계속해서 콘스탄의 논의를 따라가자면, 사람이 사람을 용서해준다는 현대적 개념은 가해자가 진심으로 개심했다는 생각을 전제하고 있고, 그런 이유에서 다소 문제적이다. 가해자가 진심으로 개심하는 경우가 얼마나 되겠는가? 진정한 반성과 그렇지 않은 반성(일시적 사죄 또는 그저 업무적 사죄)의 차이를 한갓 인간이 어떻게 확실히 알아볼 수 있겠는가?

아마도 그런 까닭에, 회복적 정의가 내세우는 비전과 비슷한 종류의 대면을 실제로 원하는 사람은 나와 인터뷰한 생존자들 중 극소수였고, 그중 "캐럴라인"을 포함한 여러 명은 그런 대면 개념을 명시적으로 거부했다. 많은 생존자는 학대 가해자와의 관계가 치유되기를 바라기보다 그저 학대 가해자와의 모든 관계가 소멸되기를 바란다. 플로리다주 잭슨빌시 소속 변호사이자 강간 생존자 마거릿 지아니니가 이 문제에 대한 자신의 심경을 설명해준 것은 내가 그녀를 처음 인터뷰한 2002년이었다. 그녀를 폭행한 남자는 그녀의 친절함과 사람 말을 의심하지 않는 순진함을 이용해 '트럭을 도둑맞았다', '전화 한 통 쓰게 해줄 수 없겠느냐'라며 그녀의 집으로 들어온 낯선 남자였다. 강간범은 체포당해 유죄판결을 받고 수감되었다.

미국 성공회 목사의 딸이자 교회 활동에 적극적으로 임하는 기독교인이었음에도 지아니니는 오랫동안 가해자를 위해 기도할 수 없었다고 했다. 그녀는 말했다. "나를 강간한 범인에 대해 생각할 때 화해, 구제, 그런 것을 생각하게 되지는 않는다. 화해라니, 절대 있을 수 없는 일이다. 있을 필요도 없는 일이잖은가. 범인에게 필요한 것은 내 용서가 아니다. 범인에게 필요한 것은 범인이 믿는 신의 용서다. 내가 범인에게 아무 통제력도 없다는 게 얼마나 다행인지! 나는 범인의 회복 과정에 관여하고 싶지 않다. 내 문제만으로 벅차다."

물론 용서한다는 말의 의미는 사람마다 다르다. 어떤 생존자들에게 용서한다는 말은 가해자와 무관하게 울분을 내려놓는다는 것을 의미한다. 이런 의미의 용서는 가해자가 반성하거나 사죄하는가 여부와는 무관하게 생존자 본인의 치유에만 관여한다. 그런 의미의 용서라면 나와 인터뷰한 사람들 중 다수가 용서를 목표로 삼는다. 이런 종류의 내려놓기가 그저 의지력을 통해 행해지기는 불가능하다. 이런 식으로 용서할 때 드는 감정은 진실한 반성에 대한 많은 사람들의 반응인 용서해주고 싶은 즉각적, 자발적, 해방적 느낌과는 사뭇 다르다. 이러한 일방적 유형의 용서에 도달하기 위해서는 잃어버린 모든 것과 보상받지 못할 모든 피해를 능동적으로 애도하는 시간을 보내야 한다. 생존자들이 이 과정을 묘사할 때는 가해자에 대한 분노를 내려놓는 과정인 것과는 별도로 모든 자기 비난을 내려놓고 마침내 스스로를 용서하게 되는 과정이라고 표현하기도 한다. 가정 폭력 생존자 메리 월시의 표현대로, "용서한다는 것은 더 좋을 수 있었을 과거에 대한 모든 희망을 접는 것이다."

내가 지아니니를 처음 인터뷰한 때로부터 거의 20년이 지난 2020년, 울분과 용서에 관한 그녀의 생각을 다시 들어보았다. 범인은 복역 중에 사망했고, 그녀는 범인의 장례식에 참석했다. "내가 나타나면 범인의 가족이 불안해할까 봐 나는 교회 주차장에 말없이 앉아 있었다." 그리고 범인을 생각해주는 가족이 있음을 알게 된 것에 기뻐했다. 그녀는 서면 답변에서 이렇게 말했다.

> 내 예전 답변서를 지금 읽으면 내가 당시에 생각했던 것보다 "거세다"는 느낌이 든다. 그때 내가 무슨 말을 하고 싶었느냐 하면, 적어도 그때는 '나는 누군가를 용서할 수 있는 대단한 존재가 아니다, 용서는 신의 영역이다, 나를 강간한 범인이 신을 알려고 하기를 바란다, 신에게서 온전함을 구하고자 하기를 바란다' 같은 말을 하고 싶었던 것 같다. 지금 하고 싶은 말은? 범인이 죽었다는 소식을 듣고 많은 것이 달라진 듯하다. (…) '내가 지쳐 있었구나, 감정적으로 지쳐 있었구나, 불안, 울분, 분노의 방향을 범인에게 고정시키는 데 지쳐 있었구나'라는 깨달음이 왔다. 내가 범인을 "내려놓았을 때" 나는 더 건강해졌고 더 행복해졌다. 그것을 용서라고 부르는지는 모르겠다. 나는 그것을 평화라고 부르겠다.

생존자들의 답변 중에는 가해자와 가해자가 표상하는 모든 것을 "내려놓고" 싶다는 답변이 많았다. 어떤 생존자들은 끈질긴 울분의 감정과 복수의 상상을 마치 타인의 감정이고 타인의 상상인 듯, 가해자의 폭력이 남긴 유해 잔류물인 듯 묘사한다. 그들은 그런 감정, 그런 상상이 없어지기를 간절히 바란다. 아티스트이자 강간 생존자 에이미 브래드포드의 답변에는 공룡이 나타나 강간범을 짓뭉개는 꿈에 대한 묘사가 있었다. 그녀에 따르면, 꿈에서는 아주 기뻤는데 깨고 나니 꿈이 그로테스크하게 느껴졌다고 했다. 그녀가 가장 원치 않는 것은 폭력이 더 저질러지는 사태였다.

흥미롭게도 그녀의 남편 빌 브래드포드는 자기가 복수심을 느낀다는 것을 아내에 비해 편하게 받아들이고 있었다. 이런 경우가 실제로 많다. 생존자의 친구나 가족은 자기가 복수심을 느낀다는 것을 생존자 본인에 비해서 잘 드러내기도 하고 거기에서 별로 내적 갈등을 느끼지도 않는다. 학대 가해자가 면식범이라서 생존자가 범인의 인간적 측면을 다소 알고 있는 경우에는 그 정도가 더 심하다. 빌 브래드포드는 강간범을 가리켜 "인간이 아니라 그냥 악의 덩어리"라고 하면서 자기 손으로 죽였어야 했는데 그러지 못한 게 아쉽다고 했다. 그렇지만 '강간범이 진심으로 사죄한다면 당신은 용서하겠느냐?'라는 질문 앞에서는 그의 복수심도 다소 약해졌다. "내가 그자를 전기의자에 앉힐 수 있다면, 그때 가서 생각해보겠다. 그럴 리는 없겠지만, 거기서 만약에 그자가 끔찍한 죄를 저질렀다는 걸 인정하고 반성하고 아내한테 잘못했다고 빌고 나한테도 똑같이 잘못했다고 빈다면, 나는 용서할 것 같다. 나는 화내면서 사는 데 지쳤다. 이런, 내 입에서 이런 말이 나오다니!"

또 한 명의 강간 생존자인 간호사 세라 존슨은 고등학교 파티에서 자기를 강간한 남자에게 "이 세상에서 가장 끔찍한 고통"을 느끼게 하고 싶다고 말했다. 그녀는 이렇게 말했다. "용서가 좋다는 말은 많이 듣는다. 그렇지만 나는 억울하다. 나는 결코 그 인간을 용서할 수 없을 것이다." 하지만 그녀는 잠시 후 이렇게 말했다. "만약 그 인간이 나한테 '내가 잘못했어, 제발 살려줘'라고 한다면, 나는 '신이시여, 감사합니다!'라고 할 것 같다. 그 인간에 대한 증오심이 약해질 것 같다." 이번에도 그저 사죄받는다는 생각만으로도 복수심이 약해지는 듯한 경우였다. 진정한 사죄는 그저 상상 속에서도 다소의 마력을 발휘하는 모양이다.

지금은 V로 개명한 극작가이자 페미니스트 활동가 이브 엔슬러는 『아버지의 사과 편지』에서 이 마력을 십분 발휘했다. 이 책은 부친의 독백 형식으로 되어 있다. 아동기에 부친으로부터 신체적, 성적으로 학대당했던 그녀는 극작가로서의 상상력을 발휘해 죽은 부친의 영혼을 소환했다. 실제 부친은 죽을 때까지 그녀에게 사죄하지 않았다.[9] 최근 대담에서 그녀는 『아버지의 사과 편지』의 집필을 해방의 실천, "내 머릿속에서 그를 다른 사람으로 바꾸는 작업"이라고 묘사했다. 그녀가 사용한 기법은 가해자가 해야 하는 생각(에 대한 상상)을 네 단계로 구분하기였다. 첫 번째 단계는 내가 어떻게 그런 범죄를 저지를 수 있는 인간이 되었는지를 깊이 자성하기, 두 번째 단계는 내가 저지른 범죄를 철저하게 인정하기, 세 번째 단계는 공감 능력 기르기(내 행동이 얼마나 심각한 피해를 초래했는지를 의식하고 이해하기), 네 번째 단계는 철저하게 책임지기와 사죄하기였다. 이 창작 단계는 '익명의 알코올의존자들' 같은 곳에서 진행하는 12단계 프로그램의 실천 단계와 놀라울 정도로 비슷하다. 12단계 프로그램에서는 네 번째 단계 "엄중하고 용감하게 윤리적 반성을 행하기"에서 다음 단계들인 인정하기, 사죄하기, 나 때문에 피해를 당한 모든 사람들에게 갚기가 이어진다.

V는 이 책을 쓰고 나서 개명했다. 집필 과정은 고통스러웠지만, 책이 완성되었을 때는 부친에게서 벗어났다는 해방감이 찾아왔고, 이제 아버지의 성姓을 떨쳐버리고 싶었다. 그녀는 "늙은 아비는 이제 사라지마"라는 말로 책을 끝맺었다. 그녀가 구제받은 상대이자 화해 가능한 상대인 부친과의 "나와 너" 대화를 창조해낸 것은 상상력의 강력함을 통해서였다. 그녀는 이렇게 결론을 내렸다. "진정한 사죄가 건네지고 받아들여질 때, 몸에 스며들어 있던 피해, 원한, 복수심과 증오심이 녹아 없어지는 연금술적, 물리적, 심리적, 영적 용해가 일어난다. 용서한다는 건 그런 느낌이다."[10]

하지만 V는 가해자가 성실하고 철저하게 사죄하는 경우에도 피해자에게 용서를 기대하거나 강요하는 것은 금물이라고 경고하기를 잊지 않는다. 나와 인터뷰한 제보자들은 이 점에서 모두

일치했다. 그들은 용서하라는 사회적 압력을 느낄수록 그만큼 더 억울해하면서 그러한 압력에 맞서려고 하는 경향이 있었다.

용서가 안 될 때

현대 기독교의 설교들은 종종 피해자에게 가해자를 용서하라고, 피해에 대처할 조치를 취하기보다는 용서를 통해 분노를 초월하라고 훈계하는데, 그렇게 용서의 미덕을 기를 것을 늘 권고받아온 것은 특히 여성들, 그리고 기타 종속 집단의 구성원들, 정당한 울분을 표출함으로써 권력자들을 불편하게 만들 수 있는 사람들이었다. 용서하는 것은 피해자의 영혼에 좋을 뿐 아니라 피해자의 건강에도 좋다고 홍보되어왔다. 민간 기독교 비영리 단체인 템플턴재단은 '범죄 피해자를 위한 용서 테라피'의 효과를 자료화하는 운동을 제안했다. 재단의 연구비를 지원받은 한 연구 집단은 용서라는 명확한 의제를 따르는 주 1회 근친 성폭행 피해자 테라피 프로그램을 단행본으로 자료화했다.[11] 극도로 제한된 데이터를 기반으로 삼은 이 책의 저자는 근친 성폭행 피해자들에게 효과가 있다고 알려진 다른 모든 요법들보다도 용서 배우기 요법이 더욱 효과적이라고 주장했다. 물론 트라우마 스트레스 분야에 종사하는 대개의 전문가들이 일반적으로 이러한 판단을 공유하는 것은 아니다.

피해 생존자는 가해자를 용서하라는 말을 들으면 당연히 미심쩍어하고, 진심으로 개심했다는 강력한 확증을 얻지 못한 경우에는 더욱 그러하다. 프로테스탄트 목사이자 가정 폭력 생존자인 앤 마리 헌터는 「용서라는 곤란한 문제」라는 설교에서 왜 자신이 용서의 교리에 의문을 제기하는지 설명한다. "겉으로 보이는 것과는 전혀 다르다. 용서한다는 건 훌륭하고 기독교인다운 일이다. 하지만 용서해주는 게 잘못일 때가 있다. 학대 가해자들은 너무 자주 반성한다는 걸 이제는 우리도 알게 되었다는 말이다. 그들은 잘못했다고 말한다. 변하겠다고 말한다. 이제 그런 일은 두 번 다시 일어나지 않을 거라고 한다. 하지만 국가 공인 폭행 가해자 치료 프로그램의 도움을 받지 않는다면, 그런 일은 반드시 또 일어나게 된다."[12] 헌터 목사는 사죄의 문제점을 너무나 잘 알고 있다. 사죄하는 순간에는 잘못했다는 말이 진심인 것 같다 해도, 학대 가해자가 피해자를 자기 통제하에 두기 위해 사용하는 가장 효과적인 수법 중 하나가 바로 사죄라는 것 말이다.

헌터가 스스로 짊어진 생존자 사명은 목사들과 일반 신도들에게 가정 폭력의 실상을 교육하는 것, 그리고 교회를 학대 가해자들 위주로 돌아가게 하는 도구들인 가부장적 교리들과 태도들을 변혁하는 것이다. 그녀는 본인의 생존자 사명이 지난 1700년의 산물인 기독교 신앙의 기본 구조에 대한 도전이라는 것을 잘 알고 있다. "심판하시는 주님, 전지전능하신 주님이라는 말은 많은 경우 폭행 가해자를 가리키는 듯하다. 주님이 폭행 가해자의 편이라고 믿는 여성 신도들은 '이것은 그저 내가 짊어져야 할 십자가'라고 말한다. 종교 공동체는 용서를 강요하는 경향이 있다. 평화가 없는 곳에서 '평화, 평화' 하고 외친다."

헌터의 관점이 현대 기독교 신학 내부에서 논란을 불러일으키고 있다는 것은 두말할 필요도 없다. 예수님은 누가 뺨을 치면 다른 쪽 뺨도 돌려 대주라고 말씀하시지 않았나? 이 반론에 대한 답변으로 헌터는 한 가정 폭력 생존자로부터 들은 말을 인용한다. "그래서 반대쪽 뺨 대주고, 또 반대쪽 뺨 대주고, 그랬더니 얼굴이 다 없어졌다." 헌터에 따르면, 문제는 가해자와 대면해서 폭력을 멈추게 만드는 것보다는 피해자에게 가해자를 용서해주라고 설교하는 것이 언제나 훨씬 더 쉽다는 데 있다. 그녀는 말한다. "누군가가 '가해에 맞서는 것은 내가 기독교인으로서 당연히 해야 할 일이다'라고 말하는 걸 나는 아직 들어본 적이 없다. 우리가 할 일이 있다면 그것은 피해자에게 용서하라고 압력을 가하는 것이 아니라 우리가 가해자에게 어떻게 압력을 가해야 가해자가 반성하고 달라질지 그 문제를 고민하는 것이다."

이러한 관점이 주류적이지는 않을 수 있지만, 헌터가 진정한 참회가 용서에 선행해야 한다는 관점을 가진 유일한 사람은 아니다. 가톨릭에서 서열이 아주 높은 성직자인 더블린 대주교 겸 아일랜드 수석 주교도 비슷한 입장을 취해왔다. 가톨릭 성직자들의 아동 성 학대라는 전 세계적 재앙에 경악을 표하는 맥락에서 디어미드 마틴 신부는 가해자로부터의 진정한 반성의 부재가 생존자에게는 "가장 큰 모욕 중 하나"라는 것을 경험으로 알게 되었다고 하면서 이렇게 말했다. "가해자가 피해 사실의 중대성을 제대로 인정하지 않으려고 할 때, 유의미한 용서를 말하기는 대단히 어렵다."[13]

'용서를 구하려면 테슈바teshuvah, 곧 참회로써 구해야 한다'라는 유대교 교리가 이러한 입장에 부합한다. 이 교리는 12세기 학자 모세 마이모니데스의 저술로 거슬러 올라간다. 현대 교리학자 예라흐미엘 고렐릭은 이렇게 말한다. "테슈바에는 엄격한 자기반성이 포함된다. 가해자는 피해자 앞에서 사실을 고백하고 잘못을 빌고 피해를 바로잡기 위해 전력을 다해야 한다." 테슈바 없는 용서는 윤리 공동체를 파괴하는 것과 마찬가지라고 랍비 고렐릭은 덧붙인다. "용서를 구하는 가해자를 용서하는 것은 개운하고 감격적이고 벅차오르는 감정을 경험할 수 있는 자비로운 행동이지만, 용서를 구하지 않는 가해자를 용서하는 것은 친절한 행동이 아니라 미련한 행동이다. 이는 가해자와 피해자의 윤리적 판단을 더더욱 무디게 만들 뿐이다."[14]

이 종교 지도자들이 볼 때, 화해는 정의가 실현된 이후에 따라오는 것이어야 한다. 정의를 실현한다는 말은 학대를 종식시키기 위해 공동체가 개입했다는 뜻이자 학대 가해자가 학대 사실 인정하기, 행동의 결과를 전적으로 책임지기, 피해 보상을 위해 전력을 다하겠다는 각오를 보여주며 참회하기를 완료했다는 뜻이다. 이 종교 지도자들은 우리에게 방관자이기를 거부할 것을, 가부장적 폭력의 가해자들과 적극적으로 또는 소극적으로 공모했던 과거에서 벗어날 것을, 그 가해자들에게 책임지게 하기라는 막중하고도 힘든 과제를 떠맡을 것을 요구한다. 생존자가 혼자 가해자에게 책임지게 하기는 불가능하다. 이것을 생존자만의 책임으로 만들어서도 안 된다. 이것은 윤리 공동체에게 새로운 종류의 헌신을 요구하는 과제다.

6장
책임지기

처벌하기가 나를 구원하는 길이 아니라면,
남은 길은 책임지게 하기다.
- 제리코 브라운, 「취임 연설」[1]

생존자의 진실성을 인정하기, 생존자가 당한 피해를 인정하기, 반성하는 마음으로 변명 없이 철저하게 사죄하기. 이것들은 가해자와 방관자가 진실에서 보상으로 나아가는 치유의 과정을 시작할 때 출발점이 될 수 있는 조치들이고, 많은 생존자들에게는 치유의 필요조건이다. 전통적 사법 시스템에서는 가해자가 범행을 자백하고 유죄를 인정할 때 처벌이 따른다. 하지만 가해자를 처벌한다고 해서 피해가 없어지는 것이 아니기 때문에 많은 생존자들은 처벌을 생각하면서 극도의 양가감정에 시달린다. 가해자를 처벌하는 대신 가해자와 방관자에게 피해 배상을 요구하는 대안적 비전을 그려보기도 한다. 가해자가 피해에 책임을 지고 배상하라는 말이 무엇을 뜻할 수 있을까? 가해에 공모한 방관자가 공모 행위에 책임을 지라는 말이 무엇을 뜻할 수 있을까? 알아보지 못했던 것에, 무관심했던 것에, 고의로 눈감았던 것에 어떻게 책임을 지라는 것일까? 새로운 개념의 정의를 정의해보고자 하는 생존자들은 이런 질문들과 씨름하고 있다.

생존자가 가해자를 응징하고 가혹하게 처벌하고 싶어 하는 사람으로 정형화될 때가 너무나 많지만, 나와 인터뷰한 대부분의 생존자는 놀라울 정도로 처벌에 관심이 없는 것 같았다. 처벌에 원칙적으로 반대하는 생존자들도 있었고, 가해자를 처벌하는 것이 자기에게든 다른 누구에게든 무슨 득이 되는지 모르겠다는 생존자들도 있었다. 대부분의 생존자는 정의가 가해자 중심이 아닌 생존자 중심이 되기를, 응보 중심이 아닌 치유 중심이 되기를 바랐다. 가해자에 관해서는 처벌 쪽보다는 재활 쪽을 선호했다. 최근의 전국 설문 조사 결과를 보면, 범죄 피해자들이 일반적으로 이러한 관점을 가지고 있음을 알 수 있다.[2] 이렇듯 그들의 관점은 우리의 현행 형사 사법 시스템과 극과 극이다.

형법에서 정의의 척도는 처벌이다. 정의의 구현 주체로서 국가는 처벌의 기준(벌금 액수, 징역 기간)을 정하고, 이러한 획일적, 수량적 기준은 범죄의 경중에 비례해 공평하고 합당하게 적용되리라고 여겨진다. 이렇듯 척도의 표준성, 죄질과 처벌의 상응성, 차별 없는 공정성을 지향한다는 점은 응보적 정의의 중요한 장점으로 여겨진다. 실상을 보자면 사법 시스템이 모든 국민에게 공평하게 적용되느냐 하면 그렇지 않아서, 잘 알려진 대로 젠더, 인종, 계급에 따라 처벌에 상당히 큰 격차가 있다.

국가 기반 형사 사법 시스템의 진화는 통상적으로 전근대적, 비공식적, 공동체적 불의 시정 시스템으로부터 일진보한 것으로 간주된다. 이러한 통념에 따르면, 국가는 진상을 밝히고 잘못을 벌하는 주체로 나섬으로써 위험한 응징(자경 활동, 폭력단 패싸움, 가문 간 혈투)을 차단하고 처벌의 임의성, 잔인함, 과도함을 억제한다. 또 국가는 수많은 힘없는 피해자들에게 정의의 가능성을 제공한다. 국가가 없었다면 그들은 그 어떤 형태로도 불의의 시정을 모색할 수 없었을 것이다. 하지만 국가가 원고의 배역을 가져갈 때, 법정이라는 무대에서는 원고 대 피고의 대격돌 드라마가 펼쳐지는 만큼 피해자는 비중 없는 조연의 지위로 밀려나게 되고, 증인 자격으로 본인의 경험을 증언하는 것 말고는 할 수 있는 일이 없다. 이때 법정의 피해자 심문은 적대적일 수도 있고 피해자 수치 주기로 흐를 수도 있다. 우리가 앞 장章들에서 보았듯, 괴롭힘과 겁박에 시달리는 피해자 증인은 형사 사법 시스템으로부터 그 어떤 유효한 보호책도 제공받지 못하고 있고, 자기 이야기를 자기 맥락에서 들려줄 기회 또한 거의 제공받지 못하고 있다.

이렇게 보자면, 젠더 기반 폭력 생존자들과 기타 종속 집단들은 자기 주도권을 두 번, 그러니까 피해당하면서 한 번, 피해 상황을 바로잡고자 하면서 또 한 번 빼앗기는 셈이다. 우리가 2장에서 본 것처럼, 판사가 형을 선고하는 단계에서 피해자가 판사에게 자기 언어로 피해 사실을 진술할 수 있게 하는 조치와 같은 대단히 온건한 개혁 조치조차 논란을 불러일으켜왔다. 가해자의 처벌 대신 피해자의 안녕을 중심에 놓을 수 있으려면 우리 사법 시스템은 얼마나 더 급진적으로 바뀌어야 할까?

형사 사법 교수로 재직 중인 알렉사 사디나는 대학교 1학년 시절, 집을 떠나 새로운 생활을 시작한 첫 주에 강간 피해를 입었다. 범인이 칼을 들고 위협했다. 그녀는 앞에서 말했던 강간 생존자의 1퍼센트에서 5퍼센트만이 해당되는 사례, 형사재판에서 관행적으로 정의라고 부르는 결과를 얻어낸 희소 사례에 속한다. 기숙사에 침입한 강간범은 경찰에 체포되었고, 재판에 회부되었고, 유죄로 판결되었고, 장기간의 징역형에 처해졌다. 하지만 그 모든 과정이 그녀에게는 시련이었다. 그녀는 자퇴를 하고 부모 집으로 들어갔다. 법정에 나가야 할 때마다 트라우마가 되살아났다. 그녀가 성교를 원해 강간범을 기숙사로 불러들인 것이라는 이야기가 피고인 변호사의 말에 교묘히 암시돼 있었다. 재판 도중에 "집에 갈래!" 울면서 뛰쳐나가버린 그녀를 법원 건물 바깥까지 쫓아나가 잘 데리고 들어와야 했던 경우도 있었다.

그녀는 말했다. "내가 그저 범행의 증거물이라는 느낌이 들 때가 많았다. 이게 내 사건이 아니라니! 내 사건이 아니라니! 피해자는 한 번 더 대상화된다." 사디나의 모친은 소송의 과정을 "계속 다시 시작되는 악몽"이라고 묘사했다. 그녀가 보기에는 피고인이 피해자보다 더 많은 권리를 누리고 있는 것 같았다. 가족에게 소송의 과정은 돈이 많이 드는 과정이기도 했다.

공판이 있을 때마다 온 가족이 집에서 뉴욕주 북부까지 장시간 이동해야 했다. 가해자에게 유죄판결이 내려지고 형이 언도되면 시련도 "종결"되리라는 기대가 있었다. 하지만 소송이 끝났을 때, 가족은 아무런 안도도 만족도 느낄 수 없었다. 회복이라는 기나긴 과정이 이제 막 시작되었음을 깨달았을 뿐이다.

정의의 좀 더 바람직한 형태는 어떤 것이겠느냐는 질문에 사디나는 이렇게 답했다. "나는 범인에게 '왜 그랬냐?'라고 따져 물었어야 했고, 범인은 범행을 인정하고 피해에 대한 책임을 짊어져야 했다. 그런데 내가 그렇게 할 방법도 없었고 범인에게 그렇게 하게 만들 방법도 없었다. 애초에 의사를 교환할 기회가 없었다. 생존자에게는 중상모략으로부터 보호받을 방법이 더 있어야 하고 피고인에게는 범행을 부인할 때보다 인정할 때 유리한 점이 더 있어야 한다. 기존 시스템에서 피고인은 '손댄 적 없다, 손댄 적 없다, 손댄 적 없다'로 일관하는 것이 유리하다." 기존 시스템에서는 범행 인정을 끈질기게 거부하고 피해자의 신빙성을 공격하는 것이 가해자에게 여러모로 유리하다는 것을 그녀는 너무나 잘 알았다.

내가 인터뷰한 다른 많은 생존자들도 그녀와 비슷한 마음이었다. 사법 시스템에서 소송의 시련을 견뎌내기로 한 선택이 그들에게는 유리한 점이 거의 없었다. 가해자에게 유죄판결이 내려진다 해도 가해자 처벌을 만족스러운 결과로 받아들이는 경우는 거의 없었다. 소송을 선택한 생존자의 경우, 그들이 그런 선택을 한 가장 큰 이유는 가해자들의 재범을 막을 다른 방법을 찾을 수 없어서였다.[3] 대부분의 생존자는 가해자가 응보의 고통을 당하기를 원하기보다는 가해자가 범행을 인정하기, 세간의 질책에 시달리기, 자기 행동이 어떤 피해를 초래했는지를 깨닫기, 진심으로 반성하기, 재활에 임하기를 원했다. '그러한 변화를 가져오려면 어떻게 해야 하는가?'라는 질문에는 답이 나오지 않고 있었다.

회복적 정의의 가능성과 한계

회복적 정의라는 국제적 운동이 최근 몇십 년에 걸쳐 좀 더 바람직한 정의의 가능성을 제시하고 있다. 회복적 정의는 모든 국민국가에서 시행되는 응보적 정의와 대립하면서, '윤리 공동체가 범죄 피해자들의 뜻에 부응할 수 있으려면 어떻게 해야 하는가?'라는 대안적 비전을 보여주는 운동이다. 피해자의 발언권은 좀 더 온전하고, 분쟁 해결 과정은 공방 중심적 소송보다는 공동체 합의에 가깝고, 해법은 "응보"보다는 배상에 가깝다.

이 운동의 주요 이론가인 오스트레일리아의 범죄학자 존 브레이스웨이트는 회복적 정의의 근본 원리가 가해자 처벌하기가 아닌 범죄 피해 바로잡기라고 말한다. "불의는 상처이므로, 정의는 치유여야 한다." 그는 회복적 정의의 핵심 가치가 장악하지 않기, 힘 실어주기, 존중하는 마음으로 경청하기라고 말한다. 이러한 원리는 2장에 나오는 "비폭력 도표"의 원리와도 비슷하다. 회복적 정의 절차는 이러한 원리를 기반으로 하되 다양한 형태를 띨 수 있다. 브레이스웨이트에 따르면, 회복적 정의는 특정 절차들을 성문화하는 대신 다양한 문화적·제도적 환경을 고려해 절차를 다양하게 변형해야 한다. 이는 형사 법정 안과 밖 양쪽 다에 해당한다. 또한 이러한 원리는 개인이 당한 피해 같은 작은 규모뿐 아니라 대량 학살 같은 아주 큰 규모에도 적용될 수 있으니, 전쟁이나 독재 정권으로부터 빠져나오고 있는 나라에서는 회복적 정의 절차를 전범 재판의 대안으로 활용하는 것도 가능하다. 브레이스웨이트에 따르면, 처벌은 폭력으로 폭력을 잉태하는 악순환을 초래하는 반면, 회복적 정의는 최소한 "치유로 치유를 잉태하는" 선순환의 가능성을 제시한다.[4]

회복적 정의 실무는 성문화되어 있지 않고 매우 가변적이지만, 협의 모임과 평화 모임이라는 두 기본 모델은 꽤 흔하게 활용되고 있다. 두 모델의 공통점은 회복적 정의 실무자에 의해 주선된다는 점, 그리고 피해자(일명 피해 당사자), 가해자(일명 가해 당사자), 넓은 공동체의 이해관계의 대변자(주선자일 수도 있음) 이렇게 최소한 세 사람이 참석한다는 점이다. 참석 가능한 인원에 정해진 기준은 없다. 피해 당사자와 가해 당사자가 가족과 친구를 증인이나 지지자로 부르는 것도 가능하고, 주선자가 두 당사자에게 받아들여질 만한 다른 참석자를 공동체 대변자로 부르자고 제안하는 것도 가능하다. 가장 중요한 전제 조건으로는, 피해 당사자가 회복적 정의 절차에 참여하는 데 동의해야 한다는 것, 자유로운 동의이고 내용을 숙지한 상태의 동의

여야 한다는 것, 그리고 가해 당사자가 자기 행동에 책임이 있음을 인정해야 한다는 것, 이렇게 두 가지가 있다. 진상이 논란이 된다면, 회복적 정의에는 진상 조사 장치가 없으니 어쩔 수 없다. 절차가 개시될 수 있으려면 가해자 자백에 해당하는 사실관계가 공유되어 있어야 한다.

평화 모임에서는 참여자 전원이 원탁에 둘러앉고 주선자가 "토킹 피스"라는 물건을 돌린다. 토킹 피스를 든 사람만 발언할 수 있고, 다른 사람들은 귀를 기울일 뿐 끼어들지 않는다. 전원이 발언을 끝마칠 때까지 토킹 피스를 돌린다. 어떻게 해야 피해를 바로잡을 수 있을까에 대한 합의가 도출될 때까지 똑같은 과정이 반복된다. 회복적 정의 협의 모임에서는 피해자가 먼저 발언하며 자기 이야기를 들려주고, 어떻게 보상받고 싶은지를 말한다. 다음은 가해자가 발언할 차례다. 인정과 사죄의 말, 그리고 기꺼이 보상하겠다는 말이 나오리라 기대된다. 다른 증인들도 가해자의 범죄 행동이 내게는 어떤 영향을 주었는지, 내가 공정한 해법이라고 생각하는 것은 무엇인지 발언한다. 실행 가능한 배상 계획을 놓고 토론한다. 토론은 합의안이 나올 때까지 계속된다. 이런 야심적인 목표들을 1회 모임만으로 달성한다는 것은 분명 불가능하지만, 가해자와 피해자의 대면을 준비하는 예비 모임이나 배상 계획이 이행되는지를 점검하는 후속 모임을 의무화하는 시스템은 없다. 주선자는 대면을 앞두고 주의 사항을 전달하고, 추가 계획은 참가자들의 합의에 의해 정해진다.

브레이스웨이트에 따르면, 공동체가 피해자를 위해 의로운 공분을 표출하는 것이야말로 범죄 통제를 위한 필수 요소다. 그는 범죄를 대하는 우익의 입장과 좌익의 입장을 둘 다 비판한다. 그는 우익의 처벌적 방향성("법과 질서"의 편, 전통적으로 검사의 편)과 좌익의 허용적 방향성(전통적으로 피고인 변호사의 편)을 둘 다 거부한다. 그는 거의 전적으로 형사 법정 피고인의 권리 보호에만 초점을 맞추는 전통적 '좌파'의 태도, 즉 피해자 지지 조치를 전혀 취하지 않고 가해자에게 책임을 부과하는 프로그램도 전혀 마련하지 않는, 그렇게 범죄 이슈가 '우파'의 손에 넘어가도록 그냥 내버려두는 태도에 특히 비판적이다.

브레이스웨이트는 회복적 정의를 제3의 길로 제안하면서 "범법, 과실, 책임을 두고 열심히 훈계해 가해 당사자가 공동체적 울분을 직면하게 하기, 최종적으로는 가해 당사자에게 공동체적 울분을 받아들일 것을 요청하기"를 옹호한다.[5] 회복적 정의는 공동체가 가해자를 배척함으로써 가해자의 반사회적 태도를 더 악화시키는 대신 가해자를 다시 받아들일 가능성을 지닌 방법 한 가지를 제시한다. 브레이스웨이트는 이 방법을 가리켜 사회 복귀자 수치 주기라고 말한다. 그는 쓴다. "여기서 논의되는 수치 주기는 (…) 시민 하나하나에게 책임을 묻는 수단으로서의 수치 주기, 남에게 피해를 주는 범죄행위가 동료 시민들에게 정당성 있는 울분을 불러일으킨다는 것을 알려주는 수단으로서의 수치 주기다. 수치 주기는 분명 자율성을 제약하는 방법이고, 어쩌면 억압하기보다 더 확실하게 자율성을 제약하는 방법이겠지만, 억압과 달리 수치 주기는 윤리적 요구를 전달함으로써 자율성을 제약하는 방법이다."[6] 이 논의는 표면적으로는 모순적인데, 가해 당사자에게 모멸감을 안겨주고 오명을 씌우는 수단으로서가 아닌 가해 당사자도 인간임을 인지하면서 피해에 대한 보상을 요청하는 수단으로서의 공개적 혼내기와 체면 깎기라는 비전을 그리고 있다.

브레이스웨이트 같은 정교한 이론가들의 논의에 따르면, 상생하기, 발언권 내주기, 존중하기 같은 회복적 정의의 원칙들은 피해자의 정당성을 옹호할 가능성을 제공한다. 관습적 정의에서는 피해자의 정당성을 옹호하지 못한다는 문제점이 특히 두드러지는 만큼 이 가능성은 중요하다. 협의 모임과 평화 모임 같은 회복 실무들은 바로 이런 원칙들에 따라 진행되고 있다. 법정에서는 이런 원칙들을 만나기가 대단히 어렵다. 하지만 회복적 정의가 가장 큰 성과를 내는 경우는 윤리 공동체가 심각한 범죄가 발생했다는 것을 진지하게 받아들이고 바람직한 해결책이 처벌이 아니라 피해 보상이라는 것에 전반적으로 동의하는 경우로 한정된다. 회복적 정의로 전환 조치되는 전형적인 사건들은 젊은 사람들의 절도나 기물 파손 같은 초범, 비폭력범, 재산범이다. 이렇듯 신체적 피해가 발생하지 않은 사건들에서는 일반적으로 '가혹한 처벌은 적절하지 않다', '젊은 사람들에게는 잘못한 일을 바로잡고 실수로부터 배울 기회를 주어야 한다'라는 합의가 있다.

성폭행과 기타 젠더 기반 폭력 앞에서 여론은 사실상 양분된다. 이런 범죄들이 흉악 범죄이고 엄한 처벌이 필요하다는 것이 여론이라고는 한다. 하지만 우리가 3장에서 살펴본 것처럼, 이러한 여론은 가해자를 대중의 편견과 판타지—누구를 진짜 범죄자로 "치는가"(예를 들면, 흑인 괴한), 누구를 "무고한" 피해자로 "치는가"(예를 들면, 데이트 한 번 안 해본 젊은 금발 여자)를 둘러싼 고정관념—에 따라 편리하게 악마화할 수 있는 경우에만 적용된다. 현실적으로 가해자와 피해자가 이러한 고정관념에 들어맞는 경우는 별로 없으니, 여론은 피해자를 비난하면서 가해자 처벌로부터 뒷걸음질 치는 경향이 있다. 폭력 범죄 피해자가 종속 집단 또는 주변화된 집단의 구성원일 때, 처벌은 피해자를 추가 피해로부터 보호할 수 있는가와 관련해서 현실적 의미를 띠게 되는 동시에 피해자가 더 넓은 공동체 안에서 소중하게 여겨지고 있는가와 관련해서 상징적 의미를 띠게 된다. 이런 경우, 회복적 정의를 둘러싼 논란은 더 심해진다.

불행히도 피해자 권리 보호 면에서는 민간 차원의 회복적 정의 운동에서도 전통적 사법 시스템에서와 똑같은 결함이 재생산되고 있다. 회복적 정의 프로그램들 중에는 형사 법정 피고인을 위해 처벌의 대안을 찾는 것을 목적으로 발전해온 것이 많다. 피해자 입장이 충분히 대변되지 못한 경우가 많고, 피해자 권익이 의제 이념에 딸려가는 경우도 있다. 이 운동의 의제 이념은 처벌이 아니라 화해와 용서라고 할 수 있다.[7] 이 운동의 주요 이론가 하워드 제어는 초기에는 자기도 피해자를 방해자로 여겼다는 것을 인정한다. "형을 선고받은 피고인들에게 주목했던 초기 연구에서 나는 피해자들의 관점을 이해하지 못하고 있었다. 가해자를 위한 '정의'를 모색하고 있던 내게 피해자는 1차적으로는 방해자였으니, 그들의 관점을 이해하고 싶지 않았던 것이다."[8]

제어의 후기 연구는 피해자를 중시하는 방향으로의 진화를 보여준다. 제어는 말한다. "피해자들은 정의의 각주가 아닌, 정의의 핵심 이해 관계자가 되어야 한다."[9] 이것은 중요한 진보다. 하지만 가부장적 문화의 일부라는 점은 회복적 정의나 응보적 정의나 마찬가지라서, 피해자를 "각주"로 본다는 점은 성폭력 범죄를 증언하러 나와 있는 회복적 정의 실무 모임의 공동체나 판결하러 나와 있는 우리의 관습적 응보 시스템 내부의 배심원단 열두 명이나 마찬가지다.

*

회복적 정의 운동은 비균질적인 연합체로, 그 토대에는 북아메리카, 오스트레일리아, 뉴질랜드 선주민들의 실천들을 활용하는 작업들이 있고, 과도한 처벌을 혐오하는 진보적 감수성, 급진적 평화주의, 기독교의 용서 교리를 테두리로 삼고 있다. 세계 무대에서 이 운동이 유명해진 것은 데즈먼드 투투 대주교를 앞세운 남아프리카공화국의 진실화해위원회TRC를 통해서였다. 아프리카국민회의가 아프리카너 정부를 상대로 아파르트헤이트 종식을 위해 합의한 내용 중 하나가 폭력적 정치범죄를 저지른 백인 가해자들을 철저한 자백의 대가로 사면해주는 것이었다. 많은 가해자들이 이 기회를 이용했다. 최고 지도부의 가해자들은 그러지 않았지만 말이다.

가해자들의 자백은 진실화해위원회가 아파르트헤이트 체제 시절 자행됐던 잔혹한 독재의 추악한 진상을 기정사실화하는 힘이 되었고, 백인 우월주의를 인자하게 그려 보이는 그럴듯한 역사 수정주의 서사가 창조되는 것을 불가능한 일로 만들었다. 이는 그 자체로 대단히 중요한 성취였다.(이와 대비되는 예로 행복하고 충성스러운 노예들과 친절한 주인들을 감상적으로 그려 보이는, "잃어버린 대의" 프로파간다의 마스터피스이자 미국 영화 최고의 흥행작 중 하나인 〈바람과 함께 사라지다〉를 생각해보라.) 이 위원회의 성과 중에 가장 혁신적이었던 것은 생존자 증언을 중심에 놓을 수 있었다는 것이다. 많은 생존자들이 공개 석상에서 자신의 이야기를 들려주었고, 이 이야기들은 라디오를 통해 전국에 생방송되었다. 투투 대주교가 생존자들을 인터뷰하면서 보여준 존중과 공감의 자세는 생존자의 명예를 회복하고 생존자의 정당성을 입증하려면 어떻게 해야 하는가, 생존자에게 어떤 범죄가 얼마나 끔찍하게 저질러졌는지 인정하려면 어떻게 해야 하는가라는 측면에서 이 나라에 본보기를 제공했다.

이에 비해 진실화해위원회의 화해 의제는 성공과는 한참 거리가 멀었다. 아파르트헤이트 정권의 범죄 자인은 사회적 보상과 치유로 나아가기 위한 첫걸음이었지만, 그 첫걸음은 필요조건일 뿐 충분조건은 아니라는 것이 곧 고통스럽게도 분명해졌다. 공개적 속죄와 경제적 배상은 그 어떤 형태로도 이루어지지 않았다. 인구로는 과반수가 넘는 흑인은 여전히 극빈 상태였다. 그로부터 100년 전 미국의 흑인 인구가 남북전쟁 이후에도 똑같이 극빈 상태였던 것과 같은 경우였다.(미국 흑인들은 수 세기에 걸친 강제 노동에 대한 보상으로 땅 40에이커와 노새 한 마리를 약속받았지만, 약속은 결국 부정당했다.)

펌라 고보도-마디키젤레 박사는 진실화해위원회에 젊은 심리학자로 참여했다. 피해자와 가해자를 찾아내서 가능하면 대면 모임, 회복적 정의의 비전에서와 비슷한 종류의 모임을 주선하는 것이 그녀의 업무였다. 그녀는 많은 피해자가 그런 모임이 성사되기를 원한 반면 대부분의 가해자들(또는 그들의 변호사들)은 싫다는 반응이었다고 전하면서, 모임에 나가서 사죄하겠다고 말한 가해자는 5퍼센트 미만이었다고 가늠했다. 변호사의 개입이 없었다면 20퍼센트까지는 올릴 수 있었으리라는 것이 그녀의 짐작이었지만 그래봤자 절반에도 한참 못 미치는 비율이었다. 가해자가 진심으로 반성하는 경우가 매우 드물게나마 있었고, 그런 경우에는 모종의 치유가 이루어지기도 했으니 희망을 가질 수 있었다. 하지만 그렇게 보상받지 못한 상태에서 일괄적으로 용서한 것은 시기상조였다고, 펌라 고보도-마디키젤레 박사(현재는 교수이자 유명한 작가)는 그로부터 수년 후에 반성했다.[10]

「회복적 정의의 한계들」이라는 논문에서 오스트레일리아의 범죄학 교수 캐슬린 데일리는 오스트레일리아와 뉴질랜드의 법정에서 수집한 다량의 증거를 검토하고 있다. 이 지역은 청소년 범죄를 대상으로 회복적 정의 실무를 대단히 폭넓게 시행하는 지역이다. 회복적 정의가 진상 조사를 대신할 수는 없다는 점, 다시 말해 회복적 정의는 피고인이 자신에게 불리한 증거를 거부할 권리를 자발적으로 포기하고 자기의 책임을 인정하는 경우에만 시행될 수 있다는 점을 그녀는 무엇보다도 중요하게 지적하고 있다. 소송 당사자들이 제출한 상충하는 증거들을 검토하기 같은 진상 조사 수단을 마련하지 않고 있는 회복적 정의가 관습적 사법 시스템을 전면적으로 대체하기는 불가능하다. 다만 형사소송 양형 단계에서 회복적 정의는 가해 행위의 심각성에 대한 판단 기준을 재구상하는 방법으로서 매우 유용하다. 데일리가 검토하고 있는 성과 연구들을 보면, 회복적 정의에 참가해본 대부분의 사람들(가해자와 피해자 양쪽 모두)은 절차상의 공정성에 높은 점수를 주고 있지만, 가해자와 피해자가 합의점을 찾아내는 경우는 비교적 드물고, 진실한 사죄가 행해지는 경우는 대단히 드물다. 그녀는 뉴질랜드에서 시행되는 회복적 정의 프로젝트(사회 복귀자 수치 주기 실험)에 대한 성과 연구를 인용하면서 화해와 보상의 이상理想에 도달한 사건은 전체 사건의 절반 미만이라고 지적한다. 가해자가 진심으로 반성하는 경우에도 피해자에게 용서를 기대하거나 강요해서는 안 된다는 점 또한 데일리는 지적한다. 그녀의 논문은 이런 주의 사항들과 함께 마무리된다. "피해자와 가해자의 대면을 주선하는 업무는 지속되어야 한다. 확대되어야 할 수도 있다. 단, 우리는 이 업무가 늘 보상과 선의의 힘센 이야기를 내놓으리라고 기대할 수 없다."[11] 이것이 회복적 정의에 대한 판결이라면, 공평한 판결인 듯하다. 정의가 공정이라면, 회복적 정의의 목표인 치유가 완전하게 실현되고 있는 것은 아니라고 하더라도 가해자와 피해자가 모두 회복적 정의 절차의 공정함을 느낀다는 것 자체가 이미 중요한 성과다.

어느 생존자의 경험

흑인 아티스트이자 각본가이며 시카고 공동체 활동가인 키라 존스는 두 번의 성폭행 사건을 겪은 생존자다. 두 번 다 지인 남성이 가해자였다. 첫 번째 사건이 발생했을 때 그녀는 노스웨스턴대학의 학생이었는데, 경찰서에 간 그녀는 자기가 형사 사법 시스템으로부터 철저히 소외되어 있음을 느꼈다. '경찰은 무례했다', '아무도 내 신고를 받아주지 않았다', '두 번 다시 경험하고 싶지 않은 일이었다'라고 그녀는 말했다. 수년 뒤에 다른 남자에게 또 강간당했을 때 그녀는 경찰서에 가지 않았다. '다른 방법을 찾아야 했다'라고 그녀는 말했다.

흑인 남성이자 동료 활동가였던 가해 당사자 맬컴을 존스는 "취약 여성들에게 운동의 언어를 흉기처럼 휘두르는" 남자라고 묘사했다. 그녀는 그가 자기 소행을 인정하기를 원했고 그가 리더의 지위를 어떻게 남용하고 있는지에 대해 활동가 공동체에 경고를 보낼 생각이었지만, 그를 경찰에 신고할 생각은 전혀 없었다.(형사 사법 시스템은 언제라도 흑인 남성을 감금할 준비가 돼 있었다.) 그녀는 그가 자기 소행을 공개적으로 인정하기를 원했고 그녀가 원하는 공개적 인정의 범위는 그녀와 그가 둘 다 속해 있는 동료 그룹까지였다. 그가 경찰에 범행을 자백하지 않으리라는 것 또한 그녀는 잘 알고 있었던 것이다. "사실을 인정하는 일에 감금당할 위험, 노예가 될 위험이 따른다면 부인하는 게 당연하다!" 많은 다른 생존자들과 마찬가지로, 그녀 또한 그가 자기의 가해 행위의 결과를 철저히 이해하기를 바랐고, 그가 자기가 잘못했다고 생각하기를 바랐고, 그가 지금까지의 태도와 행동을 바꿈으로써 앞으로 다른 사람을 가해하지 않게 되기를 바랐다.

존경받는 흑인 작가이며 활동가이자 자기 공동체에서 회복적 정의 실무 경험을 쌓아온 메리엄 카바가 존스에게 회복적 정의라는 대안에 대해 알려주었을 때, 존스는 이러한 이유들 때문에 그 대안을 두 팔 벌려 환영했다. 카바는 존스 사건의 책임자로서 존스와 수시로 만나면서, 존스에게 '가해 당사자가 사실을 인정하고 사죄하는 것은 필수지만 피해 당사자의 용서는 필수가 아닌 선택'이라는 지침을 강조해주었다. 활동가 공동체로부터의 사회적 압력에 반응한 맬컴은 프로그램에 참여하는 데 동의했고, 회복적 정의 평화 모임을 준비하는 자원자 그룹이 꾸려졌다. 지원 그룹에는 존스를 지원하는 그룹도 있었고 맬컴을 지원하는 그룹도 있었다. 존스 그룹은 피해 당사자가 트라우마를 어떻게 처리하고 어떻게 배상받고 싶은지에 관한 생각을 정리할 때 힘이 되어주었다. 맬컴 그룹은 가해 당사자가 가해의 결과를 이해하고 아울러 피해를 배상하기 위해 어떤 종류의 변화가 필요한지를 이해한다는 목표에 따라 업무를 이어나갔다.

맬컴은 15개월에 걸친 지원 그룹과의 정기 모임 끝에 준비가 됐다는 판정을 받았다. 그는 가해 행동에 대해 사죄했고, 전적으로 존스가 원하는 대로 배상하는 데 동의했으며, "깊은 반성과 변화"를 위한 계획에 매진했다. 맬컴 지원 그룹은 가해 당사자가 약속을 실제로 이행하고 있는지를 확인하기 위한 정기적 후속 업무에 매진했다. "사회 복귀자 수치 주기" 실천의 완벽 사례였다.

불행히도 그로부터 1, 2년 뒤에 맬컴이 그 후로도 내내 다른 여성들에게 폭행을 가했다는 사실이 밝혀졌다. 몇몇 흑인 성폭행 생존자들은 존스가 형사 고소장을 제출하지 않는 선택을 했던 것에 뒤늦게 분노를 표했다. 존스가 애초에 맬컴을 고소했더라면 맬컴은 감옥에 갔을 테니 다른 여자들이 피해자가 되는 일은 없었으리라는 것이었다. 자칭 "감옥 폐지론자" 존스는 이 문제 앞에서 번민에 빠졌다. 그녀는 큰 소리로 자문했다. "뭐가 정답인가?" 그녀가 도달한 결론은 이 실패를 놓고 회복적 정의를 비난하는 것은 불공평하다는 것이었다. '그건 맬컴이 책임져야 하는 문제이자 흑인 남성을 흑인 여성보다 높게 평가하는 습성으로 회귀해버린 활동가 공동체가 함께 책임져야 하는 문제였다'라고 그녀는 힘주어 말했다.

그가 회복적 정의 절차 덕에 "버릇을 고쳤다"고 생각한 여러 활동가들이 있었고, 그런 활동가들 덕에 다시 운신을 시작한 그는 더 많은 흑인 여성들을 노리고 해칠 수 있었다. 지도부가 다시 그에게 역할을 주기 시작하면서 그는 마치 아무 일도 없었던 것처럼 굴 수 있었고, 심지어 어떤 경우에는 회복적 정의 절차를 받아들였다는 이유로 단상에 오를 수 있었다. 그때 지도부는, 간단히 말하면, 그가 폭력적인 알코올의존자라는 것을 알면서도 그가 '익명의 알코올의존자들' 프로그램에 참여했다는 이유만으로 그를 술집으로 불러도 된다고 결정 내린 것이나 마찬가지였다.

다시 말해, 문제는 임시로 생겼던 "윤리 공동체"가 책임을 다하지 못했다는 데 있었다. 가해자 수치 주기의 기반이었어야 하는 여성 존중 문화가 충분히 깊지 못했고, 사회 복귀에 뒤따랐어야 하는 후속 조치와 보살핌이 충분치 않았다. 그때를 되돌아보면서 존스는 맬컴을 상대로 최소한 공동체 조직 직위 취득 영구 금지 명령이라도 내렸어야 했다고 생각했다.

사회 복귀에 관한 논의들

키라 존스의 이야기는 회복적 정의의 여러 난제를 보여주는 예다. 방관자의 배신에는 여러 형태가 있을 수 있고, 사회정의를 추구하는 운동에서 방관자의 배신은 특히 고통스러울 수 있다.(활동가들은 연대를 염원하고 "내가 사랑하는 공동체"를 염원하지만, 운동에도 가부장적 관행들이 깊이 뿌리내리고 있다.) 그런 이유에서 많은 페미니스트가 여성 대상 폭력 범죄에 회복적 정의 절차를 들여오는 것에 의구심을 표하고 있다. 공동체의 규범들과 신념들이 젠더 문제와 권력 문제 앞에서 양분되고 논란을 불러일으키는 때에, 공동체 기반의 대안적 정의가 관습적 사법 시스템보다 젠더 기반 폭력을 더 효과적으로 다루리라고 신뢰를 하기가 어려운 것이다.

어떻게 결정하느냐의 문제 외에 어떻게 실행하느냐의 문제도 있다. 우선 일관성 문제가 있다. 우리가 법 앞에서의 평등이라는 원칙을 믿고 있다면, 각각의 협의 모임이나 평화 모임이 저마다 독특한 유책 계획과 배상 계획을 세운다고 할 때, 회복적 정의가 어떻게 이 원칙을 지킬 수 있을지 알기 어렵다.

다음으로는 비용 문제가 있다. 가해 당사자에게 "열심히 훈계하기"는 막상 해보면 시간과 기운을 많이 빼앗기게 된다. 그냥 모임 한 번으로 끝나는 업무가 아니다. 모임에 자원한 공동체 참여자들은 감정적으로 지적으로 부담이 되는 모임 준비하기와 장기적 후속 조치 밟기라는 업무에 많은 시간을 쏟아야 한다. 단 한 명의 가해자와 단 한 명의 피해자를 위한 강도 높은 주 1회 회의가 몇 달씩, 몇 년씩 계속되는 경우도 있다는 것, 지쳐 떨어져나가는 중도 탈락자들도 있다는 것을 비교적 성공적인 사례들을 소개하는 논자들은 알려주고 있다.[12] 회복적 정의 절차에 참여하는 일은 배심원의 의무(우리의 기존 사법 시스템에서 아마도 회복적 정의에 가장 가까운 부분)보다 훨씬 더 부담이 될 수 있다. 많은 시민들은 배심원의 의무를 매우 힘겨운 일이라고 생각해 유급휴가를 받을 수 있으면서도 배심원단에서 빠지기 위해 온갖 핑계를 댄다.

자원자로 이루어진 회복적 정의 참여자들에게는 경험 부족도 문제일 수 있다. 배심원이 법을 잘 모르는 것은 당연한 일이고, 판결을 위해서 알아두어야 할 법률적인 문제들에 대해서는 판사가 잘 알려줄 수 있다. 법률을 세세하게 이해하는 전문가들을 배심원 자리에 앉히는 것보다 각계각층의 시민들을 동료 시민에 대한 정의 집행에 연루되게 하는 것이 훨씬 더 중요하게 여겨진다. 회복적 정의에서도 동료들 사이의 관여가 중요하다는 점이 자원자들을 고무한다. 다만 회복적 정의 자원자들은 배심원으로서의 역할에 더해, 아마추어 사회복지사, 아마추어 심리학자, 아마추어 보호관찰관으로서의 역할을 할 것으로 기대된다. 가해 당사자에 대한 평가(얼마나 위험한 상태인가, 변화를 위해 노력하고 있는가, 재활할 수 있겠는가)를 내놓아야 한다는 것이다. 또한 회복적 정의 자원자들은 가해 당사자가 피해 당사자와의 면담을 준비할 때 가해 당사자의 방어적 태도 극복하기와 공감 능력 기르기에 협력할 것으로 기대된다. 마지막으로, 면담 이후 회복적 정의 자원자들은 가해 당사자가 비협조적으로 나올 경우에도 가해 당사자와 장기간 관계를 유지하면서 가해 당사자에 대한 평가(합의 사항을 실제로 "행동으로 옮기고 있는가" 아니면 그저 "말로만 떠들고 있는가")를 계속할 것으로 기대된다. 하지만 가해자에게 피해자에 대한 공감이나 진정한 반성을 주입하는 것이 공동체 수치 주기의 필요조건인 것은 아니고 사회 복귀자를 능숙하게 관리하는 것이 공동체 자원자들의 필요조건인 것도 아니다.

마지막으로, 회복적 정의가 피해 예방에 효과적이냐고 질문할 수 있다. 이것은 상습적으로 저질러지는 사건, 아니면 인신매매와 가정 폭력 같은 사건, 곧 가해자와 피해자 사이에 강압적 통제의 관계가 있을 때 발생하는 사건에서 특히 중요한 질문이다. 우리가 1장에서 배운 것처럼, 이런 관계에서 발생하는 폭력은 일탈적 행동이 아니라 가해자가 통상 동원하는 지배 유지 수법들 가운데 하나이자 반복적 패턴의 일부다. 폭행 피해 여성 지지 활동가들이 지적하듯이, 학대자는 폭력을 휘두르고 나서 호들갑스럽게 사죄함으로써 지지를 호소한다. 이때 피해자는 더 이상 폭력에 시달리지 않을 테니 관계를 유지할 수 있겠다는 헛된 희망을 가지게 된다. 회복적 정의는 사죄와 화해를 강조하는 센티멘털한 측면을 가지고 있으니, 학대자들에게 조종당하기에 안성맞춤이다. 학대 관계에는 특유의 권력 역동이 있고, 학대자는 갖가지 미묘한 방법으로 피해자에게 지배력을 행사하지만, 선의의 공동체 자원자들이 그런 경우들을 다 알아채리라고 기대할 수는 없다. 그런 경우들을 보면, 학대자의 권력과 통제가 영구화되는 데 회복적 정의가 실제로 일조하고 있다. 이때 피해자는 추가적 위험에 노출된다.[13]

지금 회복적 정의 운동은 너무 초창기라서 폭력 범죄 재발 예방과 관련된 설득력 있는 실적 기록은 아직 쌓여 있지 않다. 이러한 상황으로 인해 생존자들이 선뜻 회복적 정의를 채택하기란 불가능하다. 이 책을 위해 증언해준 생존자들은 전체적으로 처벌 제도에 대단히 양가적이었고, 수감 제도에는 더더욱 양가적이었다. 하지만 이 가운데는 형사 사법 절차들을 끝까지 감당한 여섯 명의 생존자들이 있다.(가해자들은 유죄판결을 받고 수감되었다.) 가해자를 고소했음에도 검사의 기소 거부로 법정까지 가지 못한 생존자들도 있다. 이런 특수한 경우에 속하는 생존자들은 가해자가 얼마나 위험한 남자인지 바로 가까이에서 보고 알게 되었기 때문에, 다른 잠재적 피해자들을 보호하기를 원했기 때문에, 하지만 달리 방법을 찾을 수 없었기 때문에, 가해자 수감의 필요성을 통감할 수밖에 없었다.

사디나는 그것을 이렇게 표현했다. "그가 너무 뻔뻔스러웠기 때문에, 잘못했다는 기색이 전혀 없었기 때문에, 나는 그냥 가만있어서는 안 되겠다는 의무감을 느끼지 않을 수 없었다. 그가 똑같은 짓을 또 저지르리라는 확신이 들었고, 그가 또 그런 짓을 저지르게 되면 내가 자존감을 가지고 살기는 불가능하리라는 확신도 들었다. 이런 경우 그가 공감 능력이 없는 사람일 수도 있고 정신 건강에 문제가 있는 사람일 수 있다는 것은 나도 알고 있다. 그가 정말 그런 사람이면, 나는 그가 수감 중에 무슨 치료를 받고 있는지, 똑같은 짓을 또 저지르지 않기 위해 그가 스스로 뭔가를 하고 있는지 알고 있어야 했다." 그녀는 그가 감옥에서 어떻게든 달라져주기를 바라고 있었다. 하지만 그때까지 그가 있을 곳은 감옥이라고 느끼고 있었다.

아동기에 가정 폭력을 목격한, 흑인 활동가이자 반反폭력 조직가 리처드 라이트는 그것을 이렇게 표현했다. "우리는 공동체에서 이렇게 발언하겠다. '어떤 사람들은 평생 감옥에서 썩어 마땅하다.'" 이 말은, 어떤 가해자들은 사회에 너무 위험이 되기 때문에 영구 격리 조치가 필요하다는 뜻이다.

반면에 회복적 정의 옹호자들은 우리의 현행 처벌 제도가 극도로 고비용인 동시에 전혀 효과적이지 못하다는 논의를 펼친다. 기소, 재판, 집단 감금에 들어가고 있는 비용은 짜임새 있는 회복적 정의 프로그램 전문 인력을 위한 합당한 재정 지원에 들어갈 비용을 훨씬 상회한다. 수감 시스템에서 실질적인 공동체 안전의 전망을 제시하는 것은 아무것도 없다. 감금은 가해자를 형기 동안 무력화시킨다. 대부분의 수감자는 형기를 마치고 석방되고, 재범률은 매우 높다. 실제로 어떤 비판론자들은 수감 생활이 초범의 범죄 성향을 강화시키고 재범을 저지를 가능성을 높인다는 논의를 펼친다.

많은 가해자는 감금당하고 배척당할 때보다 공동체 기반의 재활 활동들에 강도 높게 동원될 때 더 반응을 보일 가능성이 있다. 미국에서는 '지지·책임 모임'을 이용해 형기를 마친 성범죄자들을 돕는 소규모 파일럿 연구가 진행되었다. 연구자들은 회복적 정의의 개입이 일반적인 보호관찰에 비해 재범률 낮추기와 국고 아끼기에 효과적임을 알게 되었다.[14] 회복적 정의에 진지한 공공투자가 이루어진다면, 회복적 정의 절차를 신뢰하는 생존자들이 늘어날 것이고 가해자의 안전한 사회 복귀 비율도 높아질 가능성이 있다.

법학자들은 회복적 정의에 입각한 사법이 폭력 범죄에 대응하는 데 있어서 응보적 정의에 입각한 사법의 대안이 될 가능성을 점점 더 진지하게 인정하고 있다. 피고인 변호사가 볼 때 회복적 정의는 지나친 형량에 대한 대안이자 범행 자백의 장려책이다. 생존자가 볼 때 회복적 정의는 발언권의 확대이자 배상 약속이다. 사회적으로 볼 때 회복적 정의는 더 넓은 공동체의 안전, 최소한 안전할 가능성이다. 비용 절감의 측면은 두말할 필요도 없다. 회복적 정의와 전통적 형사 사법 시스템의 재범률 비교 연구는 아직 너무 초기 단계라서 확실한 결론을 끌어내기는 어렵겠지만, 회복적 정의가 더 나빠 보이진 않는다.[15] 회복적 정의의 실적에 대한 연구가 더 늘어나야 한다는 것만은 분명하다.

수많은 법 이론 연구자들이 회복적 정의의 이론과 실제를 관습적 형사 사법 시스템으로 통합하기 위해 새로운 방법들을 한창 그려보고 있다. 우리가 2장에서 만난 로스 런던 교수는 인과응보 개념이 회복적 정의의 기본 원칙들과 양립할 수 없는 것은 아니라고 주장하면서, 그리 중요하지 않은 틈새 영역에 머물러 있는 회복적 정의가 앞으로 사회적으로 폭넓게 수용되려면 어느 정도의 응보 조치는 필요할 것이라는 논의를 펼친다. "우리는 회복적 정의가 범죄 피해의 배상에 집중한다는 점이 회복적 정의의 가장 큰 의의라고 본다. 다시 말해 우리는 회복적 정의가 처벌에 반대하는 독특한 실천이라고 보는 견해를 거부한다. 이로써 형사정책 입안자들은 배상의 방법을 고려할 때 우리의 실천을 참고할 수 있다."[16] 처벌이 배상 계획에 적정 비율로 포함된다면 회복적 정의가 훨씬 광범위한 영역에서 채택될 가능성이 있다고 그는 주장한다.

런던이 그리는 법정 시스템의 비전에서 판사는 절차의 관장자로서 피해자와 가해자와 공동체의 이해관계 사이에서 균형을 잡는 사람이다. 전직 판사인 런던은 상상 속 판사석에서 상상 속 가해자에게 이렇게 말한다. "당신은 당신 자신에게 '내가 앞으로 어떻게 해야 사람들이 나를 다시 믿어줄 것인가?'라는 어려운 질문을 해야 한다." 그가 그리는 회복적 정의 절차의 비전에서 가해자의 배상 계획에는 참회를 증명하는 벌받기와 고생하기가 포함되어 있다. 가해자의 재활 가능성은 유죄판결을 받고 처벌받았을 때보다 배상 계획에 의견을 내고 벌받기에 동의했을 때가 훨씬 높다고 그는 주장한다.[17] 런던이 그리는 형사 사법 시스템의 비전은 이렇듯 덜 가혹하고 덜 응보적이고 모두에게 더 공정하다.

오스트레일리아 범죄학자 브론윈 네일러는 회복적 정의가 특히 성폭력 범죄에 어느 정도까지 활용될 수 있을까를 중심으로 회복적 정의의 비전을 그린다. 스펙트럼의 한쪽에는 회복적 정의의 가장 순수하고 급진적인 형태가 있다. 이는 때로 환경 개선 정의라고 불리며, 관습적 사법 시스템을 완전히 벗어난 곳에서 작동한다. 키라 존스가 참여했던 형태이자 메리엄 카바 같은 감옥 폐지론자들이 옹호하는 형태의 회복적 정의 절차가 바로 이쪽이다.[18] 스펙트럼의 반대쪽에는 관습적인 법정 기반 시스템 내에서 회복적 정의 절차를 활용하는 경우가 있을 수 있다. 예를 들면, 피고인이 공식적으로 유죄를 인정한 경우에 한해서 판사가 회복적 정의 협의 모임의 성과를 권고 형량 선택지로 참조할 수 있다.

네일러는 "중간 길", 즉 "법정과 동일한 공식적 권한을 가지되 법정에 비해서 유연하고 협력적인 절차를 따르는" 혼성 모델을 제안한다. 그녀는 성폭력의 사회적 역동을 이해하는 숙련된 판사와 기타 전문 인력을 갖춘, 성폭행 범죄에 특화된 법정의 비전을 그린다. 회복적 정의 선택지는 한편으로는 덜 처벌적이고 더 재활적인 제재 조치를 마련함으로써 가해자들의 참여를 유도하고자 하지만, 다른 한편으로는 가해자에게 공식적으로 책임을 인정할 것과 법정 관리하에 배상 계획을 이행할 것을 요구해야 할 것이다. 배상 계획을 마련할 때는 회복적 정의의 전문 주선자가 협의 모임을 조직하고 지휘하며 적절한 준비를 거쳐야 할 것이다. 판사가 배상 계획을 최종 승인한다는 사실이 바라건대 처벌적 조치의 일관성과 적정성을 어느 정도 보장할 수 있을 것이다. 결론 부분에서 그녀는 '영어권 세계에서 관행으로 자리 잡혀 있는 공방 중심주의 사법 시스템이 성폭행을 다루는 데 근본적으로 실패해왔으니, 좀 더 급진적인 대안들로부터 교훈들을 얻을 수 있도록 고려해볼 때가 왔다'라는 주장

을 펼친다.[19]

키라 존스는 여전히 회복적 정의를 옹호하고, 여전히 감옥 폐지론자다. 그녀는 '생존자의 치유 여부를 정의의 척도로 삼는 법정, 가해자의 재활 여부와는 무관한 법정을 상상해보자'고 한다. 그녀는 쓴다. "맬컴은 재범을 저질렀지만, 내가 회복적 정의 절차를 통해 더 건강해졌다는 사실은 변하지 않는다. 그 절차가 없었다면 지금 내 무기가 되어주고 있는 자원과 공동체를 가질 수 없었을 것이다."

이게 바로 핵심이다. 나와 인터뷰한 제보자들의 관점에 따르면, 정의가 구현되려면 무엇보다도 피해자 본인이 회복되어야 했다. 가해자가 무슨 처벌을 받느냐가 가장 중요한 문제는 아니었다. 그들의 관점에 따르면, 윤리 공동체의 1차적 의무는 생존자 본인이 피해를 배상받을 수 있도록 돕는 것이었다. 가해자를 어떻게 처벌할까를 고민하는 것은 다음 문제였다. 생존자들이 그리는 정의의 비전에서는 응보와 회복의 결합이 이루어지며, 이 결합은 공동체 내에서 피해자와 방관자들 사이의 손상된 관계를 치유하는 데 이바지한다.(피해자와 가해자 사이의 관계를 치유하는 것이 1차적 문제는 아니다.) 다시 말해, 누군가가 피해자가 되었을 때 윤리 공동체가 그 사람을 지원하고 보살피는 것을 첫 번째 의무로 삼기를 요구하는 것이 바로 생존자 정의다. 정의가 구현되는 것은 공동체가 생존자를 환대할 때다.

가해자를 어떻게 할 것인가가 그다음 문제다. 이것은 공동체 전체가 씨름해야 하는 문제다. 생존자들만으로는 이 문제를 해결할 수 없고, 그 문제를 해결하는 것이 생존자들의 책임인 것도 아니다.(물론 생존자들은 그 문제를 대부분의 방관자들보다 훨씬 더 진지하게 고민해왔을 것이다.) 나와 인터뷰한 제보자들은 가해자들이 공개적으로 망신당하는 모습을 보기를 원한다는 것에 거의 만장일치로 동의했다. 이를 응보 감정으로 여길 수도 있겠지만, 제보자들과의 인터뷰에서 그들의 동기에 대한 설명을 들을수록, 가해자 공개의 주된 목적은 고통 주기("설욕")가 아니라는 점이 점점 더 분명해졌다. 가해자가 공개되면 공동체로부터 모종의 반응(진상 파악하기, 가해자 혼내기, 가해자가 앞으로 다른 사람들을 해치지 못하게 하려면 어떤 조치를 취해야 할지 고민하기)이 있으리라는 것이 그들의 생각이었다.

생존자 비전은 법 위반이라는 추상적 사실 대신 범죄 피해라는 구체적 사실에 집중하면서 과거를 설욕하기보다 미래에 배상받기를 선호한다는 점에서 회복적 정의에 가깝다. 또한 생존자 비전은 공동체의 진상 인정과 범죄 규탄의 중요성을 강조한다는 점에서도 회복적 정의에 가깝다. 하지만 생존자 비전이 우선적으로 요구하는 것은 생존자 본인의 치유, 안전, 사회 복귀였지 가해자의 사회 복귀가 아니었다. 공동체가 가해자를 만날 길을 찾아야 할 것이라는 것은 생존자도 인지하고 있었지만, 공동체를 향한 생존자의 1차적 요구는 생존자 본인을 환대해달라는 것, 그렇게 함으로써 강요된 침묵과 수치로부터 벗어나게 해달라는 것이었다.

공모 기관의 책임

가해자 개인이 책임지게 해달라는 것도 생존자의 요구였지만, 가해 행위에 적극 조력하고 가해자를 보호, 은닉해온 기관이 책임지게 해달라는 것 또한 생존자의 열띤 요구였다. 아동기 성 학대 생존자 "대니얼"(보스턴 대교구의 소아 성 도착자 사제들 중에서도 특히 악명 높은 사제의 피해자)은 나와 인터뷰할 2002년 당시 문제 청소년 상담가로 일하면서 대교구를 상대하는 민사소송에 참여 중이었다. 전국에서, 그리고 전 세계에서 점점 많은 생존자들이 계속 나타나면서 가톨릭교회는 무수히 많은 손해배상 청구 소송에 휘말리게 되었다. 미국에서는 수많은 교구의 생존자들이 집단소송에 참여할 자격을 얻었다. 대니얼의 소송은 결국 2004년에 획기적 합의로 마무리되어, 보스턴 대교구는 피해자 552명이 사제 140명에게 요구한 손해배상 청구액 8540만 달러를 지불하는 데 합의했다.[20] 현재 시점에서 교회는 수십억 달러 언저리에서 민사소송 합의금을 지불해왔다. 끝은 전혀 보이지 않는다.

나와의 인터뷰에서 대니얼은 가해자와 교회 고위층이 다른 방식으로 책임을 지게 할 방법을 상상해본다고 말했다. 가해자인 폴 섄리 신부를 어떻게 하기를 원하는가에 대한 이야기가 나왔을 때, 대니얼은 가장 친한 친구가 해주었다는 말로 이야기를 시작했다. "내가 그놈 귀때기를 잘라서 갚아줄게." 대니얼은 "친절한 제안이었지만 나는 그런 방식에는 관심이 없다"라고 했다. 그러고는 "나는 우리 형사 사법 시스템의 징역형도 안 믿는다"라고 덧붙였다. 대니얼은 가해자가 처벌받는 꼴을 보는 데는 별로 관심이 없었고 가해자를 치료받게 하는 데에 주로 관심이 있었다. 대니얼은 말했다. "중요한 건 재범이 안 일어나게 하는 거다. 그러려면 아무래도 징역형이겠지. 그런 사람들을 막 돌아다니게 하면 안 되니까. 성범죄자를 치료한다는 게 어렵잖나. 나한테 상담받으러 오는 애들 몇 명이 성범죄자인데 어렵더라. 그 사람한테는 무기징역형이 내려져야 한다. 위험하지 않다는 판정이 나오기 전까지는 그 사람을 절대 석방하면 안 된다. 이제 손을 씻었느니 뭐니 하는 가석방 심사 위원회 판정 말고 최소한으로 위험하다는 심리학자의 판정이 나와야 한다."(폴 섄리 신부는 실제로 2004년에 아동 강간죄로 징역 20년을 선고받았다. 그는 판결에 불복, 항소했지만 매사추세츠주 대법원은 원심 판결을 유지했다. 그는 12년을 복역했고, 10년 보호관찰을 조건으로 석방되었고, 2020년에 심장마비로 사망했다.)

계속해서 대니얼은 자기가 왜 가톨릭교회에 그토록 분노하는지 설명했다. 보스턴 대교구가 폴 신부의 소아 성 도착 습성에 대해 알고 있었다는 것은 확실했다. 폴 신부는 1993년에 상부 명령에 따라 입원 치료를 받았고, 정신감정 중에 자기가 1980년대에 소속 교구에서 여러 명의 어린 남아들과 성관계를 가졌다는 것을 인정했으니, 교회 상부는 아무리 늦어도 1993년에는 진상을 파악하고 있었을 것이다. 그 뒤에 교회는 소송 여러 건을 비밀리에 처리했고(기밀 유지 협약을 조건으로 내건 합의였다), 폴 신부를 캘리포니아의 한 교구로 전보 발령했다. 대니얼은 말했다. "그자가 그렇게 아픈 자이고 위험한 자라는 사실을 그 사람들은 다 알고 있었다는 거다. 그러면서 그냥 내버려뒀다는 거다. 그자에게 계속 발령을 내줘서 그자가 계속 아이들이랑 같이 있게 해줬다는 거다. 사람들한테는 계속 아무것도 안 알려줬다는 거다. 소송을 걸었던 사람들은 계속 그자들이 시키는 대로 비밀 합의서에 서명을 했다는 거다. (…) 그자들 면상을 주먹으로 한 대씩 갈겨버리고 싶다. 나 폭력적인 사람 아닌데. 그런 놈들은 혼이 좀 나야 한다."

교회가 책임을 지려면 어떻게 해야겠느냐는 질문에 대니얼은 격하게 말했다. "십자군 보냈던 것 사죄하는 것에서부터 시작해서 이 일까지 쭉 다 사죄해야 한다." 이 말은 내가 짐작하기로는 '이 종교는 '거룩한 전쟁'을 벌여서 신도들을 전쟁에 내보내는 짓도 할 수 있었으니 다른 온갖 종류의 끔찍한 짓들을 하고도 남았을 것이다'라는 뜻인 것 같다. 그는 교회 고위층은 원래 독재적이라서 권력 남용을 하는 것은 불가피하다는 생각을 가지고 있었고, 그런 만큼 간판급 권력자들이 추락하기를 바라는 마음을 가지고 있었다. 보스턴 대교구의 구조적 아동 학대를 수년간 고의로 은폐했던 버나드 로 추기경에 대해 이야기하면서 대니얼은 이렇게 말했다. "나는 그자가 그 높은 자리랑 그

큼지막한 다이아몬드 반지랑 그 홀이랑 전부 다 뺏기는 꼴을 좀 봤으면 좋겠다. 그자가 일을 하는 꼴도 좀 봤으면 좋겠다. 기 팍 꺾는 진짜 일을 시켜야 한다. 사회봉사 명령 몇천 년짜리 딱 때리는 거다. 대충 수다 떨다 끝나는 일 말고, 재미있는 일 말고, 잘난 척할 수 있는 일 말고. 나라고 그자가 철장 안에 갇혀 있는 꼴을 안 보고 싶은 건 아니다. 몇 주만이라도, 자기가 무슨 짓을 했나 그렇게라도 느껴라 그거다. 그자가 사는 맨션 팔아서 집 판 돈 다 피해자들 줘라 그거다."

대니얼이 그린 책임지기에 대한 비전은 보스턴 교구 개혁 요구서(생존자 단체가 작성한 2003년 합의서)에서 반향되었다. 생존자 단체는 책임을 공개적으로 자백할 것을 요구한 것에 더해 교회가 생존자들의 피해를 공정하고 정의롭게 배상하는 일에 진지하게 임하고 있다는 것을 보여줄 수 있는 여러 가지 "가시적인 조치들"을 요구했다. 민사소송을 윤리적으로 타결할 것, 즉 "강경 전술"과 비공개 합의를 즉각 멈출 것을 그들은 요구했다. 공소시효 연장이 생존자가 배상을 요구할 기회를 확대할 수 있고 법정에서 더 많은 사제들에게 책임을 부과할 수 있을 조치이므로, 공소시효 연장을 방해하는 입법 로비를 교회가 그만둘 것을 그들은 요구했다. 생존자들을 위한 풀 서비스 정신 건강 치료 센터를 마련할 것, 센터는 관할 대교구로부터 완전히 독립적으로 운영할 것과 운영을 감독할 이사회는 트라우마 전문가들과 생존자들로 구성할 것 또한 그들은 교회에 요구했다. 보안이 철저한 은퇴자 수용 시설을 마련할 것, 성범죄자들을 이 시설에 수감할 것, 감독자 동반이 아닐 경우에는 외출을 허용하지 말 것 또한 그들은 교회에 요구했다. 사제 전원이 주기적으로 권력 및 권력 남용의 메커니즘에 관해 성찰하고 학습하는 시간을 가질 것 또한 그들은 요구했다.

합의서가 완성되었을 때, 생존자 단체는 로 추기경의 후임이자, 언제 어디서든 생존자들을 만나겠다고 공개 석상에서 자주 발언했던 인물인 숀 패트릭 오맬리 대주교에게 합의서 전달을 목적으로 만남 요청 편지를 보냈다. 이 요청과 이어진 두 번의 요청이 모두 거부당했다. 생존자 단체는 대주교가 고통을 겪은 사람들에게 등을 돌린 것을 규탄하는 '세 번 부인당했다'라는 제목의 성명서를 발표했다.[21] 세 번의 부인이라는 배신의 비극이 성 베드로의 반석 위에 세워진 교회에 의해 이렇게 재연되었다.

베드로는 예수를 부인한 비겁함을 뼈저리게 후회했고, 용서해달라고 기도했다. 교회가 정말로 참회하고 있는지는 비교적 덜 확실하다. 교회가 20년 이상 수백 건의 민사 손해배상 청구 소송에 합의함으로써 생존자들에 대한 금전적 보상이 이루어지기는 했지만, 기관의 책임(교회 고위층이 국제 소아 성 도착 범죄단에 해당하는 무리를 두둔, 은폐한 것)이 청산되는 날은 아직 요원하다. 교황은 대책 위원회를 인선해 대책을 마련하라고 했고 생존자 대표들까지 불러왔지만, 그렇게 불려온 생존자들은 유의미한 변화로 이어지리라고 전혀 믿어지지 않는 활동에 곁치레로 이용당하기를 원치 않는다고 말하면서 곧 사임했다.

로 추기경이 이 범죄들에 얼마나 깊숙이 공모했는지를 〈보스턴 글로브〉의 스포트라이트 탐사 보도팀이 폭로한 후, 보스턴을 떠나 좀 더 우호적인 분위기의 바티칸으로 가는 편이 나으리라는 것을 이 공모자도 깨달을 수밖에 없었지만, 대니얼과 많은 다른 생존자들이 그런 형태의 책임지기가 이 공모자에게 부과되는 일은 생기지 않았다. 그의 것이었던 홀과 큼지막한 다이아몬드 반지는 다른 데로 갔겠지만, 그리고 최초의 미국인 교황이 되려던 그의 야망은 끝내 실현되지 못했지만(소문에 따르면 그는 교황이 되려는 야망을 평생 품고 있었다고 한다), 로마에서 산타 마리아 마조레 대성전 수석 사제로 수녀들의 수행을 받으며 호화롭고 안락한 여생을 보낼 수 있었다. 기관이 범죄적 폭력에 조력한 데 대해 응분의 배상을 하고 있느냐는 사안에서 우리는 생존자 정의와는 거리가 멀다.

어마어마한 부, 조직 체계의 복잡함, 13억 명으로 추산되는 전 세계 신도 수를 고려할 때, 로마가톨릭교회의 상대가 될 만한 기관은 지구상에 거의 없다. 비슷한 크기의 세력이 있다면 성 산업 정도다. 양쪽을 비교하는 것이 이상해 보일 수도 있고, 괘씸하게 여겨질 수도 있다. 한쪽은 구원이라는 내세의 영원한 행복을 약속하는 반면, 다른 한쪽은 보다 즉각적인 현세의 쾌락을 약속하니까. 하지만 양쪽은 경직된 가부장적 이데올로기를 공유하고 있고, 아울러 은폐를 조장하고 범죄적 착취에 조력하는 불투명한 권위주의 구조를 공유하고 있다.

2021년 6월 지방법원에 눈여겨볼 만한 소장 하나가 제출되었다. 원고는 성매매 피해자 세리나 플레이티스와 미국, 캐나다, 영국, 콜롬비아, 태국 국적의 서른세 명의 "제인 도"였고, 내용은 마인드긱(세계 최대 온라인 음란물 마케팅 업체 포른허브를 소유한 기업)과 이 기업 산하의 음란물 공급 업체 여러 곳을 민법 및 형법 위반으로 고소한다는 것이었다. 소장에는 마인드긱 CEO 페러스 안툰과 주요 출자자 베른트 베르크마이어의 이름도 나온다. 이 신사들은 자신의 이름과 행적이 언론에 노출되지 않게 하기 위해 상당한 노력을 쏟은 모양이다. 고소 사유에는 불법 성 산업(아동 음란물의 인수, 전송, 유통)과 공갈이 포함되어 있다. 전부 다 형법상 범죄다. 하지만 민법을 이용할 때는 형법을 이용할 때에 비해 큰 이점이 있으니, 형사소송에서는 검사가 기소할 때까지 기다려야 하는 데 비해(검사는 기소할 마음이 있을 수도 있고 없을 수도 있다), 민사소송에서는 생존자들이 고소를 개시할 수 있다. 추가로, 이 소장에는 사적인 음란성 자료 유포를 비롯한 민법 위반 사항 여러 건이 포함되어 있다.

이 소송은 신용카드 회사인 비자를 공동 피고로 고소했다는 점에서도 눈여겨볼 만하다. 이 회사 덕분에 온라인 신용카드 결제가 가능했다는 것, 이 회사는 그 사실을 알면서도 범죄 행위에 조력했다는 것이 고소 사유다. 부정적 여론이 만들어지면서 비자와 마스터카드는 포른허브 동영상 다운로드의 직접 결제 서비스를 중단한 상태다. 이는 포른허브가 상당한 재정적 타격을 입었음을 의미한다. 단, 신용카드 회사들은 포른허브 웹사이트 광고비 납부를 허용함으로써 조용히 제2의 해결책을 찾아냈다.

이 사건을 진두지휘한 브라운 러드닉 LLP 소속 변호사 마이클 J 보는 과거에 돈세탁 및 조직범죄 사건들에서 성공적으로 합의를 이끌어낸 인물이다. 이 소송은 승소한 경우에 한해 성공 보수를 받는 무료 소송(유명 로펌 변호사가 의뢰인에게 돈이 없다는 것과 피고에게 막대한 재산이 있다는 것을 아는 상태에서 진행하는 소송)이다. 승소하면 법원이 산정한 손해배상액, 경우에 따라 수백만 달러 중 상당 부분을 로펌이 가져갈 수 있다. 이러한 종류의 사건을 담당할 때 빈번히 필요할 수 있는 종류의 심층 수사 업무를 진행하기 위한 재정적 자원을 보유하고 있다는 것 또한 대형 로펌들의 이점이니, 자원 면에서는 대형 로펌이 지방법원 검사보다 유리한 경우가 많다.

소장 서두는 다음과 같다. “마인드긱은 세계 최고의 온라인 음란물 회사다. 세계 최대 규모의 인신매매 업체 중 하나이기도 하다. (…) 피고들은 아동 음란물, 강간 동영상, 불법 동영상, 그 외 모든 형태의 비동의 콘텐츠가 거래되는 활성 시장을 성공적으로 만들어냈다. (…) 그 사업 계획이 구현되었다. 그리고 마인드긱 피고인들은 부자가 되었다.”[22]

이 소송은 민사소송이니, 승소하더라도 피해자가 배상금을 받게 될 뿐 가해자가 형사처벌을 받게 되는 것은 아니다. 하지만 소송이 증거 개시 단계까지 가면, 문서 제출 명령이 내려질 수 있다. 그럴 경우 관련 자료들이 제출되어야 한다. 피고에게 소환장이 갈 수도 있다. 그럴 경우 진실만을 말할 것을 선서한 후, 원고 측 변호인이 제기한 질문에 답변해야 한다. 요컨대 이 국제 기업의 은밀한 행적들 다수가 이 사건을 통해 폭로될 가능성이 있다. 그럴 경우 피고에게 심각한 형사책임이 부과될 수 있다.

'성매매 연구 교육'의 전무 이사 겸 설립자인 심리학자 멜리사 팔리(내가 이 소송에 관심을 갖게 해준 동료)의 추정대로라면, 마인드긱과 그 외 피고들은 확보 가능한 가장 거칠고 가장 비싼 변호사들의 서비스를 받게 될 것이고 그 변호사들은 최대한 시간을 끌면서 "강경책"을 쓸 것이다. 가톨릭교회의 수많은 교구가 썼던 수법대로다. 그런 변호사들이 늘 쓰는 첫 번째 계책은 약식재판에서 사건 기각 판결이 나오게 만드는 것이다. 하지만 이 계책이 실패한다면, 회사의 내부 행적들을 외부에 공개하는 것보다는 고액의 합의금이 나가더라도 법정 밖에서 합의하는 것이 피고에게 이익이다.[23] 내가 이 부분을 쓰고 있는 2022년 6월 현재, 세리나 플레이티스의 변호사들은 판사의 지시에 따라 그녀의 사건에 대한 별건 소장을 다시 제출했다.(증거 개시 신청서도 이미 제출한 상태다.) 아울러 지금 마인드긱은 비동의 이미지 사용으로 집단소송 네 건의 피고가 되었다. 이미지 유출 피해를 입은 생존자들을 위한 소송으로 두 건은 미국, 두 건은 캐나다에서 심리 중이다. 같은 2022년 6월, 포른허브 소송들에 대한 기사가 〈뉴요커〉에 실린 직후, 마인드긱 CEO 안툰과 최고 운영 책임자 데이비드 타실로가 사퇴를 발표했다. 마인드긱은 리더십 교체가 회사의 법적 어려움과 관련되어 있을 가능성을 부인했다.

미국에서 심리 중인 사건 하나는 이미 증거 개시 단계까지 갔다. 피고가 합의를 제안해올 가능성이 있다는 의미다. 그럴 경우 원고와 변호사는 합의금을 받아들일 것인지 아니면 기관의 쇄신이라는 훨씬 더 어려운 목표를 추구하기 위해 합의를 거부할 것인지 결정해야 할 것이다.

피고의 배상금 제안은 피고를 고소한 생존자에게 내적 갈등을 불러일으키게 마련이다. 한편으로, 생존자는 절박하게 돈이 필요한 상황일 수 있다. 배상금을 받게 되었다는 데는 피해 사실을 인정받았다는 의미와 피해자의 정당성이 입증되었다는 의미가 어느 정도 포함되어 있는 것도 사실이다. 하지만 다른 한편으로, 많은 생존자들은 배상금을 받는 것이 오점을 남기는 일이라고 여기면서 "매수당했다"는 느낌에 시달리기도 한다. 신체를 대가로 돈을 받는 경험을 해본 여성들에게는 이 갈등이 특히 심하다.

우리가 4장의 로스 체잇 사건에서 본 것처럼, 생존자는 범죄적인 관행들에 조력하고 이를 은폐한 기관들로부터 배상금을 받는 것에 국한되지 않는 다양한 방식의 피해 보상을 원한다. 특별한 악명을 떨치는 몇몇 가해자가 배상금을 지불하는 경우는 어쩌다 한 번씩 있는 것 같지만, 배상금은 그저 기관의 사업 비용으로 잡히고 피해를 초래한 사업은 그대로 진행되는 경우가 빈번한 것 같다. 진정한 배상이 이루어지려면 이러한 범죄가 두 번 다시 일어날 수 없도록 기관이 근본적으로 쇄신되어야 한다.

이제 우리는 생존자에게 보상할 때 "더러운 돈"을 받았다는 오점을 적극적으로 씻어낼 수 있는 방식, 생존자와 공동체 사이의 관계를 바로잡을 수 있는 방식, 기관의 쇄신을 끌어낼 수 있는 방식으로 보상을 확대하려면 어떻게 해야 하는가를 탐색하는 부분으로 넘어간다.

3부

치유

7장
배상

뭐야, 내가 원하는 게 그저 돈인 줄 알아? 뭐야, 당신이 훔쳐간 게 돈 따위로 갚아질 줄 알아?
– 애슐리 M 존스, 「당장 배상하라! 계속 배상하라! 평생 배상하라!」[1]

가해자와 공동체는 생존자에게 가해진 고통을 어떻게 보상할 수 있을까? 전통적 사법 시스템에서는 생존자가 민사 법정에서 가해자에게 금전배상을 요구하는 형태로 바로잡기를 시도할 수 있다. 하지만 우리가 4장에서 배웠듯 이러한 형태의 정의에 도달하고자 하는 생존자는 여러 가지 현실적 난관에 부딪히게 된다. 일단 돈을 받아내는 데는 돈이 든다. 가해자가 매우 부자라서 변호사가 성공 보수만 받기로 하는 경우가 아닌 다음에는 변호사 선임에 많은 돈이 든다. 또 여러 달 또는 여러 해를 질질 끌 수 있는 당사자 소송을 시작하는 데는 큰 용기가 필요하다. 또 우리가 로스 체잇 소송에서 배웠듯(4장), 판결이 아무리 원고에게 유리하게 내려진다 해도 피고가 빈털터리라면 상징적 승소일 뿐이다.

이것들은 전부 현실적 차원의 세부적 어려움들이다. 이념적 차원에 놓여 있는 보다 큰 논점은 돈이 1순위가 아니라는 사실이다. 누군가에게는 놀라운 사실일지도 모르겠지만, '내가 당한 일을 무엇으로 바로잡을 수 있을까'를 상상해보고자 할 때 대부분의 생존자가 가장 중요하게 떠올리는 것은 돈이 아니다. 예를 들어, 나와 인터뷰한 생존자들 중에 '나에게 피해를 주었던 남자로부터의 직접적인 금전배상을 원한다'라고 말한 생존자는 절반 미만이었다. 어떤 생존자들은 아무리 많은 돈이라도 돈으로는 피해를 보상할 수 없다고 말했다. 그들은 금전배상이라는 개념 자체를 저열한 모욕이라고 느꼈다. 다른 생존자들은 가해자에게 돈을 받는다면 타협한 느낌, 매수당했다는 느낌이 들 것 같다고 말했다. 우리가 5장에서 만난, 강간범을 형사 고소했던 아티스트 에이미 브래드포드는 공소기각 이후 강간범에게 민사소송을 걸었다. 그녀에게 금전배상은 상징적 승리였다. 그녀는 강간범에게 현지 강간 위기 센터에 30달러를 기부할 것을 요구했다. 그녀의 머릿속에서 그 돈은 유다가 예수를 배반한 대가로 받은 은화 30개를 상징하는 액수였다. 강간범은 부자였고 훨씬 더 많은 돈을 낼 수도 있었을 텐데 그녀는 그런 데는 신경 쓰지 않았다. 나에게는 매우 놀라운 사실이었다. 강간범은 30달러를 냈다.

많은 생존자들은 트라우마로 인해 금전적 손실이 얼마나 발생했는지를 이야기하면서 억울함을 토로했고(치료 비용과 정신 건강 돌봄 비용만 손실인 것이 아니라 잃어버린 세월과 단절

된 경력도 손실이었다), 몇몇 생존자들은 금전적으로 배상받는 것이 백번 마땅하다고 느끼고 있었다. 우리가 4장에서 만난 생존자 리비아 리베라는 정의가 구현된다는 것이 자기에게 무엇을 의미하는가를 토로했다. 그녀는 자기를 가해한 두 남자, 어린아이였던 자기에게 성 학대를 저지른 이웃과 대학원생이었던 자기에게 성희롱을 저지른 교수가 모두 어떤 식으로든 재활에 임하기를 원했다. 하지만 아울러 그녀는 그 가해자들에게 피해에 상응하는 배상금을 받아내기를 원했다. 그녀는 말했다. "트라우마는 종신형이다. 한 번 강간당하면, 강간당한 순간부터 평생 영향을 받는다. 내가 의사들한테, 병원들에 돈을 얼마나 허비했는지! 치료받는다고 세월을 얼마나 허송했는지! 너무 불공평한 것 같다. 강간범에게 평생 배상금을 내게 하는 제도 같은 게 생기면 좋겠다. 강간범 월급 통장에서 벌금이 세금처럼 빠져나가면 좋겠다."

피해자 지원 공동체 바깥으로는 그다지 알려져 있지 않지만, 리베라가 그린 비전과 비슷한 것이 미국에 실제로 존재한다. 1984년부터 시행된 범죄피해자지원법은 배상에 대한 진보적 모델이 되고 있다. 여기서 배상은 개별 피해자에 대한 배상과 공동체에 대한 배상 둘 다를 포함하고 있다. 법안은 로널드 레이건 대통령 임기 중에 통과되었고, 대통령은 이 법안을 "법과 질서"라는 방범 의제의 일환으로 홍보했다. 범죄피해자지원법은 전국적 규모의 피해자 지원 신탁 기금을 설립한다. 재원은 일반 납세자들이 채우는 국고가 아니라 유죄판결을 받은 가해자들에게 부과되는 벌금이다. 할당의 우선순위를 정하는 연방 정부 산하 이사회와 주 정부 산하 이사회에 피해자 대표가 합류한다. 기금은 수년간 운용되어왔는데, 지원 1순위는 개별 피해자에게 배상금(범죄의 여파로 일을 하지 못한 시간과 범죄로 인한 피해를 치료하는 데 들어간 돈)을 지급하는 비용, 다음은 형사 법정에 서는 피해자에게 지지 서비스를 제공하는 비용, 마지막은 민간 주도 피해 지원 단체들(강간 위기 센터, 폭행 피해 여성 쉼터 등)을 지원하는 비용이었다.

이런 방식으로 가해 집단이 피해 집단에게 보상해야 할 의무가 공동체에 의해 부과될 수 있는 만큼, 개별 가해자와 개별 피해자가 대면할 필요가 없어진다. 이런 의미에서 나는 이러한 모델을 진보적 모델이라고 부르려고 한다. 피해자가 경제적 배상을 받게 되는 경우, 특정 가해자로부터 받는 돈보다는 공동체에 의해 운용되는 신탁 기금으로부터 받는 돈이 "더러운 돈"이라는 느낌이 덜하다. 아울러 이 신탁 기금이 생긴 덕분에 가해자가 돈이 있든 없든 피해자에게 적절한 액수의 배상금을 지급할 수 있다. 아울러 배상을 위해 무엇이 가장 필요한가를 결정할 때 피해자들이 공동체의 다른 구성원들과 함께 발언권을 얻게 되는 만큼 이 법은 피해자들에게 힘을 실어주고 있다.

이 프로그램이 행해지는 곳에서는 큰 효과가 있었지만 행해지는 곳이 많지 않고 행해지는 곳에서도 재원이 충분치 않다고, 전국 범죄 피해자 센터라는 비영리 단체가 범죄피해자지원법 모델의 유효성을 평가하는 한 보고서에서 밝혔다. 이 단체는 가해자에게 부과되는 벌금과 함께 국고 보조금을 재원에 포함시키는 방식으로 이 프로그램을 확대해야 한다고 주장했다. 국가가 치안 보증 기관으로서 배상에 공동 책임이 있다는 논의와 함께였다. 이 단체는 썼다. "재정 지원은 피해자가 당한 일이 범죄였다는 사회적 인정을 표현하고 피해자가 겪은 고통의 정도를 인지하고 범죄로 야기된 경제적 피해를 완화하는 방법이라는 점에서 이 책임을 이행하는 중요한 방법이다."[2] 나와 인터뷰한 제보자들의 견해, 곧 사실을 인정받고 정당성을 입증받고 피해를 배상받는 것이 피해자와 공동체 사이의 관계를 치유하기 위한 가장 중요한 요건들이라는 견해가 이 보고서에서 반향된다는 점이 눈길을 끈다.

이로써 우리는 배상받는다는 것이 생존자들에게 무엇을 의미하는가라는 보다 큰 논점 앞에 서게 된다. 배상이 가해자에게 부과되는 금전배상에 그쳐서는 안 된다면 배상은 무엇이어야 할까. 많은 생존자들은 자기가 피해자가 되었던 것이 개인적 불행이 아니라 더 큰 사회문제의 결과임을 이해하고 있다. 이들은 자기가 피해자가 되었을 당시에 공동체 안에 많은 조력자가 있었음을 알고 있으며, 그렇기 때문에 이들은 제도적 문화적 쇄신이라는 형태의 공동체 보상책을 모색한다. 여기서 우리는 더 넓은 제도적 개선을 불러온 특정한 여러 사례들을 검토할 것이다.

직장에서의 치유적 정의

성희롱 사건에서 배상하기는 안전한 직장 환경 조성하기라는 형태를 띨 수 있고, 안전한 직장 환경 조성하기는 가해자들을 권좌에서 끌어내리기를 요구할 수 있다. 현실은, 한두 건의 신고만으로는 기관의 대응을 기대할 수 없는 것이 작금의 상황인 듯하다. 민사소송을 걸든지 최소한 민사소송을 걸겠다는 위협이라도 해야 하는 것 같기도 하다. 권력을 쥔 남자들이 직장에서 저지르는 더없이 끔찍한 행태 중 일부를 폭로하기 위해 #미투 운동에 나섰던 여성들이 바로 이런 상황을 경험해왔다. 우리가 4장에서 처음 만난 젊은 강간 생존자 "로즈"도 같은 상황을 경험했다. 그 트라우마 사건을 겪고 10년 뒤 한 주립대학에서 처음으로 가르치는 일을 시작했을 때, 로즈는 같은 학과 원로 교수의 과녁이 되었다. 로즈는 말했다. "정년이 보장된 백인 남성 교수 한 명을 해임시키기가 얼마나 어려운지 아나요?"

로즈가 그 이야기를 들려준다. 교수의 희롱이 시작된 것은 모두가 있는 자리에서 "이번 신임은 화끈하구먼!"이라고 평가하면서부터였다. 다들 입을 꾹 다물고 있었다. 교수의 이런 행태에 대해 다들 잘 알고 있는 것 같았다. 하지만 이제 로즈는 10대였던 그때처럼 무방비하지 않았다. 로즈는 말했다. "나는 격분에 휩싸였고, 18개월 동안 그자와 나 사이에 있었던 모든 일을 하나하나 기록해나갔다." 증거 수집을 마친 그녀는 변호사를 찾아갔고, 변호사로부터 그 정도면 민사소송 증거 자료로 충분하다는 말을 들었다. 그 뒤에 그녀는 학과장을, 노조를, 그리고 마지막으로 학장을 찾아갔다. 로즈가 진상을 밝히기 시작하자 다른 여성 다섯 명이 함께 목소리를 냈다. 로즈는 말했다. "필요한 도구들을 전부 확보한 상태였다. 나는 화요일 오후 3시에 학장을 찾아가서 요구 조건들을 전달했고, 다음 날 아침 오전 8시에 학장으로부터 성희롱 및 방관자 개입에 관한 의무교육을 위한 돈이 마련되었다는 말을 들었고, 그자는 학기 중에 해임되었다."

이 사건에서 로즈가 성공할 수 있었던 것은 무엇보다 진상을 밝힌 그녀 자신의 용기, 그리고 함께 목소리를 내준 다른 여성들의 용기 덕분이었다. 한편 그들이 그렇게 진상을 밝힐 수 있었던 것은 로즈가 사용할 수 있었던 "도구들", 곧 지난 40년간 성희롱 관련법을 개척해온 페미니즘의 성과 덕분이었다. 이야기는 물론 여기서 끝이 아니었다. 교수는 대학 고위층을 통해 정직 조치에 거듭 항의하면서 이것이 "역차별"이라고 주장했다. 그는 로즈가 자기 딸과 동갑이며 그런 이유에서 자기가 로즈를 대하는 태도는 성희롱일 수 없다고 주장하기도 했다. 하지만 그런 항의에도 불구하고 로즈의 주장이 끝까지 통했다. 그녀는 말했다. "총장도 내 말을 믿었다!" 그녀는 교수진 교육의 의무화를 통해 차세대를 위한 행동 개선과 직장 분위기 개선이 이루어졌음을 언급했다. 그녀는 말했다. "아주 좋아졌다. 그렇게 성희롱에 대한 대화가 가능해졌고, 학교가 내 편을 든 뒤로 내 의견에 힘이 실리게 되었다. 정의가 가치를 창출한다는 게 이런

게 아닐까."

여기서 주목할 점은 로즈의 보상 요구안이 피해자 개인에 대한 금전배상을 전혀 포함시키지 않았다는 것이다. 그녀가 원한 것은 기관이 가해자가 계속 높은 자리에서 권력을 휘두르는 것을 막기 위한 조치로서 가해자를 징계하는 것과 권력 남용을 용납하고 묵인하는 문화를 쇄신하기 위한 조치로서 교수진 교육에 투자하는 것이었다. 이것을 생존자 정의의 성공 사례로 볼 수도 있었다.

여기서 또 하나 주의할 점은 로즈가 확보한 "도구들"이 가부장적 전통과 기관의 타성을 상대하기에는 아직 미약하다는 것이다. 충분히 강력한 증거 자료를 마련하고도 상대를 이기는 데는 여성 여섯 명의 신고, 법률 자문, 18개월의 문서화 작업이 필요했다.

정년이 보장된 백인 남성 교수가 여전히 막강한 권력을 휘두를 수 있음은 내가 소속되어 있는 대학에서 최근에 발생한 성희롱 사건이 잘 보여주었다. 여러 건의 신고를 받은 하버드대학이 조사를 마친 뒤 한 저명한 교수에게 무급 휴직 처분을 내렸을 때, 서른 명 이상의 대단히 저명한 동료 교수들이 사건의 진상을 잘 알지도 못하면서 그 교수를 지지하는 공문에 서명했다. 학장은 그녀가 마땅히 해야 할 일로서 서명한 교수들을 불러 따졌고, 불려왔던 교수들의 대부분은 며칠 뒤에 멋쩍어하면서 서명을 철회했다. 그로부터 얼마 뒤에 가해 교수의 학생이었던 세 여성이 하버드대학을 상대로 연방 지방법원에 민사소송을 제기했을 때(대학이 수년간 가해 교수의 악명 높은 행태를 모른 척했다는 것이 원고들의 주장이었다) 바로 이 대목, 가해 교수가 동료들의 절대적 지지를 동원할 수 있었다는 것이 피해 사실(원고들을 학계 블랙리스트에 올릴 만한 권력이 가해 교수에게 있었다는 것)의 증거로 사용되었다.[3] 교수진 교육(로즈가 자기를 포함한 많은 생존자들을 위한 배상책으로 확보할 수 있었던 교수진 교육과 비슷한 종류)에 대한 수요가 하버드대학에도 많이 있을 것 같다.

치유적 정의: 민간 주도 실천 운동

효과적인 생존자 치유 서비스를 마련하는 일에는 제각각으로 작동하려고 하는 부문들(경찰, 검사, 법정, 사회복지 서비스 등)의 통합 작업이 필요한 경우가 많다. 부문별 문화는 대체로 매우 상이하다. 공조 체계가 부실한 채로 그중 한 부문이 단독으로 젠더 기반 폭력의 복잡함에 대응할 수는 없을 것이다. 이런 모든 부문들과 연계될 수밖에 없는 민간 주도의 생존자 지지 단체들이 부문 간 연계 작업을 이끌 수 있는 경우도 있다.

한 가지 사례는 최근에 내 출신지인 매사추세츠주 케임브리지에서 발행된 「법 집행을 위한 트라우마 공부」라는 매뉴얼이다. 케임브리지시 경찰청과 케임브리지시를 기반으로 활동하는 민간 단체 '가정 폭력 및 젠더 기반 폭력 예방 운동 본부'가 공동 발행한 이 매뉴얼은 시市에서 몇 년째 시행하고 있는 경찰 교육을 소개하고 있다. 3일짜리 프로그램이고, 동일한 프로그램이 일정한 기간을 두고 반복된다. 교육 목표는 세 가지다. 경찰은 자기가 트라우마에서 자유롭지 않음을 이해하고 자기의 정신 건강을 스스로 증진시켜야 하는 만큼, 경찰 교육의 첫 번째 목표는 그 이해와 증진을 돕는 것이다. 위기 상황, 예컨대 가정 폭력 상황 속의 폭력 피해자를 마주치는 일이 많은 경찰은 트라우마가 폭력 피해자에게 어떤 영향을 미치는지 이해해야 하는 만큼, 경찰 교육의 두 번째 목표는 그 이해를 도움으로써 피해자를 응대할 때 덜 편협하고 더 공감하는 태도를 취하도록 하는 것이다. 경찰 교육의 세 번째 목표는 형사 사건 조사 과정에서 폭력 생존자를 좀 더 존중하고 배려하는 방식으로 대하려면 어떻게 해야 하는지를 교육함으로써 경찰과 일반 사람들의 관계를 개선하는 것이다.

이 매뉴얼은 타 지역에서 이런 형태의 교육 프로그램을 시행하기 위한 준비 위원회를 꾸린다면 경찰청 상부와 함께 지역 대표들과 트라우마 전문가들을 포함시키라고 권고하고 있다. 매뉴얼이 지적하는 바에 따르면, 대부분의 시 경찰청에서는 "전통적인 '법과 질서' 의제(군대 문화) 쪽과 사회복지 서비스를 지향하는 쪽이 갈등하고 있다." 매뉴얼은 교육 담당자들은 "피교육자들이 이른바 '나약함'을 가르치는 콘텐츠에 저항할 가능성을 예상하고 존중해야 한다"고 경고하고 있다. 나아가 경찰청 상부가 교육 프로그램 전체에 참여함으로써 윗선의 지지 의사를 표명해야 한다는 것(상급자가 참석하지 않는다면 하급자는 교육이 그리 중요하지 않다고 결론짓고 교육에 냉소적 태도로 임할 가능성이 높다는 것)을 강력하게 시사하고 있다.[4]

케임브리지에서 경찰 교육이 시행된 초기에 교육 담당자로 참여했던 심리학자이자 폭력 피해자 프로그램 동료인 바버라 햄도 교육 중에 그런 저항적 태도("나약한" 생각들, 그중에서도 특히 폭력 피해자의 최초 응대자인 경찰은 폭력에 빈번히 마주칠 수밖에 없으니 본인의 정신 건강에 손상이 있을 수도 있고 스스로 자기 돌봄에 힘쓸 필요가 있을 수도 있다는 생각을 받아들이지 않으려는 태도)에 맞닥뜨렸던 경험이 있다고 나에게 말했다. 비교적 젊은 경찰들은 수용적인 태도를 보였음에도 외상 후 스트레스 장애 증상을 인정하면 나약해 보일지도 모른다며 우려를 표했다. 아무리 미미하게라도 취약성을 드러내게 되면 일부 동료들로부터 조롱당할 수도 있고 중간 관리자들(이른바 "늙은 황소들")로부터 호되게 혼날 수도 있으리라는 것이 그들의 예상이었다. 그들의 의무가 지역 주민들을 위해 봉사하는 것이라고 할 때, 정형화된 남성적 강인함의 지속적 수행을 요구하는 전통적 경찰 문화는 지역 주민들에게 해로울 뿐 아니라 경찰 본인들에게도 해로운 듯하다.[5]

치유적 정의가 생존자는 어떻게 보상받아야 하는가를 논의하기 위한 개념에서 최초 응대자들의 문화를 포함해 우리 사회의 폭력 생태계 전체를 치유하자는 개념으로 확장되었다고 할 때, 이 케임브리지 경찰청 사례는 그 확장이 어떻게 이루어지는지를 잘 보여준다. 이 프로그램의 교육 성과를 평가한 결과, 트라우마의 신호를 알아보는 능력이 향상되었다는 것과 심문과 수사 때 새로 배운 방법들을 활용할 경우 피해자를 추가적 트라우마로부터 보호할 수 있으리라는 자신감이 재고되었다는 것을 알 수 있었다. 트라우마에 대한 이해를 확장하고 이를 기반으로 범죄 피해자를 대하는 방식을 쇄신할 경우 경찰이 피해자에게 힘이 될 수 있으리라는 자신감이 제고되었다는 것도 평가 결과가 보여준 중요한 점이다. 치안 문화가 쇄신되는 것이 궁극적으로는 생존자들에게도 이로울 것이고 그러한 쇄신이 공동체 보상의 한 형태가 될 수도 있을 것이라는 희망을 이 고무적인 초기 데이터가 뒷받침해주고 있다.

*

치유적 정의가 폭력 환경을 치유하는 방향으로 확장되는 다양한 방식을 보여주는 또 하나의 예로, 위노나 워드라는 뛰어난 변호사가 설립한 법률 서비스 중심의 멀티 서비스 센터인 '정의를 배달합니다'의 이야기를 들 수 있다. 워드는 버몬트 시골의 비포장길에서 대식구와 함께 가난한 성장기를 보냈다. 부친을 묘사할 때는 모친에게 심한 폭력을 휘두르고 자기를 포함한 다섯 명의 자식 전부에게 신체 학대와 성 학대를 저지른 "가부장"이라고 묘사했다. 어려서 결혼한 그녀는 장거리 트럭 운전사가 되어 남편과 교대로 일했다. 교대 시간이 되어 남편에게 운전대를 넘긴 뒤에는 대학 졸업을 위해 트럭 짐칸에서 공부했다. 대학을 졸업한 뒤에는 버몬트대학 로스쿨의 장학생이 되었다.

워드의 생존자 사명은 자기가 얻은 법률 지식을 이용해 모친과 같은 폭행 피해 여성들과 본인과 같은 성 학대 생존자들을 돕는 것이었다. 법의 힘은 필요하지만 법의 힘만으로는 충분치 않다는 사실을 그녀는 잘 알고 있었다. 그녀가 '정의를 배달합니다' 설립 직후였던 20년 전에 나와의 첫 번째 인터뷰에서 첫 의뢰인에 대한 이야기를 들려주었던 것은 그 사실을 보여주기 위해서였다. 그 의뢰인은 시골에 살면서 전화도 없고 운전면허도 없는, 여러 면에서 워드의 모친과 비슷한 여성이었다. 워드는 의뢰인을 만나 법률 서비스를 제공하기 위해 의뢰인이 사는 곳까지 찾아갔다. 법률 서비스의 첫 단계는 의뢰인과 함께 파트너의 영구 접근 금지 명령을 신청하는 업무, 그리고 이어서 의뢰인의 자녀 양육권을 명시하는 (감독 방문 조항과 양육비 조항을 포함하는) 법원 명령을 신청하는 업무였다. 하지만 이런 업무는 시작일 뿐이었다. 실질적 안전을 마련하려면 법원 명령만으로는 한참 부족하다는 것을 워드는 깨닫게 되었다. 이 의뢰인은 시내 거주지(고립되어 있지 않을 장소)를 구하는 과정에서도 도움이 필요했다. 고등 검정고시 취득 프로그램에 등록하는 과정에서도 도움이 필요했다. 운전도 배워야 했다. 무엇보다도 치과 치료를 받아야 했다. 그녀의 앞니는 학대자의 폭행으로 모두 부러진 상태였고, 그녀는 자기 외모에 심한 수치심을 느끼고 있었다. 워드는 이가 없다는 것의 상징적 중요성을 잘 알고 있었으니(워드의 의뢰인은 그것을 전형적인 "트레일러 트래시"•의 낙인이라고 느끼고 있었다), 의뢰인이 메디케이드•• 할부를 받아줄 의사를 찾는 과정에서도 도움을 주었다.

이어서 워드는 의뢰인이 사는 곳을 찾아갔던 때로부터 1년 뒤의 이야기를 들려주었다. 의뢰인은 작은 소매 점포에서 매니저로 일하고 있었다. 워드는 가게에 들어선 순간에는 의뢰인을 거의 알아보지 못했다고 말했다. "그녀의 태도가 달라져 있었다. '나는 이런 사람이다, 나는 이런 데서 일하는 사람이다' 하는 자긍심이 느껴졌다." 워드가 보았을 때 정의를 구현한다는 말은 폭력 피해자를 위한 법적 보호책을 확보한다는 뜻만이 아니라 폭력 피해자의 회복과 생장을 위해 조력한다는 뜻이었다. 그리고 법원이 가지고 있었던 권력을 보통 사람들에게 넘겨준다는 뜻이었다. 이것을 공동체 법法의 실천이라고 볼 수도 있겠다.

'정의를 배달합니다'는 버몬트에서 설립되어 20년이 넘게 성장하고 번영해왔다. 워드가 지금도 센터장으로 있다. 센터의 사명은 여전히 시골 지역 가정 폭력·성폭력 피해자들에게 법률 서비스, 교통편, 상담 서비스를 제공함으로써 피해자의 자립을 지원하는 것이다. 워드는 최근에 나와 다시 한번 인터뷰하면서 지난 20년간 달라진 점들을 개괄했다. 지금 버몬트 판사의 절

• 이동식 주택에 사는 극빈자를 가리키는 말로, '쓰레기 같은 백인'이라는 뜻이다.

•• 65세 미만의 저소득층과 장애인을 위한, 미국의 국민 의료 안전망 제도.

반이 여성이고, 거기서 변화가 생겼다고 그녀는 말했다. "그들은 제대로 교육을 받은 판사들이고, 트라우마를 겪는 사람에게는 경청과 배려가 필요하다는 것을 인지하고 있다." 하지만 워드는 의뢰인들이 살아온 삶과 법률 언어 사이에 번역이 필요한 간극이 여전히 존재한다는 것도 인정했다. 그렇기 때문에 변호사 선임은 여전히 필수적이고, 그렇기 때문에 가난한 여자들에게는 여전히 워드 같은 변호사가 필요하다.

'정의를 배달합니다' 서비스 같은 서비스가 모든 공동체의 기준이 되는 사회는 어떤 사회일까? 생존자의 안전과 치유를 실질적으로 우선시하는 사회이자 생존자의 피해를 실질적으로 보상하는 사회가 그런 사회일 것이다.

치유적 정의: 법정을 혁신하다

생존자 응대의 사회적 환경을 혁신하려는 노력이 법원 내부에서 시작되는 경우도 있을 수 있다. 눈여겨볼 만한 사례로, 형사 법관 퍼낸도 카마초 판사는 뉴욕주 퀸즈 카운티에서 성매매 혐의로 체포된 저연령자들을 교도하기 위해 인신매매 개입 법정이라는 별도의 전환 조치 법정을 마련했다.(많은 다른 관할지들에서 이 제도를 모범으로 삼는 비슷한 제도가 마련돼왔다.) 이 혁신의 시초에는 이 여자아이들이 범죄자가 아니라 피해자라는 판사의 점진적 인식이 있었다.

「저연령자 대상 성 착취: 판사의 관점」이라는 논문에서 카마초 판사는 형사 사법 시스템에 만연해 있는, 그리고 1985년에 맨해튼 검찰청 검사로 법조계에 입문한 카마초 본인도 내내 가지고 있었던 성매매 관련 오개념들에 대해 말한다. 법 집행 현장에서, 검사실에서, 법정에서 일하는 그의 동료들 중 대다수는 "그런 삶"을 사는 여성들이 계약에 동의한 성인들(자유의지에 따라 "나쁜 선택"을 한 "나쁜 아이들")이라는 전제를 가지고 있었다. 실상은 전혀 그렇지 않다고 그는 설명한다. 그는 이렇게 썼다. "근 수년간 나는 성년자 법정형을 선고받은 11세, 12세, 13세 여아들의 형사 기소 여러 건을 취소했다. 피소자들이 포주의 지시에 따라 나이를 속였던 것이다. (…) 불편한 진실을 밝히자. 성매매 피소자 중 다수가 실은 어린아이들이었다."[6]

포주들은 가장 취약한 저연령자들, 곧 집에서 도망 나왔거나 쫓겨난 (대개 여아이고 흑인이나 갈색 인종인) 피학대 아동들을 모집한다고, 포주들은 강압적 통제의 수법들을 동원한다고, 일단 걸려들어 피해자가 되면 도망치기가 극히 어렵다고 카마초 판사는 설명한다. 그는 기억에 남는 법정 장면 하나를 묘사한다. 그가 재판장이었고, 한 저연령 여성이 피해 사실을 증언하기 위해 법정 맨 앞줄에 앉아 대기 중이었다. 그녀는 포주에게 폭행당한 뒤에 경찰에 신고할 정도로 무모한 피해자였다. 포주가 법정 안으로 들어와 그 여성 앞으로 걸어가더니 재판정의 직원들과 사법 관료들과 "한 명의 당황한 재판관"이 보는 앞에서 그녀를 패서 기절시켰다. 이 대담한 행동은 피해자와 그곳의 모든 방관자들에게 보내는 메시지였다. "너는 나의 소유물이다. 너를 나로부터 지켜줄 사람은 아무도 없다. 경찰도, 검사도, 그리고 저 검은 가운을 입은 인간도 너를 지켜줄 수 없다."[7]

2003년의 어느 날, 카마초 판사가 더 이상 못 참게 되는 때가 왔다. 셔번이라는 열여섯 된 가출자가 재판을 받으러 왔을 때였다. 그녀가 성매매 혐의로 체포된 것은 그때가 최소한 다섯 번째였고, 그녀의 눈빛은 그가 그 많은 아이들의 눈 속에서 알아보게 된 그 죽은 눈빛이었다. 그는 그녀에게 통상적인 21일 구류형 선고를 내리지 않았다. 그 대신 그녀를 그런 삶을 사는 여아들에게 사회복지 서비스와 자립 프로그램을 제공하는 민간단체 '소녀교육&멘토링서비스GEMS'에 보냈다. 곧이어 그는 GEMS와 그리고 GEMS 설립자 레이철 로이드와 정기적 협력 프로그램을 마련했고(로이드 본인도 생존자였다), 세인트빈센트병원의 강간 위기 센터와 협력 관계를 맺었다. 그가 성매매 피소자에게 구류형을 선고하는 일은 두 번 다시 없었다. 단, 포주를 성매매 비즈니스의 진짜 범죄자로 간주했던 그는 포주 피소자에 대한 판결에는 적극적이었다.

그 시작은 어려웠다. 그가 새로운 프로그램을 처음 도입했을 때 그의 동료들은 "킬킬거리고 쑥덕거리는" 반응을 보였다. 카마초 판사는 그 조롱을 아직 기억하고 있다. 그는 그저 다른 판사들에게 '성매매 사건은 내가 맡을 테니 사건이 생기면 나한테 넘겨라'라고 했다. 사업비 지원은 전혀 받지 못한 상태였다.

그는 이웃한 약물 법정에서 사건 관리관을 "빌려왔고," 사건 관리관에게 학생 인턴을 제공하기 위해 법학 분야와 사회복지학 분야의 대학원 프로그램과도 연계했다. 그는 말했다. "벽을 헐어야 했고, 사람들을 가르쳐야 했다. 그런 걸 남한테 배워서 알기는 너무 어렵고, 괴로워하는 누군가에게 귀를 기울이기는 너무 고통스럽고, 그래서 사람들은 차라리 모르는 척하는 편을 택하지만 말이다."[8] 하지만 그는 포기하지 않았고, 그렇게 피해자 지지 활동가들과 검사들 사이의 협력 관계가 느리게나마 확장되었다. "수치스럽다는 이유에서 가려져 있던 것이 드러나기 시작했고, 돈에 팔린 사람들이 범죄자가 아니라 피해자라는 것을 경찰들과 검사들도 알아보기 시작했다."[9] 피고들에 대한 카마초 판사의 판결은 구류가 아니라 전환 조치였고, 이로써 피고들은 처벌받는 대신 성매매로부터 도망칠 기회를 얻었다.

인신매매 개입 법정의 성공은 수많은 회의주의자들의 생각을 바꾸어놓았고, 뉴욕주 안팎의 많은 관할지들에서 이 법정을 전환 조치의 모델로 삼았다. '여자들의 법정'이라는 제목의 다큐멘터리 영화는 젊은 여성들로 북적거리는 법원 공간을 보여준다. 재판정 안에서 차례를 기다리고 있는 사람들도 있고 재판정 밖 복도에서 국선 변호인과 상의 중인 사람들도 있다.[10] 이 법정에는 에스파냐어, 중국어, 한국어를 비롯한 여러 언어의 통역사들이 있다. 카마초 판사의 후임 토코 세리타 재판장이 차분하고 사무적인, 하지만 친절한 태도로 사건들을 처리하고 있다. 전성기에는 이 법정에서 연평균 500건에서 600건 정도의 사건이 처리되었다고 그녀는 말했다.

나는 카마초 판사에게 '당신이 만든 법정의 성공을 모델로 삼기 위한 필수적 조건은 무엇이라고 생각하는가?'라고 물었다. 그는 정해진 공식은 없다고, 모든 것은 사람들과의 대화로 정해진다고 대답했다. 저마다의 서로 다른 관점으로 사법 시스템의 실무에 관여하는 사람들(판사들, 검사들, 국선 변호인들, 경찰들, 피해자 지지 활동가들)과 인간관계를 구축하는 힘든 일은 그 무엇으로도 대체될 수 없다는 것이 그의 견해였다. '아직 존재하지 않는 새로운 윤리 공동체를 만들어내기 위한 필수적 조건은 그런 공동체를 조직해보는 것, 평소에 서로 대화할 일이 없는 사람들을 한데 모으는 것, 그리고 더 나은 방법을 모색하기 위해 함께 노력한다는 사실에 토대를 둔 신뢰를 쌓는 것이다.' 이와 똑같은 요지의 말을 우리는 사법 시스템 내부에서 혁신을 모색하는 사람들로부터 계속 듣게 된다.

카마초 판사와 세리타 판사는 인신매매 개입 법정이 처음 만들어진 때로부터 20년이 흐르는 사이에 언론의 태도와 법원의 관행에 변화가 생겼음을 말해준다. 그 점에서는 '정의를 배달합니다'의 위노나 워드의 생각도 마찬가지다. 대형 사건들과 언론의 주목은 고질적 편견을 더는 데 도움이 되었다. 〈뉴욕 타임스〉의 칼럼니스트 닉 크리스토프는 성매매에 내재한 더럽힘에 대한 기사들을 쓰기 시작했다. 뉴욕 주지사가 성매매 스캔들을 일으키면서 체포되었다. 다른 유명인들이 일으킨 사건들도 언론의 주목을 받았다. 보스턴에서 '뉴잉글랜드 패트리어츠' 구단

주 로버트 크래프트가 성 구매 혐의로 체포, 기소되었을 때, 〈보스턴 글로브〉는 10대 성매매 생존자 세 명(필명: 이니셜)의 「친애하는 '존'들에게—성 구매자들에게 보내는 공개편지」를 실었다. 그들은 썼다. "이 남자는 실은 한 명이 아니다. 사람을 돈으로 사도 된다고 생각하는 당신들 모두가 이 남자다." 그들이 원한 것은 자신들이 장난감이나 섹스 대상이 아니라 인간이라는 것을 존이 알게 되는 것, 그리고 그들이 살았던 '그런 삶'이 그들의 인간성을 말살하는 삶이었다는 것을 존이 알게 되는 것이었다. 그들은 이렇게 결론을 내린다. "이제 당신은 알게 되었다. 더 이상 모르는 척할 수 없게 되었다. 이 수십억 달러 규모의 산업을 부추기는 것은 수요다. 당신이 사람을 돈으로 사지 않았다면 사람이 사람을 돈에 파는 일도 없었을 것이다."[11] "20년 전에 가정 폭력에 대한 언론의 인식이 발전했던 것과 같은 방식으로 지금은 이러한 인식이 발전하고 있다"라고 세리타 판사는 말한다.[12]

성매매와 관련해서 이렇듯 근본적으로 달라진 시각이 점차 신빙성을 획득함에 따라, 법률 개혁들이 뒤따르기 시작했다. 카마초 판사는 성매매 범죄를 겨냥한 뉴욕의 2007년 인신매매금지법, 그리고 성매매 혐의로 체포된 미성년자들이 성매매 피해자들이라는 전제를 마련한 2008년 착취피해아동면책법을 특히 중요한 사례로 언급한다. 하지만 그러면서도 그는 전환 조치의 성과 그 자체가 성매매 산업의 전면적 비범죄화를 꾀하는 조직적인 (상당한 투자를 등에 업고 있는 듯한) 백래시에 기여했을 가능성을 지적한다. 돈에 몸을 팔리는 사람들뿐 아니라 포주들과 '존'들까지 체포와 기소를 면하는 상황이 초래되는 데에 전환 조치 법정들이 기여했을지도 모른다는 의미다.

이로써 우리는 최근 페미니즘 논의에서 큰 논란을 불러일으키는 문제, 성매매 문제를 어떻게 해야 하는가에 직면하게 된다. 우리가 이 논란의 한쪽 극단에서 만나는 페미니스트들은 이른바 신자유주의자, 자유 지상주의자, "섹스 포지티브"• 페미니스트들, 곧 성 산업의 전면적 비범죄화를 옹호하면서 시장에 맡기자고 하는 페미니스트들이다.[13] 자유주의자들은 성매매업을 그저 여러 업종 중 하나로 정상화함으로써 억압적 치안을 끝장내고 성매매업에 들러붙어 있는 낙인과 비하를 없애기를 원한다. "성 노동자"는 기소 위협으로부터 벗어남으로써 포주와 업주("보호" 제공자)로부터 벗어날 수 있을 것이고 영세 자영업자로서 자기가 버는 돈을 자기가 챙길 수 있을 것이라고 기대한다는 점에서 "피해 줄이기" 접근 방식이라고 해야 할 것이다.

이 논란의 반대쪽 극단에는 성매매 업종을 완전히 없애버리기를 염원하는 급진 페미니스트들이 있다. 이들은 성 산업이 가장 취약한 여성들과 아동들을 등쳐 먹는 본질적으로 착취적인 업종이라고 주장한다. 이들에 따르면, "행복한 매춘부"란 성매매 프로파간다 픽션이다. 터놓고 말해서, '나는 어른이 되면 낯선 사람들이 하룻밤당 10회에서 12회씩 내 신체의 구멍들

• 섹스는 좋은 것인데 법이나 권력이 그것을 억압하고 있다는 입장.

에 사정하게 하는 일을 하고 싶다, 낯선 사람들은 단골손님들일 수도 있다, 어른이 되었을 때라고 하는 것보다는 11세, 12세, 13세가 되었을 때라고 하는 것이 더 현실적이지만'이라고 생각하는 여자아이는 아무도 없다. 그런 이유에서 이 현대판 노예해방론자들은 돈을 받고 다른 사람들의 몸을 파는 것이 지금도 심각한 범죄이고 앞으로도 계속 심각한 범죄여야 한다는 주장을 펼친다.

성매매 합법화 논의에 대한 급진적 대안은 1999년 스웨덴에서 제정된 성구매자처벌법에서 비롯되었다. 이 법에 의하면, 성 구매자, 거래업자, 거래로 이득을 취하는 다른 제3자들(즉, '존', 포주, 업주)은 형사처벌 대상이 되지만, 성매매되는 사람은 형사처벌 대상이 아니다. 이 법의 토대를 세운 것은 공중도덕을 지켜야 한다느니 하는 내숭 떠는 주장이 아니라 사회의 위계 구조에 대한 (성매매되는 사람들과 그들의 서비스를 구매 또는 판매하는 사람들 사이에 극심한 권력 격차가 있음을 인지하는) 분석이다. 스웨덴에서 처음 시작되어 노르딕 모델이라고 불리게 된 이 법을 지금은 아이슬란드, 노르웨이, 캐나다, 프랑스, 북아일랜드, 아일랜드공화국, 이스라엘을 비롯, 여러 나라에서 채택하고 있다. 이 법은 원칙상 '존'에게 1년 이하의 징역을 선고할 수 있지만, 실제로 선고되는 처벌은 대부분 벌금형이다. 스웨덴에서 성매매 피해 사례들에 관한 공교육을 제공하고 성매매되는 사람들이 다른 생업을 찾기를 원할 때 포괄적 보상 서비스를 제공하는 것은 이 법에 따른 조치들이다. 이 법의 목적은 성매매 종사자들을 보호해주는 것, 그리고 좀 더 안전하고 좀 더 존엄한 삶을 살아갈 길을 열어줌으로써 그들이 겪어온 피해를 보상해주는 것이다.

철저한 비범죄화를 선호하는 사람들은 성매매 단속 및 처벌이 몸이 팔리고 있는 사람들을 보호하는 대신 그들의 삶을 더 비참하고 더 위험하게 만든다는 주장을 펼친다. 이는 세계 여러 나라에서 시행되는, 미국에서는 네바다주에서 시행되는 국가 규제들에 적용될 수 있는 주장이다. 성매매 단속 및 처벌의 책임을 맡고 있는 사람들이 그 권력을 이용해 성 노동자들에게 단속을 피하게 해주는 대가로 공짜 서비스를 요구하는 경우가 종종 있기 때문이다. 상당한 증거가 이 주장을 뒷받침해준다. 5대륙 자료를 광범위하게 검토한 최근의 연구는 이런 결론을 내리고 있다. "성 노동자에 대한 단속과 처벌은 HIV와 기타 성병에 감염될 위험, 폭행당할 위험, 갈취당할 위험, 콘돔 없는 성관계를 강요당할 위험, 사법 서비스에 접근할 기회가 축소될 위험을 증가시킨다."[14]

한편, 나를 비롯한 급진 페미니스트들은 성매매업의 피해를 막고자 할 때 단속과 처벌을 폐지하는 것은 필요조건이되 충분조건은 아니라는 주장을 펼치고자 한다. 경찰에 시달리지 않는 것은 안전을 누리는 것과 다르며, 정의나 보상을 누리는 것과도 분명히 다르다. 경찰의 심한 착취에 시달려온 사람들이 성매매업과 관련해서 국가의 역할이 없기를 원하는 것은 이해할 만하지만, 성매매가 완전히 비범죄화된다 하더라도 성으로 팔리는 사람은 여전히 '존'과 포주에게 휘둘릴 수밖에 없다. 여러 나라의 성매매 합법화 사례들을 검토한 연구들을 보면, 피해 줄이기라는 기대 효과가 실제로는 뒤따르지 않는다는 것을 알 수 있다. 성매매되는 사람들은 여전히 대부분 거래업자들의 통제하에 있고, 여전히 매우 높은 비율로 폭행, 무방비 성교, HIV에 노출되어 있다.[15] 예컨대 2003년에 성 노동자들의 상황을 개선할 수 있으리라는 큰 기대와 함께 성매매를 합법화한 뉴질랜드의 경우, 그로부터 5년 뒤에 나온 정부 출연 보고서는 기대했던 효과들이 뒤따르지 않았다는 결론을 내린다. 보고서 작성자들이 인터뷰한 성 노동자들의 과반수는 폭력은 성매매업의 불가피한 일부이며 법이 생겼다고 해서 달라지는 것은 별로 없다는 느낌을 갖고 있다.[16]

스웨덴 성구매자처벌법의 20년 경험은 노르딕 모델이 성매매 자체를 줄이는 데뿐 아니라 성매매되는 사람들에 대한 폭력을 줄이는 데에 전면적 비범죄화보다 효과적이라는 것을 시사하는 다량의 증거를 낳았다.[17] 스웨덴에서 이 법이 통과되고 20년 동안 성매매되는 사람이 살해당하는 사건이 단 한 건도 발생하지 않았다는 점은 특히 주목을 요한다. 반면에 성매매를 성 노동으로 합법화하고 규제하는 덴마크, 독일, 네덜란드 등 인접 국가들에서는 성 노동자들이 살해당하거나 폭력 피해를 당하는 사건들이 줄어들지 않고 있다.[18]

내가 이 대목을 쓰고 있는 지금, 뉴욕주 의회는 성매매의 전면적 비범죄화를 옹호하는 법안과 노르딕 모델을 옹호하는 법안(일명 평등법)이라는 두 상충하는 법안을 놓고 고민 중에 있다. 카마초 판사는 뉴욕주 의회 의원들에게 평등법의 필요성을 설득하기 위해 자주 올버니로 출장을 떠난다. 그는 말한다. “우리는 중대한 기로에 서 있다. 나는 두렵다. 전면적 비범죄화 법안이 통과된다면 25년 동안 쌓아온 일이 없던 일이 될지도 모른다. 뉴욕주에서 성매매는 수백만 달러 규모의 비즈니스다. 모든 것이 구매자들에게 달려 있다. 비범죄화가 통과되면 수요가 치솟을 것이고, 수요를 충족시켜야 하니 인신매매가 증가할 것이다. 조직범죄가 걷잡을 수 없어질 것이다. 지역 폭력단들은 이미 들어와 있지만, 국제 폭력단들까지 들어오면 부패는 건드릴 수조차 없게 될 것이다.”[19]

카마초 판사는 그의 법정에서 구류형을 받는 대신 돌봄 서비스에 맡겨진 첫 여자아이 셔번과 계속 연락하고 지내고 있었다. 그녀는 그의 법정에 가끔 들렀고, 그렇게 그는 그녀가 인생의 항로를 돌리고 있음을 알 수 있었다. “안녕하세요, 판사님. 저 좋은 일자리가 생겼어요!” “안녕하세요, 판사님. 저 운전면허 땄어요!” “안녕하세요, 판사님. 저 이제 대학생이에요!” 그에게서 이 이야기를 듣는 사람들은 그가 셔번의 인생을 구원한 것이라고들 한다. 그는 그런 식으로 생각하지 않는다. 특유의 겸손함과 함께 그는 반문한다. “정작 구원받아야 할 사람이 누구였겠는가. 가출해서 성매매로 내몰린 열여섯 살의 겁먹은 아이였겠는가, 아니면 우리 아이들 중 가장 취약한 아이들이 겪는 고통과 피해를 내내 외면했던 마흔셋의 판사였겠는가. 그중 누가 정말 구원받았다면, 그 아이와 내가 서로를 통해 각기 다른 방식으로 구원받았을 것이다."[20] "착취당하는 저연령자들을 처벌하고 그들의 인격을 훼손하는 시스템에 참여했었다는 사실은 여전히 나에게 수치를 불러일으키고, 상업적 성 착취를 사회적으로 묵과하는 행태들이 예나 지금이나 변함이 없다는 사실은 여전히 나에게 분노를 불러일으키지만, 이런 방식으로 다수의 저연령자들의 삶에 영향력을 행사함으로써 과거의 잘못을 만회해나가고 있다고 느끼기도 한다"라고 그는 말한다. "내 생각에 우리는 저마다 내면에 불빛을 하나씩 갖고 있다. 큰 고통을 거듭 겪으면, 그 불빛이 꺼진다. 죽은 눈을 보면 그 불빛이 꺼져 있다는 걸 알 수 있고, 그 불빛이 다시 켜질 때도 눈을 보면 알 수 있다."[21] 정의에 헌신하는 법조인으로 살아오면서 그는 윤리 공동체 안에서 범죄 피해자와 범죄에 연루된 방관자들 사이의 관계를 바로잡는 일이 모두를 치료하는 일일 수 있음을 믿게 되었다.

생존자 정의

요약하자면, 배상에는 여러 가지 형태가 있을 수 있다. 공동체가 생존자를 "원 상태"로 복구하는 방법들은 여러 가지이고, 피해자 개인에게 직접 돈으로 보상하는 것은 그 방법들 중 하나일 뿐이다. 공동체는 폭력과 착취가 마구 자행되는 것을 막을 수 없었던 시스템을 쇄신하려는 노력을 보여주어야 한다. 그러한 적극적 노력의 증거를 확인하는 것이 많은 생존자에게는 배상금 못지않게 중요하다. 가해자 집단이 피해자 집단에게 속죄하게 만드는 것, 치유의 가치를 증진하는 위기 서비스들의 비용을 댈 의무를 가해자들에게 부과하는 것도 그런 노력일 수 있다. 직장 내 포식자들을 권좌에서 끌어내리고 포식자들의 행태를 수동적으로 용인해왔던 직장 문화를 쇄신하는 것도 그런 노력일 수 있다. 법정에 피해자 지지 활동가가 있게 하고 법률 서비스를 여성들의 집까지 찾아가 제공하는 것도 그런 노력일 수 있다. 경찰청 내부의 남성 우월주의 문화를 쇄신하는 것도 그런 노력일 수 있다. 성매매 피해자들을 지원하는 데 특화된 법원을 육성하는 것과 피해자들의 인간성을 훼손하면서 이들을 범죄자 취급하는 법을 개정하는 것도 그러한 노력일 수 있다. 이런 모든 피해 보상 형태들이 생존자 정의의 표상일 수 있다.

8장
재활

이제 더는 사람들을 상처 입히는 멍청이로 살고 싶지 않아.
- "제리"(성범죄자 치료 프로그램 이수자)[1]

가해자들을 가두어두는 것이 정의의 척도가 아니라면, 그들의 재범을 막고 치안을 유지하기 위해 어떤 조치를 취할 수 있을까? 많은 생존자들은 가해자를 처벌하는 것보다는 재활하게 하는 것이 더 나은 형태의 정의라고 생각한다. 이들은 '내가 가해자를 내 마음대로 할 수 있다면, 나는 가해자가 참회와 개심의 길을 가게 하고 싶다'라고 입을 모은다. 하지만 안타깝게도 사법 시스템은 구금 쪽으로는 그렇게 엄청난 투자를 해온 데 비해 재활 쪽으로는 그런 투자를 전혀 하지 않았다. 그런 까닭에 우리는 가해자로 하여금 폭력을 멈추고 진심으로 반성하게 만들려면 구체적으로 어떻게 해야 하는가에 대해 거의 모르고 있다. 공감 능력이나 보편적 인간성에 대한 감각을 갖지 못한 사람에게 그것을 주입하려면 어떻게 해야 하는지 우리는 모른다.

가해자들의 절대 다수에게는 그 어떤 형태의 사회적 관심도 주어지지 않는 만큼, 그들에 대한 가장 기본적인 정보조차 몰라서 그들이 어떤 사람들인지, 그들이 어떻게 해서 범죄를 저지르게 되었는지, 그들의 사회 복귀가 사회에 위협이 되지 않으려면 그들의 윤리적 각성이 필요한데 그들이 어떻게 해야 그런 윤리적 각성에 이를 수 있을지조차 우리는 모른다.

대부분의 성폭력 가해자는 아동기에 학대를 경험했을 것이라는 생각이 있다. 아주 많은 사람들이 이런 생각을 하고 있고, 미디어와 전문가 집단에서도 이런 생각을 자주 퍼뜨리고 있다. 정말 그럴까? 가장 정직한 대답은 '우리가 확실히 알 수는 없지만 아닐 가능성이 높다'일 것이다. 설명할 수 있다면 안심이 되기는 할 테지만, 자세하게 살펴보면 그 설명의 증거는 매우 희박하다. 예를 들어 성범죄자들에 대한 연구는 대부분 유죄판결을 받은 수감자들을 대상으로 행해진다. 아동기에 학대를 경험한 성범죄자들이 그런 연구들에 많이 등장하는 것도 사실이다.[2] 하지만 일반적으로 수감자들 중에는 아동기에 학대를 경험한 사람들 자체가 많다. 여성 수감자들은 대부분 비폭력범인데, 그들 중 아동기 학대 경험자 비율은 성범죄를 저지른 남성 수감자들 중 아동기 학대 경험자 비율과 비슷하거나 오히려 더 높다.[3] 그러니 수감자 연구는 성범죄자들의 특징에 대해서는 아무것도 알려주지 않는다. 감옥에 들어오게 된 사람들의 불운한 처지에 대해 알려줄 뿐이다.

더구나 성범죄의 대다수는 아예 신고가 되지 않고 성범죄를 저지르는 남자들의 절대 다수는 아예 법망에 걸리지 않으니, 극소수의 기결수 연구만 가지고는 다수의 가해자에 대해 무슨 결론을 내기가 불가능하다. 극단적인 예로, 미네소타주에서 유죄 판결을 받은 성범죄자들에 대한 최근 연구를 보면, 흑인 남성의 비율이 80퍼센트를 웃돈다고 한다.[4] 이 연구로 대다수의 성범죄자가 흑인이라는 결론이 나오겠는가? 당연히 아니다! 오히려 이 연구에는 우리 나라 형사 사법 시스템의 엄청난 인종 간 격차가 반영되어 있다. 똑같은 범죄를 흑인 남성이 저지르면 재판받고 기결수가 되고 장기 징역을 선고받는 반면, 백인 남성들이 저지르면 그 어떤 법적 뒤탈도 없는 경우가 너무 많다. 흑인이 "순백의 여성성"을 겁탈한다는 악랄한 인종차별주의적이고 가부장적인 판타지는 과거에 린치를 부추긴 것처럼 지금도 여전히 여론을 움직이고 있다. 생판 남인 흑인이 백인 여성을 가해하는 그 드문 경우, 국가는 가해자 색출과 처벌에 역량을 아끼지 않는다. 하지만 실상을 보면, 대부분의 강간범은 생판 남이 아니라 피해자의 지인이거나 상사이거나 데이트 상대이거나 애인이거나 남편이다. 미국에서 백인 여성을 강간하는 남성들은 대개 백인이다. 우리가 3장에서 보았듯 그들이 체포되거나 처벌받을 확률은 0에 가깝다.

잡힌 적이 없는 가해자들이 연구 대상이 되겠다고 자원한 경우는 거의 없었으니, 우리는 그들에 대해 거의 아무것도 모른다. 공중 보건 연구에서 우리 곁의 가해자들에 대한 분석을 우선시한 경우는 거의 없었으니, 지금 우리는 강간에 대한 가장 기초적인 역학 정보조차 갖고 있지 않다. 전체 남성 인구 중 몇 퍼센트가 강간하는가, 강간하는 남자들은 그러지 않는 남자들과 어떻게 다른가 하는 것들조차 우리는 모른다. 법망에 걸리지 않은 가해자들을 연구 대상으로 삼는 비공개 연구가 드물게 나오긴 했지만, 연구자들은 설명을 내놓는 대신 머리만 긁적거릴 뿐이었다. 이 가해자들의 대부분은 아동기에 학대를 경험한 것도 아니고, 정신 질환의 진단 기준에 부합하지도 않는다. 겉보기에 무시무시하게 정상적이라는 점에서는 독재 정권이 승인한 범죄를 저지르는 자들과 마찬가지다.[5]

폭행을 저지르고 치료 집단에 들어온 남자들을 장기간 관찰한 저널리스트 레이철 루이스 스나이더는 그렇게 폭행을 저지르는 남자들도 겉보기에는 호남이더라고, 같이 맥주 한잔할 상대로 괜찮을 것 같더라고 했다. 그녀는 썼다. "그들은 뾰족한 발톱과 길다란 꼬리를 드러내는 것이 아니라 매력적이고 서글서글하다는 인상을 풍긴다. 가해자들은 일단 이런 방식으로 피해자들의 환심을 산다."[6] 젠더 기반 폭력의 가해자들은 대개 기회주의적 범죄자들이라고 봐도 무방하다. 무슨 뜻이냐 하면, 그들이 그런 짓을 했던 것은 뒤탈이 없으리라고 믿을 만한 타당한 이유가 있어서였으니, 뒤탈에 대한 우려가 있었더라면 그런 짓을 저지르지 않았을 확률이 높다는 것이다.

우리가 잘 알고 있는 대로, 많은 젠더 기반 폭력 가해자들은 극히 미소지니적인 태도를 취함으로써 본인의 가해 행동을 정당화하고 나아가 영웅시한다. 서던캘리포니아대학에 재학 중인

한 남학생 동아리 회원은 매주 개인적으로 소식지를 발행하는데, "난봉꾼"이 되는 비법을 알려준다는 글에서 여자들에 대해 이렇게 말했다. "그들은 우리 남자들 같은 실제 사람들이 아니다."[7] 이러한 태도가 또래 집단에서 추켜세워질 때 미소지니적인 관행들로 옮겨지리라고 예상하는 것이 가능하다. 폭력 범죄는 그 관행의 극단적 형태다. 성폭행을 저지르는 대학생 남자들에 대한 최근의 비공개 연구를 보면, 그렇게 이른 나이에 이미 재범 패턴을 보이는 경우가 많다고 한다.[8]

우리가 5장에서 만난, 고등학교 때 동급생에 의한 강간을 겪은 생존자인 간호사 세라 존슨은 자기가 가해자의 첫 피해자가 아님을 알았을 때의 충격을 이렇게 묘사했다.

> 진상을 알아냈다고 형사가 내게 말했다. 그 자식한테 당한 여자들이 다섯 명에서 열 명쯤 더 있었다. 그중에는 신고한 사람들도 있었지만 고소까지 간 사람은 없었다. 형사가 말했다. "세라, 네가 고소를 해주면 많은 여자아이들한테 도움이 될 거야." 그 자식이 체포되었을 때 그 자식의 아버지라는 자가 우리한테 전화를 걸어서 이렇게 말했다. "얼마면 되겠어요? 그냥 좋게 해결하고 좀 잊어버리면 안 될까요?" 아빠는 통화 중간에 전화를 끊어버렸다. 그 자식 부모는 그렇게 늘 그 자식이 해달라는 거다 해주고 늘 그 자식 보석금을 내주는데, 그런 종류의 인간을 재활시킬 수 있는지 나는 모르겠다.

이 사례로 알 수 있듯, 가해 소년이 다수의 가해 사건을 저지르고도 처벌을 면했던 것은 부친이 아들의 사건을 반복적으로 은폐해왔기 때문이다. 상식적으로 생각해봐도, 상습범을 재활시키는 것은 초범 때 법망에 걸린 범죄자를 재활시키는 것에 비해 훨씬 어려울 것 같다.

우리가 5장에서 만난 앤 마리 헌터 목사는 사회가 가정 폭력의 조력자나 마찬가지인 상황에서 폭행 가해자들을 재활시킬 수 있을지에 대해 존슨과 비슷한 회의를 표했다. 사법 시스템이 피해자 보호 명령이나 양육비 지급 명령을 집행하는 데 실패하는 경우가 얼마나 흔한지, 교회가 여성들에게 남편의 가해에 시달리더라도 결혼 서약을 이행해야 하고 가정을 지켜야 한다고 충고하는 경우가 얼마나 흔한지 그녀는 경험으로 알고 있었다. '독재의 규칙에 따라 살아가는 그들에게 무슨 방법으로 변화의 동기를 부여하겠는가, 그들보다 높은 사람(남자)의 권위에 의지해 단호하게 명령하는 방법 이외에는 없지 않겠는가'라고 그녀는 생각했다. 그녀는 자신의 전 남편을 그런 남자의 예로 들면서 '여자들이 아무리 그 남자를 비난하더라도 그 남자는 눈 하나 깜짝하지 않을 것'이라고 여겼고, '그 남자에게 변화의 동기를 부여할 수 있는 사람은 그의 부친이나 남자 상사나 남자 목사밖에 없을 것'이라고 보았다. "그 남자의 부친도 아내를 대할 때 그 남자와 똑같았는데 그런 부친이 앞으로 달라지기로 결심하고 그 남자에게 찾아와서 '너도 앞으로 달라져야 한다'라고 충고한다면, 그 남자의 상사가 그 남자에게 '당신 행동은 용납

될 수 없다'라고 훈계한다면, 남자 종교 지도자가 그 남자를 면전에서 몰아세우거나 설교하면서 맹렬히 비난한다면, 그 남자가 달라지는 것이 가능할지도 모른다."

회복적 정의 프로그램들을 포함해서 기존의 재활 프로그램들의 대부분은 가해자들이 프로그램 규정을 준수하게 하기 위해 형사 법정이라는 상위의 권위에, 최종적으로는 처벌의 위협에 의지하고 있다. 그런 프로그램에 자진해서 참여하는 가해자는 흔치 않다. 대부분의 가해자가 절대로 법정에 세워지지 않는 만큼, 우리가 기존의 재활 프로그램들을 통해 알게 된 것들은 '처벌받지 않는 다수의 가해자들을 재활시키려면 어떻게 해야 하는가'라는 질문에 거의 아무 대답도 해주지 않는다. 더구나 가해자 재활 쪽으로는 투자가 거의 이루어지지 않은 탓에, 치료 프로그램이 의미 있는 후속 데이터를 수집하는 데 성공한 경우는 거의 없다. 남은 것은 '이렇게 하니까 재활에 효과가 있더라'라는 일화적 증거들뿐이다. 그렇지만 생존자 중심의 재활 모델들이 적으나마 있기는 있다. 나는 이 장에서 그런 모델들을 검토한다. 우리가 생존자 정의의 한 측면으로서의 재활을 도모하려면 어디서 시작해야 할지 그 방향을 정하는 데 도움이 되고자 함이다.

친밀한 파트너 폭력 프로그램

덜루스 모델은 1980년대에 "폭력 도표"를 만든 미네소타주 민간 페미니즘 단체의 성과다. 이 모델은 폭행 가해자 치료 프로그램 중 가장 널리 시행되고 있는, 데이터도 충실하게 확보하고 있는 프로그램이다. '가정 학대 개입 프로그램'이라는 이름으로 알려져 있는 이 단체의 사명은 무려 여성에 대한 폭력을 종식시키는 것이다. 이 단체의 웹사이트에는 이런 글이 있다. "다양한 폭행 피해 여성들이 목소리를 내야 한다. 우리는 이들의 경험을 번역함으로써 피해자 안전을 중심으로 하는 혁신적 프로그램을 만들어내고 제도 변혁을 이끌어낸다. 우리는 세계 곳곳의 공동체들과 파트너가 됨으로써 여성 대상 폭력과 가정 폭력을 없애겠다는 사회적, 정치적 의지를 고무하고자 한다."[9]

덜루스 모델은 종종 "분노 조절 프로그램"과 혼동되지만, 후자와는 달리 전자는 가정 폭력이 계산된 선택이라는 것을 이해하는 모델, 즉 가정 폭력을 분노를 발산할 수밖에 없는 괴로운 남자의 배출구라고 이해하거나 통제 상실이라고 이해하는 것이 아니라 다른 인간에 대한 지배력과 통제력을 확인하는 수단이라고 이해하는 모델이다. 프로그램 활동가들은 파트너를 폭행하는 남자들의 대부분이 상사나 동료 앞에서 본인의 분노를 철저히 통제할 수 있다는 점을 지적하는데, 이는 대단히 정확한 지적이다. 폭력 가해자들은 자기보다 약한 상대에게만 폭력을 쓴다. 폭행 피해 여성들을 보호하고 폭행 가해자들의 외래 치료를 의무화하기 위해 덜루스 재활 모델은 사법 시스템(경찰, 검사, 법정 개입)의 공조 권력을 요청한다. 이 모델은 범죄자를 기소했느냐가 아닌, 범죄 피해자의 안전과 안녕을 마련했느냐를 성공의 1차적 기준으로 보는 사법 시스템을 요청한다는 점에서 확실히 피해자 중심의 모델이다.

이런 프로그램이 바로 5장에서 인용한 헌터 목사의 설교에서 언급되는 국가 공인 폭행 가해자 개입 프로그램이다. 가해자들은 그룹 단위로 치료를 받으면서 젠더 문제, 관계 문제, 권력 문제, 통제 문제에 대해서 배운다. 이렇게 그들은 이런 문제들이 자기에게 불러일으키는 감정들을 처리할 기회를 얻게 되고, 저마다 자기의 합리화 과정과 핑계를 밝히고 서로의 의견을 들어볼 기회도 얻게 된다. 자기의 생각이 합리화이자 핑계 대기일 뿐이라는 것을 그들은 너무나 확실히 인지하게 된다. 이 모델을 따르는 프로그램들에 대한 연구들을 보면, 기대되는 성과들이 어느 정도 나온다는 것을 알 수 있다. 프로그램을 1년에서 2년 정도 시행하면 폭력 신고 비율이 감소하고 생존자들의 자존감이 높아진다고 한다.[10]

이런 유형의 치료 프로그램들은 경우에 따라 심한 비판에 부딪혀왔다. "근거 기반"이 부족하다는 비판도 있었고, 아무 성과가 없지 않느냐는 좀 더 무성의한 비판도 있었다. 폭행 가해자들의 개인적 병리에 주목하면서 폭행에 대한 사회적 분석(특히 페미니즘적 분석)을 거부하는 정신 건강 전문가들이 주로 이런 비판을 가한다. 프로그램을 지원할 경우 그 지원금이 제대로 쓰이리라는 것에 대한 구체적 증거를 원하는 정책 입안자들도 이런 비판을 가한다. 충분히 이해할 만하다.

이런 유형의 프로그램을 평가할 때 생체 의학적 연구 모델이 왜 부적절한지에 대해서는 오랫동안 이 분야를 연구해온 에드워드 곤돌프가 한 사려 깊은 리뷰에서 설명해준다. 의료 연구의 이른바 최적 표준은 무작위 대조군 연구다. 실험용 약물의 투여량과 처방법을 표준화해 같은 그룹 환자에게 정확히 똑같은 치료 조건을 제공하고, 각 환자가 어떤 치료 조건에 배정되는가는 무작위로 정해지고, 환자들과 연구자들 모두 "눈을 가린" 상태라서 누가 어떤 치료를 받는지 모른다. 눈가리개가 풀리는 것은 모든 결과가 기록된 뒤다. 이런 "근거 기반" 치료의 성과를 연구하는 경우에는 어느 정도 엄밀함을 확보하는 것이 가능하지만, 심리 사회학적 개입의 유효성을 연구하는 경우에는 그것이 전혀 불가능하다.

곤돌프의 설명대로 폭행 가해자 치료 프로그램은 복잡한 과정이라서, 정신 건강과 정의라는 두 가지 목적 사이에서 균형을 잃지 않으려면 여러 유동적인 부분들이 함께 순조롭게 작동해야 한다. 누구를 어떻게 치료할 것인가, 얼마 동안 치료할 것인가, 어떤 후속 조치를 취할 것인가 등등의 변수들도 고려돼야 한다. 누구를 어떻게 치료할 것인가와 관련해서, 모든 폭행 가해자가 똑같지 않다는 것은 분명하다. 그중 누군가는 대개의 다양한 치료에 반응할 것이고, 다른 누군가는 특별한 치료가 필요할 것이고, 기존 치료법이 전혀 통하지 않을 진짜 사이코패스도 있을 것이다. 가장 위험한 가해자들이 통원 치료 대상으로 분류되는 사태를 막을 수 있도록 효과적인 고위험군 선별법을 제대로 마련한다면, 프로그램의 성과를 더 높일 수 있을 것이다.

치료 프로그램과 법정 사이의 공조 관계를 마련하는 것도 중요하다. 판사와 보호관찰관이 정기적 후속 조치에 적극 관여하는 프로그램들에서는 치료에서 중도 하차하는 가해자들에게 확실히 책임을 묻는 만큼, 이런 식으로 프로그램을 적극 운영하면 법원의 감독이 비교적 느슨한 프로그램들에 비해 중도 하차 비율을 낮추고 성과를 높일 수 있을 것이다. 재범을 막는 조치들은, 가혹해야 하는 것은 아니지만, 신속하고 예측 가능해야 한다. 이는 많은 법원의 현행 실무를 쇄신해야 함을 의미한다. 이론적으로는 법원 명령 위반 시에 가혹한 조치가 따를 수 있지만 위반이 적발되지 않는 경우가 많으니 재범자가 검거되지 않을 가능성이 실제로는 매우 높은 실정이다.

곤돌프에 따르면, 보호관찰이나 치료 둘 중 하나만으로는 효과를 거두지 못했다. 재범률을 효과적으로 낮추려면 폭행 가해자 치료 프로그램이 법원의 적극적 감시와 결합되어야 한다. 우리가 7장에서 보았듯, 생존자의 실질적 안전을 마련하고자 하는 많은 경우, 시스템과 정신 건강 치료를 결합할 새로운 방식이 필요해진다. 곤돌프의 결론에 따르면, 기본적으로 덜루스 모델을 따르되 중독 문제와 인종에 대한 문화적 감수성 문제에 추가적으로 관심을 가지는 프로그램들이 이미 시행되고 있는 지금, 기존 데이터는 그런 프로그램들을 계속 시행하는 것을 독려하고 있다. 곤돌프는 프로그램 인력이 공동체 인력(가정 폭력 대응 생태계를 대표하는 기관들의 실무자들)과 개인적으로 연결될 것, 예를 들어 임상의들이 피해자 지지 활동가들, 경찰들, 검사들, 보호관찰관들, 판사들과 서로 성이 아닌 이름을 부르는 우호적 업무 관계를 맺을 것을 권고하기도 한다.[11]

카마초 판사가 7장에서 권고했던 것이 바로 이런 종류의 공동체 마련이었다. 다시 말해, 너무 널리 퍼져 있고 너무 강한 전염력을 갖고 있고 너무 오랫동안 피해자의 개인적 불운으로 간과되어온 폭력적 행위를 교정하기 위해서는 혁신적, 공조적, 효율적 사회 개입 시스템을 만들어나갈 공동체가 마련되어야 한다. 그런 공동체를 마련해야 한다는 말은 결국 대안적 윤리 공동체, 즉 폭력을 용인하거나 묵인하는 대신 폭력을 종식할 책임을 온전히 받아들이는 공동체를 마련해야 한다는 뜻이다.

애틀랜타에서 '폭력을 멈추는 남자들MSV'이라는 단체가 개발한 '공동체 책임 모델'은 바로 그런 대안적 윤리 공동체를 마련할 한 방법을 보여준다. 이 모델의 출발점은 6개월짜리 '폭행 가해자 개입 프로그램'이지만, 단순한 재활 프로그램을 넘어 좀 더 광범위한 문화적 쇄신을 향해 움직이고 있다. MSV는 가해자의 개인적 병리에 초점을 맞추는 대신 여성 대상 폭력이란 남성성이 곧 군림이라고 정의하는 가부장제의 불가피한 결과라고 진단하고, 프로그램의 목표를 가해자 재활에서 공동체 활성화로 확장한다.

MSV에 따르면 폭행 가해자 개입 프로그램이 문제 해결에 필요한 첫 단계 조치일 수는 있겠지만, 충분한 조치일 수는 없을 것이다. 왜냐하면 첫째, 가정 폭력이 발생했을 때 경찰에 신고하는 경우는 대단히 적고 둘째, 특권층 남자들에게 책임을 지게 하는 일은 전혀 없는 반면 경찰에 체포되거나 법원에서 치료 명령을 받는 일은 불균형적으로 노동계급 남자들과 유색인 남자들에게 일어난다. 가장 중요하게 지적할 점으로, MSV는 가정 폭력이 이러한 폭력에 연루된 개인들의 문제가 아니라 이러한 폭력을 사실상 용인하는 사회 시스템 전반의 문제라고 본다.

MSV 프로그램의 새로운 조치 중 하나는 가해자가 친구들, 가족들, 동료들, 종교 지도자들, 동창생들(같은 공동체의 남자들)을 자기가 속한 재활 그룹으로 불러야 한다는 규칙을 마련한 것이다. 그렇게 불려온 남자들은 가해자와 함께 그룹 토론에 참여하면서 가해자의 "공동 책임자"가 된다. 가해자 개인이 그룹의 규칙을 벗어나 가부장적 공동체 규범을 마주하게 되었을 때 재활 활동이 지속되기란 어려우리라는 것을 인정하는 데서 비롯된 조치다. 이렇듯 공동 책임자를 두는 조치는 보호관찰보다 덜 강압적이면서 장기적으로 보호관찰보다 더 효과적인 대안적 지지 시스템이 될 수 있다.

재활 프로그램이 공동 책임자들에게 미치는 효과도 마찬가지로 중요하다. 한 번도 폭력을 쓴 적이 없는 남자들이라고 해도, 자신의 남성 우월주의적 신념에 의문을 제기해보는 것은 가능하고, 교육 인력이 되는 것도 가능하다. 6개월짜리 재활 프로그램을 수료한 가해자들과 공동 책임자들은 공동체 교육 인력이 될 수 있다. MSV는 수료자 지원 본부의 역할을 하기도 하고 수료자들에게 저연령자 대상 교육 업무나 여성 대상 폭력 관련 강연 업무를 맡기기도 하는 민간 단체 '공동체 회복 프로그램'을 후원하고 있다.[12] 이렇듯 가해자들이 사회적 쇄신의 촉매가 될 때, 그들에게는 개인적 재활의 기회가 열릴 뿐 아니라 공동체에 속죄할 기회, 곧 넓은 의미의 보상 기회가 열린다. 이 모델을 통해 피해 바로잡기라는 생존자 정의의 원칙이 구현된다.

성범죄자 치료

우리가 살펴본 것처럼, 성범죄자가 자발적으로 재활 프로그램을 찾는 경우는 거의 없다. 가만히 있어도 벌을 안 받을 수 있는데 왜 굳이 그런 수고로움을 자청하겠는가? 그러니 기존의 치료 모델의 대상인 성범죄자들은 대개 수감 중인 남자들이나 출소 후 법원으로부터 외래 치료 명령을 받은 남자들이었다. 성범죄자 인구 전체에서 성범죄로 복역한 인구는 극히 일부분에 불과하니, 복역자를 대상으로 개발된 치료는 법적인 뒤탈을 전혀 겪지 않는 대다수의 숨은 가해자들에게 효과가 거의 없을지 모른다. 성범죄자 치료가 효과적이라는 증거도 지금까지는 빈약하다. 이 분야 전문가들인 심리학자 질 스틴슨과 주디스 베커는 비교적 최근의 저서에서 이전의 치료 모델들을 비판적으로 검토하면서, 그런 모델들의 재범 차단 효과가 "약하거나 역

효과이거나 무효"라는 것이 대부분의 잘 통제된 성과 연구들에 의해 밝혀졌다는 결론을 내린다.

스틴슨과 베커는 새로운 "근거 기반" 치료 모델, 구금 중인 정신 질환자 치료 시설 두 곳과 성범죄자 수용 시설 한 곳의 합작 모델을 제안한다. 당연한 말일 수도 있지만, 이 죄수 환자들의 훼손 정도는 감옥 바깥에서 활보하는 수적으로 대다수인 가해자들보다 훨씬 자명하고 훨씬 심각하다. 그들에 대한 상세한 치료 매뉴얼, 이른바 '가해자 안전 전략들SOS'은 주 1회 심리 치료 세션(대부분의 경우에는 그룹 세션)을 처방하면서 치료 기간으로 평균 4년을 권하고 있다. 다만 이 매뉴얼은 가해자 치료에 매우 특별한 유형의 치료 전문가가 필요함을 인정하고 있다. 이런 유형의 치료 전문가는 이 환자들이 다른 사람들을 얼마나 심하게 가해했는지를 알고 있음에도 이 환자들에게 공감할 수 있는 사람, 한편으로는 이 환자들이 달라지고 싶은 마음을 갖게 만들려고 애쓰지만 또 한편으로는 이 환자들을 있는 그대로 받아들이면서 판단을 유보할 수 있는 사람이다.

한 SOS 파일럿 연구는 2년 이상 치료받으면서 세션에 규칙적으로 참석한 구금 환자들이 공격성 표출, 재범(구금 시설 내에서도 발생한다), 자살 행동, 격리나 제재를 필요로 하는 행동 면에서 세션에 규칙적으로 참석하지 않는 구금 환자들에 비해 더 호전되었다는 것을 보여주고 있다.[13] 이 결과는 일견 희망적으로 보일 수 있지만, 가장 확실한 호전 예측 요인들 중 하나가 동기임을 이미 알고 있는 우리에게 이 파일럿 연구는 치료를 받는 환자가 더 호전된다는 것을 또 한 번 증명해줄 뿐 별다른 의미는 사실 없다. 이 연구는 이 특정 치료의 유효성에 대해 별로 알려주는 바가 없다는 것이다. 물론 이 새로운 치료 매뉴얼은 신중한 숙고의 결과물이지만, 복역을 마치고 공동체로 복귀한 환자들이 이런 방식으로 호전될 수 있느냐는 질문에 SOS 모델은 아직 긍정적 대답을 내놓지 못하고 있다. 시설 밖을 활보하는 보다 일반적인 가해자들에 대해서라면 더 말할 필요도 없다. 그러니 이 모델을 "근거 기반" 모델이라고 부르는 것은 다소 시기상조인 듯하다. 하지만 이 말은 학술 기금 담당자나 정부 정책 기금 담당자를 움직이는 유행어처럼 사용돼왔다.

시설 기반 가해자 치료가 어떤 어려움과 복잡함에 직면해 있는가를 어느 정도 보여주는 예로, 우리가 7장에서 만난 '정의를 배달합니다'의 창립자 위노나 워드의 이야기를 들 수 있다. 어렸을 때 그녀는 오빠 리처드와 친한 사이였다. 아홉 살이었던 오빠는 일곱 살이었던 그녀에게 사냥(놀이가 아닌 진짜 식량 마련 방법)을 가르쳐주었고 아빠가 엄마를 폭행하고 있을 때는 어린아이였음에도, 자기까지 폭행당할 것을 알면서도 끼어들려고 애썼다. 그러니 그녀에게 그는 자상하고 용감한 오빠였다. 하지만 리처드는 외아들로서 부친의 "왕국"의 "상속자"(워드의 표현)이기도 했고, 가장 친한 위노나를 건드리지는 않았지만 더 어린 두 여동생을 성적으로 학대했다. 당시 세 자매는 이 일에 대해 철저히 함구했지만, 시간이 흐르고 리처드가 여섯 살짜리 조카딸을 학대한다는 것을 알게 된 워드는 가족을 괴롭히는 폭력의 고리를 끊기로 마음먹었다. 세 자매가 함께 뭉쳐 오빠의 범죄를 신고했다. 리처드는 체포되고 기소되고 유죄판결을 받고 징역형을 선고받았다.

수많은 아동 학대 소송에서와 마찬가지로, 가족은 이 소송과 함께 두 편으로 갈라졌다. 부친, 모친, 장녀는 리처드의 무죄를 완강히 주장했고, 그가 범행 사실을 꿋꿋이 부인하면서 항소를 거듭하는 것을 격려했다. 그렇게 반으로 쪼개진 가족은 수년간 반대편과 말도 안 섞었다. 당시 법정에서 검사가 "당신은 오빠를 사랑하는가?"라는 의외의 질문을 던져오더라고 워드는 말했다. 그녀는 이렇게 답했다. "내가 오빠를 알았던 것은 오빠가 어렸을 때였다. 그때의 오빠는 착한 아이였다. 우리 부모가 오빠를 괴물로 만들었다." 동생은 리처드의 인간적인 면을 볼 수 있다 하더라도 조카는 그럴 수 없으리라는 것 또한 워드는 인정했다. 워드는 오빠가 무섭지 않았고, 여전히 오빠를 아끼고 있었고, 오빠가 도움을 받을 수 있기를 바라고 있었다. 하지만 조카는 여전히 삼촌을 두려워했고, 삼촌이 평생 감옥에서 썩기를 바라고 있었다.

리처드는 부친이 죽을 때까지 범행을 전면 부인했다. 그는 부친이 죽고서야 비로소 범행을 인정하고 수감 중에 성범죄자 치료 프로그램을 시작하기로 했다. 다른 말로 표현하면, 부친의 강압적 통제하에 있다는 점에서 피해자이기도 했던 이 가해자가 그 통제에서 벗어나는 데는 국가권력이라는 최고의 강압 권력으로도 충분치 않았다. 그 통제를 깨뜨릴 수 있었던 것은 부친의 죽음뿐이었다.

리처드가 범행을 인정하고 가해자 치료를 시작한 뒤, 워드는 수감 중인 그를 면회하기 시작했다. 그녀는 치료 프로그램이 그에게 효과가 있다고 생각했다. 그녀는 이렇게 말했다. "그가 범행 일체를 인정한 것은 1년간의 치료 성과였다. 그는 자서전까지 완성했다. 그는 자신의 잘못에 대해 어떻게 말해야 하는지 알았다. 나는 희망에 가득 차 있었다. 그는 프로그램을 잘 따라가고 있었다. 하지만 여전히 그는 자기 탓이 아니라는 식이었다. 피해자 탓이라는 식이었다. 그는 피해자에게 공감하는 법을 배우지 못했다. 많은 것을 배웠지만 그것만은 배우지 못했다."

리처드는 프로그램은 잘 따라갔지만, 공감하는 법은 여전히 배우지 못하고 있었고, 오빠의 상태가 아직 출소해서는 안 되는 상태라고 생각한 세 여동생은 오빠가 가석방 대상자가 되는 것에 반대했다. 리처드는 수감 중에 사망했다. 워드는 이렇게 말했다. "나는 정말 그의 출소를 원했다. 그가 자연을 누리며 이것저것 길러내기를 바랐다. 치료 프로그램은 훌륭했다. 이 나라에서 가장 훌륭한 프로그램 중 하나라고 말하는 연구서를 읽은 적도 있다. 그럼에도 나는 그가 다른 누군가를 또 가해할까 봐 무서워 죽을 지경이었다." 다른 말로 표현하면, 수감 시설 기반 프로그램은 아무리 훌륭한 것이라고 해도 아직 한참 미진하다. 특히 상습범 대상 치료는 수감 환자의 안전한 사회 복귀가 가능하리라는 확신을 전혀 못 주고 있다.

회복RESTORE이라고 불리는 시범 프로젝트 성격의 소규모 프로그램은 경범죄 수준의 성범죄자들을 치료 대상으로 삼는 공동체 기반 프로그램인데, 약간의 성과 데이터를 발표한 뒤부터 전도유망한 모델로 자주 인용되어왔다. 심리학 교수 메리 코스가 회복적 정의의 원칙들에 대한 페미니즘적 이해를 기반으로 개발한 프로그램이다.[14] 형사 사법 시스템에 의지하는 프로그램, 법원이 가능성 있는 가해자들을 가능성 있는 회복적 정의 협의 모임에 보내는 방식이었다. 프로그램이 4년 이상 시행되는 동안, 애리조나주 투손 지방 검찰청은 중범죄에 해당하는 폭력 사건이나 상습 범죄 사건을 제외시키고 예순여섯 명의 남자를 프로그램 쪽으로 넘겼다. 프로그램 업무의 첫 단계는 "피해자들/생존자들"의 동의를 구하는 것이었다. 프로그램은 쉰일곱 명과 연락하는 데 성공했고, 그들 중 서른아홉 명(대략 3분의 2)이 프로그램에 참여하는 데 동의했다. 다음 단계는 서른아홉 명의 "유책자들"과 연락을 취하는 것이었다. 그들 중 스물두 명의 남자들(대략 절반)이 참여에 동의했고 자신의 "유책을 인정했다." 경범죄로 기소된 남자들의 동의 비율이 중범죄로 기소된 남자들에 비해 높았다. 프로그램으로 넘어온 사건의 3분의 1이 이렇게 치료 프로그램 대상 사건으로 최종 선별되었다.

프로그램 참가자는 유책("유죄"를 대신하는 표현)을 인정한 대가로 형사 기소 가능성에서 벗어날 수 있지만, 중도 하차하는 사람에게는 그 가능성이 되돌아왔다. 전문용어로 "전환 조치"라고 부를 수 있는 프로그램이었다. 회복적 정의 협의 모임은 세심한 준비와 신중한 감독하에 스물두 건을 처리해나갔고, 피해자와 가해자의 가족들과 친구들이 증언자로 입회했다. 이 자리에서 피해자들과 증언자들은 자기 이야기를 들려줄 기회와 자기가 원하는 바를 밝힐 기회를 얻었고, 가해자들은 귀를 기울였고, 보상 계획이 마련되었다. 후속 모니터링이 이루어지는 1년 동안 열여섯 명의 가해자들(프로그램 용어에 따르면 "유책자들")은 보상 목표를 모든 측면에서 달성했다.

이탈률이 이 정도라면 프로그램의 성과는 기소율 5퍼센트 미만의 관습적 사법 시스템보다 나은 것 같기도 하다. 하지만 RESTORE 전환 조치를 받은 사건 전체에서 네 건당 한 건 미만의 사건만이 보상 목표를 달성할 수 있었다는 것이 그리 흡족한 결과는 아니고, 위험도가 현저하게 낮은 사건들만 다루어졌다는 사실을 감안하면 더욱 그러하다. 성범죄 피해를 보상하고 가해자를 재활시키려면 어떻게 해야 하는가를 보여주는 가장 혁신적인 모델들도 아직은 갈 길이 먼 것 같다.

RESTORE 프로그램의 회복적 정의 목표, 특히 사죄를 강조하는 면이 참여 생존자들의 목표와 완벽하게 일치하는 것은 아니었다. 협의 모임이 이어지면서 스무 명의 "유책자" 중 많은 수가 프로그램 기간 중에 사죄했다. 하지만 나와 인터뷰한 사람들과 마찬가지로 이 프로그램에 참여한 생존자들은 사죄를 원하는가에서부터 의견이 갈렸고, 진실한 사죄가 가능하다는 것 자체를 믿지 않는 생존자들도 많았다. 대다수의 생존자에게는 가해자와의 관계의 치유가 그렇게 중요한 목표가 아니었다. 그들이 중요하게 꼽은 목표는 "유책자에게 유책성을 부과하는 것", 그리고 "유책자가 더 이상 다른 사람을 그런 식으로 가해하지 않게 확실한 조치를 취하는 것"이었다. 나와 인터뷰한 사람들과 마찬가지로, 그들도 피해를 미연에 방지하는 것을 가장 중요한 목표로 꼽았다. 이 프로그램을 거쳐간 피해자와 가해자의 대부분이 결과에 만족한다는 뜻을 표시하기는 했지만, 재활 프로그램의 가장 중요한 목표인 재범률 감소가 이루어졌는지에 관한 후속 데이터는 없는 실정이다.

피해자와 공동체에 속죄하기

성범죄자 치료 대상군이 이 정도로 제한되어 있었으니, 대상군 범위를 늘린 치료라면 미래의 성과 연구를 위한 토대가 될지도 모른다. 최근에 가해자의 요구와 피해자의 요구에 동시에 부응하고자 하는 치료 모델이 개발되었는데, 이 모델은 대리 회복적 정의라고 불린다. 법원으로부터 성범죄 치료 명령을 받은 남자들로 치료 그룹을 꾸린 뒤 성폭력 생존자들에게 동참을 권하는 형태의 치료 모델이라, 성범죄를 저지른 남자들은 생존자들로부터 성범죄가 어떤 피해를 초래하는가를 직접 청취할 수 있고, 생존자들에게 (바라건대) 진심 어린 존중을 표시할 수 있다. 생존자들에게 이 모델의 이점은 자기가 초래한 피해를 보상할 용의가 있고 자기가 저지른 가해를 반성할 용의가 있다고 말하는 남자들과 대면할 기회를 가지게 된다는 데 있다. 이런 종류의 대면은 회복적 정의 쪽 가능성들을 크게 확장시킨다. 생존자는 자기에게 적절한 시기가 왔다고 생각했을 때 자기를 가해한 남자가 자신의 책임을 인정하는지 여부와 관계없이 프로그램에 참여할 수 있다. 생존자 중에는 자기를 가해한 남자를 절대로 안 보고 싶어 하는 생존자도 있다. 가해자들에게 이 모델의 이점은 생존자들과 대면함으로써 자기 행동의 결과에 대한 이해를 심화시킬 수 있고 생존자들에게 귀를 기울임으로써 일종의 사죄를 행할 수 있다는 데 있다.

최근에 대리 회복적 정의에 관한 저서를 공저한 범죄학 교수이자 강간 생존자 앨리사 애커먼은 열여섯 살 때 성인 감독자 없이 열린 어느 플로리다주 해변 파티에서 겪은 이야기를 들려준다. 그녀는 자기가 잘 모르는, 자기 친구들의 친구인 미성년 남자와 해변을 산책하는 데 동의한다. 그는 해변을 산책한다는 것이 성교에 동의한다는 뜻이라고 생각했던 모양이다. 그녀가 싫다고 하면서 "나는 여자애들이 좋아"라고 하자, 그의 폭행이 시작되었다. 그러면서 그는 그녀에게 이것은 자기를 거부한 데 대한 벌이자 "역겨운 다이크"인 데 대한 벌이라고 했다.

그녀는 커밍아웃한 퀴어였고, 당시에는 커밍아웃한 자신을 인정해주지 않는 부모와 멀어져 있는 상태였다. 혼자라고 느끼면서 어디에도 의지하지 못했던 그녀는 이 사건을 아무에게도 이야기하지 않았고, 그녀의 생활은 급속히 엉망이 되었다. 전 과목에서 A를 받는 학생이자 스타 운동선수였던 그녀는 성적 미달로 퇴학당했다. 그녀를 눈여겨봐주는 사람은 아무도 없는 것 같았고, 그렇게 그녀는 열아홉 살 때 한 여성을 만나기 전까지 아무 도움도 받지 못했다. 그녀는 현재의 파트너인 이 여성을 가리켜 자기를 믿어준 생명의 은인이라고 말한다. 한때 그녀는 생물학 전공을 희망하는 학생이었지만, 나중에 그녀가 다시 학교에 다니기 시작한 것은 사람들이 왜 폭력적이 되는가를 연구하기 위해서였다. 폭행을 당하던 순간에도 "너는 대체 무슨 일을 당했길래 남한테 이런 짓을 저질러도 된다고 생각하는 인간이 된 거니?"라고 생각했던 것이 기억난다고 그녀는 말했다. 그녀는 범죄학 수업에서 성폭력의 영향에 대해 배우고 나서야 비로소 자기가 혼자가 아니라는 것을 깨달았다. 그녀는 박사 학위를 취득했고, 그렇게 서서히 자기의 생존자 사명을 개발해나갔다. 지금 그녀는 이렇게 말한다. "이 일은 내 사명이다. 이 일은 내가 살아가는 이유다."

나는 그녀에게 '당신은 당신을 강간한 남자에게 무엇을 원하는가'라고 물었고, 그녀는 이렇게 답했다. (1) 자기가 무슨 짓을 했는지 인정하기. (2) 자기가 왜 그런 짓을 했는지 설명하기. (3) 속죄하기. 여기서 속죄한다는 말은 1차적으로는 그녀가 수년간 정신 건강 치료에 쓴 돈을 전액 변제한다는 뜻이었다. 그녀는 이렇게 말했다. "속죄는 그냥 '미안해'가 아니다. 속죄는 오랜 시간에 걸쳐 행해져야 한다." 그녀는 강간범이 이렇게 그녀의 개인적 지출을 변제하기를 원하는 데에서 한 발 더 나아가 그가 공개 증언이라는 형태로 공동체에 속죄하기를 원했다. 그녀는 이렇게 말했다. "공개적인 자리, 예컨대 고등학교에서 열여섯 살 된 학생들에게 성폭력의 영향에 대해 강연하는 자리에서 그가 내 눈을 쳐다보면서 '내가 그랬다'라고 말하는 것, 그것이 내가 그에게 가장 원하는 것이다." 이것이 그녀가 생각하는 바람직한 예방 교육, 곧 그녀가 청소년기에 접했더라면 그녀에게 큰 도움이 되었을 종류의 예방 교육이다. "아이들에게 성교에 대해, 특히 신체 자율권에 대해 말해주는 것이 그런 교육이다. 동의가 무슨 뜻인지 알려주는 것, 그런 선을 좀 넘으면 어떠냐고 하는 아이들에게 절대 그러면 안 된다고 알려주는 것이 그런 교육이다."

애커먼 박사는 자기가 방관자들, 그녀가 10대였을 때 그녀의 상태가 예사롭지 않다는 것을 알았으면서도 그냥 보고만 있던 사람들에게 가장 원하는 것이 무엇인지도 이야기했다. 그녀는 이렇게 말했다. "나에게 '너 괜찮니?'라고 물어봐주는 사람이 아무도 없었다. 나를 약간이라도 아는 사람은 내가 괜찮지 않다는 것을 알고 있었다. 지금 나는 그들에게 더 분노하고 있다. 내가 이해할 수 없는 것은, 어떻게 그런 일이 벌어지는 것을 지켜보면서 그냥 내버려둘 수 있었느냐는 것이다." 방관자들에게 책임지도록 하려면 어떻게 해야 하느냐는 내 질문에 그녀는 사실 인정, 사죄, 보상이라는 익숙한 3대 조건을 이야기했다. 그녀가 말하길, 최근에 양친과 함께 유대교회당에서 돌아오는 길에 만남의 자리가 마련되었다고 했다. 그때 모친으로부터 사실을 인정받고 사죄받고 보상받았다. "엄마는 잘못을 인정하고 용서해 달라고 했다. 우리는 예전보다 더 가까워졌다."

강간 사건이 있고 나서 한참 세월이 흐른 뒤, 애커먼 박사는 자기의 비밀을 교수인 질 레븐슨 박사에게 털어놓았다. 레븐슨 박사는 한때 그녀의 멘토였고 당시에는 그녀의 동료이자 친구였다. 그녀는 성범죄자 치료 그룹을 이끌고 있던 레븐슨 박사의 권유로 그룹 세션에 참석해 남자 환자들을 만나게 되었다. 애커먼은 이렇게 말했다. "그것은 인생을 바꾸어놓은 경험이었다. 나는 거기서 안전하다고 느꼈다. 나는 나의 피해 경험을 상세하게 공유했다. 그들이 내 말에 귀를 기울였다. 그들은 내 말을 이해했다. '당신은 아무 잘못이 없다'라고 그들은 말했다." 자기를 강간한 남자에게서 들을 수 없었던 그 말, 사실을 인정하고 피해자를 지지하는 그 말을 그녀는 그룹 세션에서 자기의 진실을 들려줌으로써 들을 수 있었다. 아울러 그녀는 그룹 세션의 남자 환자들이 그저 실수할 수 있는 인간들로 보여서 천만다행이었다고 말했다. 자기 가해자의 인간성을 인정할 수 있게 되는 것이 자기 자신의 정신 건강에 중요하다는 이야기인데, 나와 인터뷰했던 많은 생존자들도 바로 그 점을 강조했었다. 피해자가 그 남자를 "괴물"이라고 느끼는 동안, 피해자는 계속 그 남자를 두려워하게 되고 그 남자에게 초자연적인 힘 같은 것이 있다고 여기게 되기도 한다. 그룹 세션에 참석함으로써 애커먼 박사는 그 남자들이 실은 자기를 두려워한다는 놀라운 사실을 깨달았다. 그녀는 이렇게 말했다. "그들은 여자들의 정당한 분노를 그렇게 겁낸다. 혼날까 봐. 그렇게 창피해하면서. 직시를 못 한다."

그룹 세션 남자들은 애커먼 박사에게 '당신을 강간한 남자가 이 자리에 있다면 그에게 무슨 말을 하겠느냐'라고 물었다. 그녀는 '나는 예전에 그를 용서했지만, 강간이 내 삶의 모든 측면에 어떤 피해를 초래했는지 그에게 알려주고 싶을 것이다'라고 답했다. 그녀는 이렇게 말했다. "나는 이제 아름다운 삶을 살아가고 있지만, 아직 외상 후 스트레스 증후군을 앓고 있다. 나는 내 아이들과 껴안고 뒹굴지 못한다. 내 아이가 나를 덮치면 나는 온몸의 감각이 마비된다." 애커먼 박사가 자기를 강간한 가해자를 일방적으로 용서하기로 하기는 했지만, 여기서의 주안점은 그녀가 그룹 세션에서 만난 가해자들을 용서할 생각을 전혀 안 했다는 데 있다. 특정 가해자를 용서하기로 하는 선택은 그에게 피해를 당한 사람만이 할 수 있기 때문이다. 피해자 대신 용서할 특권을 가진 사람은 아무도 없다.

그렇게 강력했던 그룹 세션 경험을 두고 토의하면서 그 경험이 회복적 정의의 새로운 모델을 마련하는 과정이었음을 이해하게 된 애커먼 박사와 레븐슨 박사는 비슷한 치료 그룹이 꾸려질 때 힘을 보태기 시작했다. 최근 두 사람은 이러한 모델을 설명하는 얇은 책을 출간했다.[15] 이 책의 논의는 주로 사례 연구들을 기반으로 삼고 있는데, 외부에 공개할 만한 성과 데이터가 없다는 점에서는 가해자를 대상으로 연구하는 대부분의 전문가들과 마찬가지다. 하지만 이것이 현재 이 분야의 전반적인 상황이다.

많은 회복적 정의 활동가들과 마찬가지로, 애커먼 박사는 대리 회복적 정의가 일련의 특정 실무라기보다는 일련의 원칙이라는 점과 그렇기 때문에 대리 회복적 정의 개념이 형사 사법시스템의 프레임을 넘어 다양한 환경들 속에서 창조적으로 적용된다는 점을 강조한다. '당신은 예컨대 대학 캠퍼스에서 발생한 성폭력에 대처할 때 대리 회복적 정의 원칙들을 적용하는 것이 가능하리라고 보는가?'라고 나는 그녀에게 물었다. 그녀는 "신고자들"과 "피신고자들"이 기꺼이 참여한다면 가능할 것이라고 답했다. 책임을 인정하는 어린 가해자들을 캠퍼스 생활에서 배제시키는 조치 대신 보다 적극적으로 포함시키는 조치를 취하는 것도 가능하다. 그들에게 보충 교육 프로그램에 참여할 의무와 함께 다른 학생들을 위한 예방 교육에 참여함으로써 캠퍼스 공동체에게 속죄할 의무를 부과하는 것도 가능하다.

애커먼 박사는 이렇게 말했다. "내가 대학에서 가르치는 과목 중 하나는 성범죄에 대한 과목이다. 나는 강간을 저지른 학생에게 그 과목을 한 학기 동안 수강하게 하는 것을 대리 회복적 정의 조치의 하나로 여기게 되었다. 가해 학생이 개강일부터 가해 사실을 공개적으로 시인해야 한다는 것, 그리고 이것이 속죄 과정의 일부라는 것이 미리 공지된다." 다른 말로 표현하면, 어린 가해자들은 가해 사실을 공개적으로 인정하고 교육에 참여함으로써 속죄할 기회와 함께 자가 치유와 더 넓은 공동체의 건강을 증진할 기회를 얻을 수 있었다. 이 개념은 '폭력을 멈추는 남자들'이 개발한 공동체 책임 모델과도 비슷하다. 이것은 개별 가해자들의 치료에서 시작하지만 거기서 끝나는 것이 아니라 사회변혁 교육으로 확장됨으로써 가해자들에게 자기가 초래한 피해를 좀 더 깊이 이해하고 공동체 회복에 이바지할 길을 준다.

요컨대, 우리 사법 시스템이 가해자들을 처벌하고 무력화하는 데는 그렇게 전력을 다하면서도 가해자들을 이해하고 재활시키는 데는 거의 한 것이 없으니, 현 시점에서는 생존자 정의 중 가해자 재활이라는 측면이 이렇듯 비전 차원에 머물러 있다. 이 말은 가해자 재활이 불가능하다는 뜻이 아니다. 오히려 이 말은 재활 프로그램의 개발과 시행이 아주 큰 규모로 이루어져야 한다는 뜻이고, 그러려면 방대한 연구가 선행되어야 함과 아울러 우리의 정의가 개념 차원과 관행 차원에서 공히 대대적으로 쇄신되어야 한다는 뜻이다. 지배 범죄와 종속 범죄를 다룰 때는 예방을 가장 중요한 목표로 삼고, 치안뿐 아니라 공중보건이 걸려 있는 문제로 다루어야 한다. 사법 시스템은 법망에 걸려든 한 줌의 개별 가해자들을 처벌하는 데 초점을 맞추기보다는, 이미 가해자가 된 사람들을 재활시키는 것뿐 아니라 애초에 그러한 가해가 발생하지 않게 예방하는 것을 목표로 삼고, 가해 위험을 악화시키는 사회적 문화적 요인을 쇄신하는 데 초점을 맞추어야 한다.

이렇듯 비전 차원에 머물러 있는 재활 개념과 예방 개념을 실험하는 데 유리한 현장은 애커먼 박사의 말대로 그녀가 대학에서 개설한 성범죄 과목 강의실일지도 모른다. 이제부터 우리는 생존자 정의를 구현할 창조적인 새 개념들을 개발하고자 할 때 대학 캠퍼스가 그 현장이 될 가능성을 논의할 것이다.

9장
예방

> 우리가 우리 아이들에게 남을 존중하고 스스로를 존중할 줄 아는 건전한 인간이 되라고 가르치고 싶다면, 우리는 남성성과 여성성이라는 개념들과 맞붙어 싸워야 한다. 가부장제와도 맞붙어 싸워야 한다. 도망치고 싶겠지만 그러면 안 된다. 정말 그러면 안 된다.[1]
>
> - 소하일라 압둘알리, 『강간을 말할 때 우리가 이야기하는 것』

4장에서 우리는 하버드대학원 재학 중에 성희롱을 당하고 결국 학위 과정에서 밀려난 리비아 리베라의 이야기를 만났다. 안타깝게도 그녀가 마주쳤던 적대 분위기는 대학 캠퍼스에서 전혀 드문 현상이 아니다. 대학생들은 성폭행당할 위험이 가장 높은 연령대에 있고, 많은 캠퍼스에서 성폭행은 전통적인 입회 의식 같은 것으로서 공개적으로 행해지지는 않더라도 일종의 신고식으로 암암리에 용인된다. 이 정도의 위험에 노출되어 있는 것이 대학생들만이 아니라는 데도 주목해야 한다. 동일 연령대이면서 대학생에 비해 덜 특권적인 층은 실은 더 높은 위험에 노출되어 있다. 군대 내 성폭행 연구, 또는 외식 서비스와 농업 노동을 대상으로 한 직장 내 성폭행 연구가 그 사실을 매우 분명하게 보여주고 있다. 하지만 대학 캠퍼스에서가 아니면 얻을 수 없는 것도 있으니, 그것은 새로운 예방 실험을 가능케 하는 비교적 폐쇄되어 있는 환경이다. 캠퍼스는 위험 장소일 수도 있지만, 학문적 각성과 정치적 각성의 장소일 수도 있다.

얼마 전부터 캠퍼스 성폭행 및 성희롱 생존자들은 캠퍼스의 적대 분위기를 "강간 문화"라고 명명하면서 이런 분위기를 쇄신할 것을 요구해왔다. 캠퍼스는 자유로운 탐구 및 혁신을 육성한다는 사명이 있는 만큼, 대안적 윤리 공동체, 즉 성별 간 호혜와 존중의 문화를 조성할 새로운 관행과 규칙의 비전을 세우는 장소이자 생존자 정의를 실험해볼 가능성을 제공하는 장소의 모델이 될 수 있다.

1972년 제정된 민권법 수정 제9조(이하 타이틀 나인)는 교육기관에서의 성차별을 금지한다. 얼마 전부터 페미니스트 활동가들은 대학 캠퍼스의 고질적 강간 문화가 여성들의 평등하게 교육받을 권리를 박탈하고 있으므로 엄연한 성차별에 해당한다는 주장과 이러한 문화를 종식시키는 것이 대학의 적극적 의무라는 주장을 개진해왔다. 버락 오바마 행정부 때 교육부는 교육기관이 성폭력에 어떻게 대응해야 하느냐에 대한 새로운 가이드라인을 개발하고 타이틀 나인 위반 사건들을 철저하게 수사함으로써 대학 내 성차별 문제에 적극적 입장을 취했다. 내가 속해 있는 대학을 포함해 많은 대학들이 타이틀 나인을 위반한 것으로 밝혀졌고, 일부 학교들은 동의 의결에 따라 전교생을 교육하고 생존자들을 보호하고 가해자들에게 책임을 지게 할 새로운 방법을 개발하기로 했다. 백악관도 방관자들, 특히 저연령 남성들의 개입(성적으로 공격적인 행동을 목격했을 때 피해자의 편에 서기)을 독려하는 민간 주도 실천 운동인 '우리에게 맡겨진 일'을 후원했다. 수동적으로 공모했던 방관자들이 개입하기 시작한다면 사회적 고립과 수치는 피해자들의 몫이 아닌 가해자들의 몫이 될 테니, 방관자들의 역할이 대단히 중요하다는 것을 내세우는 '우리에게 맡겨진 일'은 작금의 문화를 쇄신할 가능성을 갖고 있다.

학내 강간 가해자들에 대한 연구는 또래 집단의 지지 여부가 대단히 중요하다는 것을 보여준다. 남학생 동아리나 운동부에 속한 남자들의 강간 가해 비율은 다른 저연령 남성들에 비해 훨씬 높다.[2] 인류학자 페기 샌데이는 동창 문화가 어떻게 집단 강간을 남성 간 유대의 형식으로 의례화하는지, 그리고 성 착취가 정상적 남성의 기득권이라는 믿음이 어떻게 이 문화를 통해 주입되는지를 묘사한다. '명문' 학교의 사교 클럽을 비롯해서 매우 까다로운 기준으로 선발되어 매우 큰 특권을 누리는 남성 패거리는 정교한 입회 전통을 갖고 있다. 입회 희망자들은 가혹한 입회 의식에 복종함으로써 지배와 종속의 수법을 학습하고, 패거리 안에 받아들여진 뒤에는 여자들(그리고 종속된 남자들)을 대상으로 그러한 수법을 사용할 특권을 획득한다. 샌데이 교수는 "피해자victim"라는 단어가 종교 예식의 제물로 선택된 짐승을 뜻하는 라틴어에서 유래했음에 주목하면서 "집단 성교는 형제애라는 신에게 올리는 예배다"라고 쓴다.

"기차 놀이"(집단 강간을 뜻하는 은어)가 관례화되어 있는 엘리트 남성 단체 두 곳을 조사한 샌데이 교수는, "권력의 언약"을 상징하는 모종의 비밀 의식이 대대로 이어져 내려왔고 지금도 모든 지부에서 행해지고 있다는 것을 밝혀냈다. 입회식의 식순에는 "죽어라, ×년들아, 죽어라" 구호 외치기, 발가벗기, 구타, 모의 처형 등이 포함되고, 몸을 상하게 할 정도로 많은 양의 알코올을 급하게 삼킨 뒤 토사물과 배설물을 처리하는 것도 물론 포함된다. 이런 비밀 의식에서 입회 서약자는 미성년 남아, 엄마에게 묶여 있는 취약한 자아의 상징적 죽음을 거쳐 성인 남성, 형제애로 묶인 강건한 자아로 다시 태어난다.[3] 형제애로 묶인 단체, 특히 운동부의 신입 회원은 집단 성폭행에, 예컨대 "빗자루질"(도구를 사용한 항문 강간을 뜻하는 은어)에 복종하고 있을 가능성이 있다.[4] 신고식 도중에 상징적 죽음이 아닌 말 그대로의 사망 사건이 발생하기도 하는데, 대부분 알코올 과다 복용이나 관련 사고다. 발생한 사고에 책임이 있는 개인이나 단체에게 제대로 책임을 지게 하는 경우는 거의 없다.

하버드대학 로스쿨에서 '젠더 폭력 프로그램'을 이끄는 법학자 다이앤 로즌펠드는 사전에 계획된 '표적 강간'이라는, 한 동창회의 파티 관행을 묘사한다. 비교적 미숙하고 취약한 여자를 파티에 초대하고, 성폭행 계획을 상세하게 세우고, 파티가 끝나고 난 뒤에는 계획이 성사된 것을 다 함께 축하한다.[5] 상황이 이러할진대 가해자들의 태도와 처신을 바꾸려면 그들의 또래 집단 사이에서 고질화되어 있는 남성 우월주의적 태도들과 관행들을 겨냥할 수밖에 없다. 지금 같은 상황에서 젊은 남자 한 사람이 성차별 행태에 맞서 목소리를 높인다는 것이 얼마나 엄청난 용기를 필요로 하는 일일지 상상해보자. 그의 목소리는 실은 대다수의 목소리이고, 우리가 아는 한 대다수의 젊은 남자들은 여자들에게 성희롱이나 성폭력을 저지르지 않는다. 좋은 소식이다.[6] 하지만 대체로 그 대다수는 오랫동안 소극적 방관자 또는 연루된 방관자로 지내왔다.

삼각대의 다리: 하나

대학 캠퍼스 내 강간에 대한 효과적 대응책을 처방하는 로즌펠드 교수는 예방 교육, 피해자 지원, 일관성 있는 가해자 징계의 '삼각대'를 묘사한다. 그녀에 따르면, 대학 공동체에 대한 학생의 신뢰가 이 세 가지를 모두 필요로 하는 것은 삼각대가 쓰러지지 않기 위해 세 다리를 필요로 하는 것과 마찬가지다. 성폭행 사건을 공중 보건의 관점에서 바라본다면, 사건의 발생을 미연에 방지하는 예방 교육은 1차적 예방 조치로 간주되어야 한다. 사건 발생 후에 피해를 최소화하는 조치와 가해자를 효과적으로 징계함으로써 가해자의 재범을 막고 다른 학생들의 경각심을 불러일으키는 조치는 부차적 예방 조치들로 간주되어야 한다.

예방 교육 쪽에서는 다량의 창의적 작업이 이루어져왔다. 대학이 교육기관이니만큼 의외는 아니다. 가장 기본적인 수준에서는 문제를 문제라고 명명하는 작업, 학생들을 상대로 학생의 권리를 알리는 작업, 성희롱과 성폭행을 겪는 학생에게 가능한 선택지들을 설명해주는 작업 등이 있다. 하지만 성폭행 예방이 형식적 지침(신입생 오리엔테이션에서 관련 강연 듣기를 의무화하기, 학생의 권리와 책임에 관한 핸드북을 배포하기 등등)을 따르는 문제가 아니라는 것은 이제 너무 분명한 사실이 되었다. 강간 문화를 쇄신하려면 캠퍼스 공동체 구성원 전체의 지속적 참여가 있어야 한다. 소모임에서 사람과 사람이 만나 대화를 나누어야 하고, 호혜와 동의를 강조하는 성교육을 실시해야 하고, 음주 관행과 파티 관행을 바꾸어나가야 하고, 방관자들은 흔한 위험 시나리오에 대처할 새로운 방법을 연습해야 한다. 캠퍼스 환경을 물리적으로 바꾸는 것도 1차적 예방 조치가 될 수 있다.

대학 캠퍼스에서의 성적 위법 행위에 어떻게 대처할 것인가에 관한 최근 워크숍에서 프린스턴대학의 셰이머스 칸 교수와 컬럼비아대학의 제니퍼 허시 교수는 '성적 시민: 캠퍼스에서의 성, 권력, 폭행에 관한 획기적 연구'라는 제목의 기조 강연을 했다.[7] 이것은 이들이 공저한 2020년 저서의 제목이기도 하다. 대학 캠퍼스를 "사회 생태계"로 개념화한 두 교수는 성폭행 발생에 영향을 미치는 요소로 물리적 공간, 알코올, 또래 집단, 문화적 규범을 들면서, 1차적 예방 조치로서 바로 그런 요소들을 겨냥한다.

두 교수는 물리적 공간을 통제하는 방식이 어떻게 권력 불평등을 드러내는가를 분석하는 데서 출발하며 공간을 다르게 이용할 수 있는 실질적인 방도들을 구상한다. 예를 들어, 이들은 파티가 끝났을 때 젊은 사람들이 가 있을 장소가 필요하다는 점을 지적하면서 카페테리아 24시간 개방이 성폭행 발생을 줄일 수 있다고 주장한다. 지금은 가 있을 만한 곳이 기숙사 침실뿐이고, 거기서 앉아 있을 만한 곳은 침대뿐이다. 이들은 또 왜 기숙사에서 상급생과 운동부가 가장 좋은 방을 배정받는지에 의구심을 표하면서, 가장 좋은 방을 저소득 가정 신입생들에게 배정함으로써 관례적인 권력의 위계질서를 뒤집어보자고 제안한다. 이들은 기숙사를 제공하는 대학에 다니지 않는 대학생이 대부분이라는 사실 또한 인정하면서, "공간 회계"를 통해 "평등의 지형"을 육성하는 일은 전문대학에서도 가능하다고 주장한다.

다음으로는 성교육 문제가 있다. 칸 교수와 허시 교수는 성교육의 잠재력을 인지하는 동시에 대부분의 입학생들이 다른 영역에서는 상당히 많은 것을 알고 있다 하더라도 이 영역에서만은 두드러지게 무지하다는 사실을 인지한다. 드문 예외를 제외하고는, 중·고등학교에서는 공식 성교육이 아예 없거나 금욕을 가르치는 성교육만 있다. 이런 성교육은 효과가 전혀 없다는 것이 밝혀져 있다. 중·고등학생들의 비공식 성교육 교재인 포르노에서는 지배가 섹스를 섹시한 것으로 만드는 장치로 나온다. 젊은 남자는 여자에게 권력을 휘두르는 판타지를 통해 성적 자극과 충족을 얻는 법을 배우게 되고, 젊은 여자들은 복종을 통해 성적 자극과 충족을 얻을 수 있다고 배운다.

사실 지배당하기는 대부분의 여자들에게 쾌락의 원천이 아니지만, 사회화를 통해 성교가 남자들(특히 성적으로 흥분한 남자들)의 권리라는 믿음을, 남자들이 달라고 하는 것을 주어야 한다는 믿음을 장착한 많은 여자들이 쾌락을 느끼는 척하는 법을 배운다. 많은 젊은 남자들은 파트너의 욕망에 대해서 굳이 묻지 않기에 쾌락을 느끼는 연기는 아주 잘 통한다. 그것은 파트너의 욕망에 아무 관심이 없기 때문일 수도 있고, 사회화를 통해 자기가 좋으면 자기 파트너도 좋으리라는 믿음을 장착했기 때문일 수도 있다. 데이트 도중에 덫에 걸린 것만 같은 상황, "그저 거기서 빠져나오기 위해 구강 성교를 해주어야 했던 상황"에 처했던 경험을 자기한테 털어놓은 젊은 여자들이 얼마나 많은지 셀 수도 없다고 허시 교수는 말했다. 이 젊은 여성들이 두려워한 것이 정확히 무엇이었는지 많은 경우 불분명하지만(성교를 강요당하는 것이었을 수도 있고 어쩌면 상대를 화나게 만드는 것이었을 수도 있고 아니면 그저 단순히 상대를 만족시켜주지 못하는 것이었을 수도 있다), 그들이 두려움에 사로잡혀 있었다는 것은 분명하다. 그럼에도 통상 그들은 그런 상황들이 동의하에 발생하는 것이라고 생각했고, 상대가 그렇게 생각했을 것은 분명하다.

반면에 성적 시민권 개념은 젊은 사람들이 평등한 "성적 자기 결정권", 즉 정말 하고 싶을 때는 좋다고 말하고 그렇지 않을 때는 싫다고 말할 권리를 가지고 있음을 뜻한다. 성폭력에 반대하는 '밤길 되찾기' 시위에서 여성들은 바로 이 말을 벌써 수년째 구호로 외쳐오고 있다. "싫다고 말하면 싫다는 뜻이다! 좋다고 말해야 좋다는 뜻이다! 옷 탓 하지 마라! 장소 핑계 대지 마라!" "실습 기반" 성교육을 받은 덕에 데이트 시뮬레이션에서 실제로 싫다고 말하는 연습을 해볼 수 있었던 여성들은 그렇지 않은 여성들에 비해 대학에서 강간당하는 확률이 절반 선이라고 허시 교수는 말한다.[8]

젊은 남자들에게 성적 시민권을 말하는 것은 성적 관계에서 호혜 개념과 동의 개념을 배우라는 뜻이다. 그것을 배우라는 말은 포르노의 성적 이데올로기가 잘못된 것임을 배우라는 뜻이다. 포르노 판타지의 기본은 여자들이 고압적인 남자들에 의해 제압당하고 "소유당하기"를 은밀히 원하고 있다는 상상이다. 포르노는 '여자들은 더 강하게 저항할수록, 실제로는 더 강하게 원한다'는 믿음을 주입한다. 예일대학에서 남학생 동아리 회원들이 '밤길 되찾기'의 구호에 반박하기 위해 1학년 여학생 기숙사 밑에서 이런 구호를 외친 사건은 유명하다. "싫다고 말해도 좋다는 뜻이다! 좋다고 말하면 애널anal이라는 뜻이다!" 이 구호를 그저 상스러운 성차별적 공격이라고 생각할 수도 있겠지만(잘못된 생각은 아니다), 널리 퍼져 있는 저열한 판타지를 구현하는 구호이기도 하다. 안타까운 현실이다.

저연령 남성들을 인터뷰할 때 포르노를 본 적이 있느냐고 물어보는 대신 포르노를 언제 처음 보았느냐고 물어본다, 라고 성교육자 페기 오렌스타인은 쓴다. 대부분은 사춘기에 포르노 이용자가 되고, 대부분은 계속 포르노 이용자로 살아간다. 그녀는 포르노 이미지가 무엇을 나타내는가를 설명할 때 점잖게 돌려 말하지 않는다. "미성년자들이 가장 쉽게 접근할 수 있는 무료 콘텐츠는 성교를 연출할 때 남자가 여자와 함께 행하는 일이 아니라 남자가 여자를 대상으로 놓고 행하는 일인 것처럼 연출하는 경향이 있다 [그리고] 여성의 쾌락을 표현할 때는 남성을 만족시키기 위한 공연인 것처럼 표현한다." 흑인 여자들은 종종 "헤픈" 여자, 곧 공격의 표적이 되어 마땅한 여자인 것처럼 표현되고 흑인 남자들은 위험한 성 중독자인 것처럼 표현된다, 라고 그녀는 덧붙인다. "다른 말로 하면, 10대 청소년들은 성애화된 미소지니라는 메인 디시와 함께 인종차별주의라는 사이드 디시를 푸짐하게 먹고 있다"라고 그녀는 쓴다.[9]

법학자 캐서린 매키넌은 포르노에 내재하는 본질적인 폭력성을 묘사할 때 훨씬 더 냉혹한 입장을 취한다. 아무나 흉내 낼 수 없는 단도직입적 언어로 그녀는 이렇게 쓴다. "여자들이 너무나도 오랫동안 입 밖에 내려고 안간힘을 써야 했던 모든 가해 행위들, 강간, 폭행, 성희롱, 성매매, 아동 성 학대 등 차마 입에 담지 못할 모든 가해 행위들을 한 자리에 모아놓은 것이 포르노다. 이런 가해 행위들에 각각 섹스, 섹스, 섹스, 섹스, 섹스라는 이름을 붙이는 것은 포르노뿐이다."[10]

포르노의 성애화된 미소지니를 물리치려면 성교육이 확대되어야 한다. 성관계에서의 동의 개념을 가르치는 데서 시작해서 남성의 지배와 여성의 종속이 어떻게 남성성과 여성성의 가장 기본적인 개념들을 형성하게 되는가를 보다 넓은 의미에서 이해하는 방향으로 나아가야 한다. 몇몇 모범적인 캠퍼스 프로그램들은 이러한 방향의 성교육을 진취적으로 구상해왔다. 예컨대 심리학자 세드 데릭 힐은 노스웨스턴대학에서 또래 상담 자원봉사자 교육 프로그램인 '남성성, 동지애, 성찰, 연대MARS'를 이끌고 있다. 6주 과정 프로그램에서 젊은 남자들은 젠더 기반 사회화에 관해 그룹별로 토론한다. 날마다 일지를 작성하는 것이 과제인데, 일지의 길잡이 역할을 하는 것은 주로 감정 반응들이다. 힐 박사는 이렇게 말한다. "처음에는 학생들이 감정에 이름을 붙일 줄 모르기 때문에 학생들에게 감정 목록을 나누어주어야 한다. 지금의 기분을 물었을 때, 학생들은 '좋아요' 아니면 '괜찮아요'라고 말하지만, 3주 차, 4주 차가 되면 학생들의 표현력이 발전한다. 토론을 거듭하면서 학생들은 자기의 남성성이 얼마나 제약되어 있었는가 하는 것을 깨닫는다." 그는 "유해한 남성성"이라는 비교적 경멸적인 용어보다 "제약적 남성성"이라는 용어를 선호한다.

노스웨스턴대학의 또래 교육 봉사자들은 '맨 박스'라는 이름의 의식 고양 훈련에도 참여한다. 이 젊은 남자들에게 힐 박사는 남자 하면 떠오르는 것을 목록으로 작성해보라고 한다. "항상 똑같은 목록이 작성된다"라고 그는 말한다. 그는 그들이 떠올린 것들, "터프하다", "금욕적이다", "스포츠를 좋아한다", "맥주를 마신다", "고기를 먹는다", "많은 여자들과 섹스한다", "항상 책임자가 된다" 등을 칠판에 옮겨 적는다. "다정하다"는 목록에 없다. 힐 박사는 일단 목록을 다 옮겨 적고 그 주위로 큰 상자를 그린 다음 학생들에게 성년 남자나 미성년 남자가 '맨 박스' 밖으로 나갔을 때 무슨 말을 들을 것 같은지 떠올려보라고 한다. "암캐", "×년", "호모", 이 목록도 늘 똑같다. "우리는 이 박스 안에 갇혀 있다"라고 힐 박사는 말한다. 그는 토론 그룹 학생들에게 남자로 살기의 더 넓은 선택지에 대해 생각해보라고, "박스에서 나오기"를 어려워하지 말라고 독려한다.

다음으로 학생들은 박스 속 언어가 권력과 지배에 대해 무엇을 드러내주는가에 대해 토론하고, 저마다의 마음속에 다른 남자들의 무시와 공격에 대한 두려움이 얼마나 크게 자리 잡고 있는지를 숙고한다. 마침내 이들의 토론은 젠더 위계를 이해하는 방향으로 확장된다. 성교를 정복이라고 생각할 때 성폭력은 규범으로부터의 일탈이 아니라 규범 그 자체의 표명이 된다는 것이 이 프로그램의 결론이다. 힐 박사에 따르면, 이러한 활동은 젊은 남자들에게 가부장적 문화를 쇄신하는 것이 여자들에게뿐 아니라 남자들에게도 이로울 수 있다는 깨달음을 주는 만큼, 수많은 정서적 참여 활동으로 이어진다고 한다. 프로그램 이수자들은 2인 1조로 활동하면서 일반 동아리와 운동부를 비롯한 캠퍼스 서클을 대상으로 남성성과 동의에 관한 교육 프로그램들을 지도할 수 있다. 그들은 힐 박사와의 정기 회의를 통해 지속적으로 교육과 지원을 확보할 수 있다.

힐 박사는 최근 들어 많은 운동부원들과 더 많은 일반 동아리 회원들이 또래들의 불량 행위에 책임을 지게 하는 요령을 배우기 위해 이 프로그램을 찾아오고 있다는 소식을 전한다. 힐 박사를 개인적으로 찾아와서 본인의 "피해 초래"(MARS 프로그램에서 선호하는 표현) 경험을 털어놓는 학생들도 있다고 한다. 그는 이렇게 말한다. "사람들은 여기에 정말 큰 관심이 있다. 의식 고양 교육을 받기 전까지는 의식 고양에 대해 생각하지도 않고 의식 고양의 필요성을 깨닫지도 못하지만 말이다." 그는 이제 또래 교육의 유효성에 대한 연구가 자리가 잡혔다고 말하면서, 비슷한 또래 교육 프로그램을 시작하고 싶어 하는 다른 캠퍼스들로부터 요청을 많이 받고 있다는 소식을 전한다.[11]

많은 캠퍼스가 공유하는 성폭행 예방책 가운데 하나인 이른바 방관자 개입 프로그램은 참여 학생들을 피해자나 가해자가 되지 않게 훈련시키고자 할 뿐 아니라, 강간 문화에 친화적인 사회규범을 쇄신하고 폭력 행위를 미연에 방지할 역량과 책임감을 갖춘 윤리 공동체 구성원으로 훈련시키고자 한다. 이 프로그램은 성폭행을 사회적 문화적 생태계 전반의 변혁을 필요로 하는 공중 보건 문제라고 이해한다는 점에서 MARS 프로그램과 일치한다.

이 프로그램은 무엇보다 학생들이 고위험 상황을 감지할 수 있도록 돕는 것, 그리고 그런 상황에서 안전하게 개입하는 데 필요한 용기와 실무적 요령을 기르는 것에 주력한다. 학생들은 개입을 망설이게 하는 가장 큰 방해물, 곧 문화 규범을 변혁해 보려고 하다가 사회적으로 추방당할지도 모른다는 두려움에 대해 토론한다. 이어서 그들은 흔히 일어나는 상황의 가상 시나리오에 따른 행동 전략들(예컨대 파티에서 남자들이 만취한 여자를 상대로 수작을 부리고 있을 때 그 여자가 안전하게 집에 돌아갈 수 있게 돕는 요령, 누군가가 여자를 강압적으로 굴복시켜서 성교했다고 자랑하고 있을 때, 큰소리로 맞는 말을 하는 요령 등)을 실습한다. 방관자 개입 프로그램이 확산된 것은 2013년에 의회에서 연방 정부 지원금을 받는 교육기관들이 이런 프로그램들을 성폭행 예방책의 일환으로 포함시켜야 한다는 규정을 마련한 이후다. 최근 연구들은 이런 프로그램들이 강간을 감싸는 태도를 지양시키고 위험할 수 있는 상황에서 뭔가를 하고자 하는 태도를 북돋운다는 고무적인 성과 데이터를 내놓았다.[12]

그중 특히 고무적인 한 연구는 방관자 개입 프로그램이 실제로 캠퍼스 폭력 발생률을 감소시킬 수 있다고 밝혔다. 이 연구는 방관자 개입 프로그램을 운영한 주립대학 한 곳(켄터키대학)과 그런 프로그램을 운영하지 않은 공립대학 두 곳을 비교했다. 이 프로그램의 기반이 된 것은 또래 교육 "확산 모델" 개념, 곧 "또래 집단 여론 주도자들"의 태도와 처신이 바뀌면 재학생 전체에 폭넓은 영향을 미칠 수 있으며 따라서 모든 학생들이 프로그램을 이수할 필요는 없다는 개념이었다. 프로그램은 모든 학생에게 열려 있었지만, 특히 동아리 지도부 학생들, 대학 운동부 선수들, 총학생회를 비롯한 단체의 임원들, 다양한 분야의 수상자들을 참여시키는 데 특별한 노력을 쏟았다. 네 시간에서 여섯 시간짜리 소그룹 집중 과정에 참여한 비율은 재학생 전체의 15퍼센트를 약간 웃돌았다. 대학생 대상 익명 설문 조사에 따르면 이런 방식으로 여러 그룹의 학생들을 훈련시킬 수 있었던 켄터키대학에서는 가해했다는 응답과 피해당했다는 응답 모두 그런 프로그램이 전혀 없었던 두 대학에 비해 현저히 낮았다고 연구자들은 밝혔다.[13]

이렇듯 예방 삼각대의 세 다리 중 교육이라는 다리는 그런대로 튼튼하게 서 있는 것 같다. 지난 2015년에 미국대학협회에서 800개 이상의 고등교육기관을 대상으로 실시한 설문 조사에 따르면, 성폭행 예방 프로그램을 운영하는 대학이 전체 대학의 61퍼센트였는데, 4년제 공립대학 중에서는 92퍼센트, 전통 있는 흑인대학 중에서는 77퍼센트, 4년제 비영리 사립대학 중에서는 75퍼센트였다.[14]

삼각대의 다리: 둘

삼각대의 두 번째 다리, 곧 생존자를 위한 효과적 대응이라는 다리는 아직 세워지는 도중이다. 같은 2015년 미국대학협회 설문 조사 결과를 보면, 그 전까지 10년 동안 대부분의 고등교육기관은 생존자를 위한 대응 역량을 확대해나가고 있었다. 대응력 확대를 이끈 것은 이번에도 4년제 공립대학들이었고(타이틀 나인 담당 직원이 있는 학교가 100퍼센트, 학내에서 성폭행 피해자 상담을 제공하는 학교가 99퍼센트, 학내에 피해자 지지 활동가가 있는 학교가 83퍼센트였다), 4년제 비영리 사립대학도 크게 뒤지지 않았다. 이런 대학들에서 생존자들은 타이틀 나인 창구에 정식 신고서를 제출하는 방법에서부터 상담을 받거나 활동가의 비밀 보장 지원을 받는 방법에 이르기까지, 최소한 이론적으로는 각자에게 맞는 다양한 방법 중 하나를 선택할 수 있었다. 학생들이 이런 방법들을 실제로 얼마나 이용하는가, 이런 방법들이 실제로 효과가 있는가에 답변하기는 아직 시기상조다.

다만 이것 한 가지는 분명하다. 많은 생존자들이 위기 상황에서 도움을 얻고자 하면서도 가해자 징계로 이어질 정식 신고서를 제출하기는 꺼리는 경우가 대부분이라는 것이다. 이들이 당장 원하는 것은 이들 자신이 학교에서 안전하게 지내는 것이다. 이들이 종종 요청하는 것은 접근 금지 명령에 상응하는 조치, 곧 가해자를 매일 강의실이나 기숙사에서 마주치지 않도록 해줄 조치다. 그들은 묻는다. 누군가가 수강 철회를 하거나 기숙사를 옮겨야 한다면, 왜 그 사람은 항상 피해자여야 하는가? 폭행의 여파 속에서 많은 생존자들은 학업 일정의 연장을 시도한다. 심한 스트레스 장애를 앓고 있거나 일주일간 불면에 시달렸거나 공부에 거의 집중할 수 없다면, 소논문을 쓰거나 기말고사를 봐야 한다는 생각에 완전히 압도돼버릴지 모른다.

합당한 선에서 배려받을 때 생존자들은 소속감을 느낄 수 있고 자기가 대학 공동체에서 의미 있는 존재라고 느낄 수도 있지만, 그렇지 못할 때 많은 생존자들은 대학이 가해자들의 것이라고 느끼게 될 테니 결국 리베라 같은 자퇴생들이 나올 수밖에 없다.[15] 도움을 청하는 생존자들에 대한 기관의 반응은 최근까지도 그저 무신경한 반응에서 노골적 묵살과 수치 주기라는 반응 사이에 걸쳐 있는 경우가 많았다. 여러 대학 행정 담당자들의 입장에서 보면, 성폭행 피해자들은 여전히 그저 골칫거리다. 이런 피해자들 때문에 학교의 평판이 손상될 가능성이 있고, 학교의 미식축구 시즌이 망할 더 나쁜 가능성도 있다. 법적으로 책임을 지게 될 가능성도 있다. 훨씬 더 편한 방법은 그들이 그냥 입을 다물게 만드는 것, 그 방법이 안 통하면 그들이 학교를 떠나게 만드는 것이다.

학생 생존자들이 도움을 얻고자 할 때 뒤따를 수 있는 관료주의의 악몽에는 어떤 것들이 있는지가 여러 가지 일화적인 설명으로 기록되어 있다. 2014년, 〈하버드 크림슨〉에 한 익명의 성폭행 생존자가 보낸 「친애하는 하버드여, 내가 졌다」라는 편지가 실렸다. 여기서 그녀는 수차례에 걸친 여러 학과장들과의 무익했던 면담들을 상세하게 기록했다. 가해 학생을 식당이나 도서관이나 세탁실에서 마주칠까 봐 매일 걱정하면서 지내지 않아도 되도록 가해 학생을 다른 기숙사로 보내달라고 요청하는 면담이었다. 그녀는 자기가 원하는 것이 가해 학생 징계 조치가 아님을 분명히 밝혔다. 그녀는 그저 본인이 편하게 지낼 수 있기를 바랄 뿐이었는데, 그러려면 가해 학생에게 약간의 불편이 생길 수는 있을 것이었다. 그녀가 받은 통보 내용은 정식으로 신고하지 않는다면 아무 조치도 취해질 수 없으리라는 것이었지만, 그녀가 듣게 된 조언은 정식으로 신고해도 결국 아무것도 해결될 수 없을 테니 신고하지 말라는 것이었다. 신고하지 말고, "가해자를 용서하고 네 갈 길을 가라"라는 것이었다.

행정 담당자들은 나쁜 사람들은 아니었지만 성폭행 사건을 어떻게 처리해야 하는지 전혀 모르는 사람들이었다는 것이 이 익명 생존자의 결론이다. 그녀는 이렇게 썼다. "이 사건은 나의 패배로 끝났을지 모르지만, 우리가 이런 사건들을 공동체로서 어떻게 처리하고 싶은지를 토론하기 시작하는 계기가 될 수도 있으리라 생각한다. 생존자더러 스스로의 정당성을 입증해 보라고 하는 것이, 지친 생존자가 결국 무너져서 우울증에 걸리는 것이 정말로 우리가 바라는 것인가?" 그녀는 이렇게 마무리했다. "친애하는 하버드여, 이 싸움에서는 내가 졌을지 모르지만, 나에게는 아직 목소리가 있다. 나는 이러한 상황이 바뀔 수 있도록 내 목소리를 최대한 사용할 계획이다."[16]

이 편지가 게재되고 며칠 뒤, 개교한 지 300년이 넘은 하버드대학에서 사상 최초로 여성 총장이 된 드루 파우스트 총장은 '성폭력 예방 대책 본부'를 설치하겠다고 발표했다. 그로부터 1년 뒤, 이 대책 본부는 하버드대학이 정말 문제가 있는 학교라는 보고서를 내놓았다. 성폭행의 발생률이 높고 신고율이 낮은 것은 많은 다른 대학들과 마찬가지였고, 여학생들은 대학 당국이 신고 내용을 진지한 문제로 다루어줄 것이라고 믿지도 않았고, 자기들을 공정하게 대우해줄 것이라고 믿지도 않았다. 이 중간 보고서가 나오면서 공개 집회가 열렸고, 이 자리에서 파우스트 총장은 대학의 대처가 "철저히 불충분했음"을 인정하면서 필요한 개혁을 이루어내는 데 학내 자원을 총동원할 것을 다짐했다.[17]

일단 나는 생존자 발언이 어떻게 변화의 계기가 될 수 있는가를 보여주는 한 사례로 이 일화를 공유한다. 뒤에서는 삼각대의 세 다리 중 가장 부실한 세 번째 다리인 징계 문제를 다루게 되는데, 이 대책 본부의 최종 보고서에 대해서는 그때 다시 다루겠다. 일단 여기서는 앞서 소개했던 노스웨스턴대학으로 돌아가보겠다. 이 학교에서는 성폭행 생존자 지원 센터도 잘 운영되고 있는 것 같다. 우리가 6장에서 만난 아티스트 겸 공동체 활동가 키라 존스는 3년간 이 센터(학생처 산하의 '인지하고 대응하고 교육하는 센터CARE')에서 부센터장으로 일했다. 그녀는 자기가 여기서 하는 일을 자기가 짊어진 생존자 사명의 일부로 여겼다. 그녀는 이렇게 말했다. "내가 학생이었을 때 CARE가 나를 도와주었다. 내가 받은 것을 다른 사람들에게도 베풀 수 있어서 좋았다."

CARE의 프로그램은 성폭행과 성희롱을 겪은 생존자들에게 상담 서비스와 지지 서비스를 제공한다. 비공개 원칙을 확실히 지킨다. 학생이 타이틀 나인 정식 신고를 원하는 경우가 아니면 사건 정보를 학사 부서나 징계 부서와 공유하는 일은 절대 없다. 비밀 보장 문제가 특히 중요해지는 데는 지금 많은 대학에서 이 문제를 소홀히 하고 있다는 이유도 있다. 지금 많은 대학에서는 교직원이 학생으로부터 성폭행 사건에 대한 증언을 들었을 경우 이를 학생처에, 심지어 경찰에 신고할 것을 의무화하고 있다. 학생에게 알리지 않는 경우나 학생의 동의를 얻지 못한 경우도 예외가 아니다. 이런 식의 신고 의무화는 한편으로는 대처에 수동적이었던 과거사를 만회하려는 노력이지만(법적 책임을 면하려는 노력이기도 하다), 다른 한편으로는 학생의 선택을 무시하고 학생을 곤경에 빠뜨릴 수 있다는 점에서 무기명 편지의 필자가 묘사한 무관심이나 무대응에 못지않은 배신일 수 있다.[18]

개인 대상 상담 서비스 외에도 CARE는 조직력 있는 생존자 지지 그룹들을 제공한다. 이는 수많은 트라우마 환자들을 괴롭히는 수치와 고립을 상쇄하는 데 대단히 유용한 치료 양식이다. 학생이 타이틀 나인 창구에 정식 신고서를 제출하기를 원하는 경우, CARE 소속 활동가가 사건 조사 과정에서 비공식적 지지자가 되어줄 수 있다. 하지만 이 루트를 택하는 학생들의 수는 매우 적다. 존스는 자기가 CARE에서 일한 3년 동안 이 루트를 선택해 자기에게 관련 조언을 받은 학생은 단 한 명이었다고 말한다. 대부분의 학생들이 받고 싶어 하는 도움은 물리적 보호와 심적 안정감을 위한 학사 일정 관련, 주거 관련, 접근 금지 명령 관련 도움이고, 그런 도움을 실제로 받을 수 있다. 생존자들이 CARE에서 받을 수 있는 또 하나의 도움은 타이틀 나인 창구를 통해 "유책자" 학생에게 면담, 즉 공식 보고서로 제출될 필요가 없는 "비공식 대화"를 요청할 수 있다는 것이다. 여기서도 비밀이 보장된다.

존스는 노스웨스턴대학 학생이었을 때 CARE의 또래 상담자로 활동했고, 나중에는 서른 명에서 마흔 명이 수강하는 또래 상담 자원봉사 코스의 조언자 겸 훈련자가 되었다. 이 코스의 엄격한 커리큘럼은 한 학기짜리 과목에 맞먹는다. 외부 강사들이 오고 필기시험이 있는 것까지 완벽하다. 이 코스가 학점으로 인정되는 것은 아니지만, 학생들은 이 코스를 사랑하는 것 같았다. 존스가 학생들을 사랑한다는 것은 분명했다. 그녀는 그들을 열의 있고 창의적이고 동기 부여가 매우 잘되어 있는 학생들이라고 묘사한다.

또래 상담자들이 이끄는 교육 활동 중 하나는 〈학생의 몸〉이라는 연극 활동이다. 신입생들은 오리엔테이션에서 각본을 쓰고 공연을 올린 다음, CARE 직원들의 지도하에 작은 집단들을 꾸려 강간 문화, 동의, 방관자 개입 등에 관해 토론한다. 존스는 이렇게 말한다. "이런 것이 진짜 예방 활동이다. '파티에서 술 마시지 말 것' 따위가 아니라." CARE 기동대 'G-스폿을 찾아라'는 캠퍼스를 차로 돌아다니면서 콘돔 등의 안전 성교 용품을 배포하거나 학생들의 성 건강 문제를 상담한다. 특별 행사들을 후원하는 것도 CARE의 업무고, 그중에는 학생 단체들과 협력하는 행사들도 많다. 2019년에는 미투 인터내셔널의 타라나 버크를 연사로 초청하기도 했다. 성폭행 문제를 어떻게 처리할 것인가, 도움이 필요할 때 어떻게 도움을 청할 것인가 등에 관한 학생들의 의식이 이런 예방 활동들을 통해 고양된다. 존스는 이렇게 말한다. "내가 학생이던 때와 비교할 때, 대학 문화가 확실히 바뀌고 있다." 더 안전하고 더 공정한 대학 공동체를 창조하는 데 예방 교육과 생존자 중심 지원 업무가 실제로 도움이 될 수 있음을 이 고무적 사례가 보여주고 있다.

삼각대의 다리: 셋

이제 힘든 부분이 나온다. 가해자를 어떻게 징계할 것인가. 가해자에게 책임을 지게 하려는 다른 모든 시도와 마찬가지로, 성폭행 가해 학생에게 징계 조치를 취하려는 시도 역시 강한 백래시가 촉발되고 소송들이 수도 없이 이어지는 등 상당한 논란을 불러일으켜왔다.

2014년에 하버드대학에서 교내 성폭행 문제를 다루기 위해 설치한 대책 본부는 2016년에 최종 보고서를 제출했다. 나에게는 매우 놀랍게도, 이 보고서는 힘든 문제들과 실제로 씨름하고 있었다. 이 보고서는 학생들의 사교 생활이 "남성 지배 공간들"을 중심으로 이루어지는 것이 왜 위험한지 인식하고 있었고, 그중에서도 특히 남성 전용 "파이널 클럽"을 고위험 표적 강간 환경으로 지목하고 있었다.(하버드 남성 사교 동아리를 가리켜 파이널 클럽이라고 하는데, 배타적이고 특권적이라는 점 때문인지 최고의 파티를 연다는 명성을 얻었다. 파이널 클럽이라는 이름에는 최고위층 엘리트에 진입하는 최종final 단계라는 의미가 있다고 한다. 존 F 케네디는 스피 클럽 회원이었고, 프랭클린 루즈벨트는 플라이 회원이었고, 테디 루즈벨트는 최종 단계의 최종 단계인 포셀리언 회원이었다.) 학부 학장 라케시 쿠라나는 파이널 클럽의 제도화된 성차별에 대한 징계 조치를 옹호하면서 이렇게 썼다. "이런 조직들이 교내에서 가장 유서 깊은 공간들을 차지하고 있다는 것 자체가 이런 조직들이 특권층 남성의 전유물이라는 명확한 메시지다. 이런 조직들은 광범위한 자원과 권력 네트워크에의 접근성을 활용한 회원 모집 관행으로 배타주의를 확산시키고 있다."[19]

교내의 부지에 자리 잡은 품위 있는 건물들을 차지하고 있는 파이널 클럽들은 학교에 소속된 조직들이 아니라서 하버드대학의 공식 관리 대상이 아니다. 학생들이 누려야 할 결사의 자유를 침해하지 않으려다 보니 가입 금지 조치는 한 번도 고려되어 본 적이 없다. 그 대신 대학은 모든 단성 동아리에 선택지를 제시했다. 혼성 동아리가 될 것인가 아니면 회원들의 불이익(하버드대학 학생 자치단체나 운동부에서 지도부가 될 수 없음, 권위 있는 장학금의 추천 대상에서 제외됨)을 감수할 것인가. 모든 여성 전용 동아리는 기존의 방침을 바꾸고 남학생 가입을 허용한 반면에, 남성 전용 동아리는 거의 예외 없이 기존의 방침을 고수했다. 그들은 여학생 가입을 허용하는 대신 하버드대학을 주州 법원과 연방 법원에 고소했는데, 고소 사유는 (다른 것도 아닌) 타이틀 나인이 성차별적이라는 것이었다.

하버드대학의 자발적인 조치들은 대학 문화를 쇄신하는 데도 효과가 없었고, 파이널 클럽을 징계하는 데도 성공을 거두지 못했다. 2019년에 미국대학협회가 대학 서른세 곳과 학생 18만 명을 대상으로 실시한 대규모 익명 설문 조사 결과에 따르면, 하버드대학의 성폭행 비율은 4년 전과 아무런 차이가 없었고, 대부분의 학생들은 여전히 성적 위법 행위 사건을 신고하지 않고 있었다.[20] 2020년, 하버드대학은 징계 정책들을 소리 없이 철회했다. 당시의 대법원 판례들을 통해 파이널 클럽들과의 소송에 승산이 없음을 확인한 뒤였다.[21] 내가 이 장을 쓰고 있는 지금까지 하버드대학은 그 외에 별다른 자발적인 징계 조치들을 취하지 않았다.

성폭행에 대한 명확하고 효과적인 징계 방침을 마련하지 못한 것은 하버드대학뿐만이 아니었다. '교육기관은 성폭행 가해자로 지목된 학생에게 어떻게 할 것인가'라는 질문이 지금 전국적으로 중요한 질문인 듯하다. 타이틀 나인 위반 사건 조사가 형사 법정과 똑같은 규칙과 절차를 따라야 할까. 내가 볼 때는 '아니다'가 명백히 맞는 답인 듯하다. 성폭행 사건이 형사 법정에서 지독한 전과 기록을 남긴다는 것만으로도 더 나은 조치를 찾아야 할 충분한 이유가 될 것이다. 다른 이유들도 있다. 대다수의 성폭행 생존자들이 꼭 가혹한 조치를 원하는 것은 아니다.(생존자 본인을 위해서나 가해자를 위해서나 공식적 징계 조치가 취해지지 않게 하려는 경우가 대부분이다.) 그들이 원하는 것은 이런 젊은 남자들을 심각한 곤경에 빠뜨리는 것이 아니라 어떤 식으로든 그들에게 책임을 지게 하는 것이고, 교육기관들은 가해자에게 책임을 지게 하는 데 있어서 좀 더 바람직한 새로운 방법을 마련해야 하는 독특한 입장에 놓여 있다.

대학은 자발적 공동체다. 대학 교육은 권리가 아니라 특권이다. 대학의 일원이 되려면 정해진 행동 규범들을 준수해야 한다. 예를 들어 표절은 금지다. 학생이 규범을 위반하면 가장 심한 경우 퇴학까지 가능하고, 교수가 규범을 위반하면 파면까지 가능하다. 형사 법정에서와는 달리 일신의 자유에 제약이 가해지는 것은 아니다. 이렇게 학내에서 성적 행동 규범을 위반한 혐의를 받은 사람들은 민법을 위반한 피의자들과 마찬가지로 절차상 적절히 보호받을 자격이 있지만, 형사사건의 피고인들과 똑같은 법적 권리가 있는 것은 아니다. 법학자이자 활동가인 알렉산드라 브로드스키의 논의에도 나오듯이, 성폭행과 성희롱 개념을 이해할 때는 기본적으로 시민권 침해로 이해해야 하며, 성폭행과 성희롱에 대한 조치는 인종, 성적 지향, 장애 기반 괴롭힘에 대한 조치와 같은 차원의 조치여야 한다. 학업을 계속하고자 한다는 점에서는 신고자와 피신고자가 같은 입장인 만큼, 징계 과정에서 절차상 적절히 보호받을 권리 또한 신고자와 피신고자 둘 다에게 공정하게 주어져야 한다.[22]

가해자가 처벌 위협을 느끼는 다른 상황들에서와 마찬가지로 여기서도 가해자 옹호 세력이 피의자 권리 확대를 위해 정치적으로 결집하는데, 이때 등장하는 것이 바로 내가 "훌륭한 청년" 내러티브라고 명명한 전술이다. 이것은 익숙한 다보DARVO(부인하기, 공격하기, 피해자 가해자 바꿔치기) 전술의 다른 버전이다. '성교였지 강간한 게 아니었다', '그 여자의 자업자득이다', '그 여자가 헤픈 여자다', '그 여자가 미친 여자다', '아무래도 남자한테 차인 것에 앙갚음을 하려는 것 같은데, 여자가 한을 품으면 오뉴월에도 서리가' 등등. '이 '훌륭한 청년'이 진짜 피해자야, 이렇게 훌륭한 청년의 인생이 이런 '마녀 사냥'으로 엉망이 됐잖아' 등등. 마녀 사냥이라는 말이 마녀를 사냥한다는 뜻이 아니라 마녀가 사냥한다는 뜻이라면 역사상 초유의 상황이겠지만, 거기까지 신경 쓰지 말자. 이런 말에 설득되는 판사들도 있는 모양이다. 예를 들면, 얼마 전에 뉴저지 고등법원의 한 판사는 성년법에 따른 16세 남자의 기소를 기각했는데(피고인은 파티에서 만취한 여자를 강간하면서 그 장면을 자기 휴대폰으로 촬영했다), 판사의 기각 사유는 범인이 "좋은 집안" 출신이고 "좋은 대학 지원자"라는 것이었다.(나중에 항소 법원은 이 판사의 기각 결정을 취소했다.)[23]

도널드 트럼프 행정부 시기의 미국 교육부는 이런 내러티브를 적극 수용했다. 성폭행 가해자로 징계를 받은 그 '훌륭한 청년들'을 아들로 둔 흥분한 엄마들을 등에 업고 나타난 교육부 장관 벳시 드보스는, 타이틀 나인으로 가해 학생에게 책임을 지게 하는 것을 더더욱 어렵게 만드는 새로운 규정들을 발표했다. 규정 변경에서 온 가장 큰 변화는 성적 위법 행위로 칠 수 있는 행위의 범위가 협소해진 것이었다. 즉, 가해 학생을 신고함으로써 학교에 관련 조치를 취할 의무를 부과하려면 "강도 높고 심도 깊고 객관적으로 해로운" 괴롭힘이 있어야 했다. 규정 변경의 두 번째 영향은 피신고자에 대한 수많은 보호 조항들이 추가

된 것이었다. 피신고자가 신고자를 직접 대면하고 반대신문할 권리를 갖게 되었다는 것도 그중 하나였다. 변경된 규정이 성폭행 사건에 요구하는 증거 기준은 민법이 요구하는 비편향적 기준(증거력의 비교 우위)보다 높은 기준(증거력의 명백함과 설득력)이었다.

규정 변경을 확정하기에 앞서 교육부는 규정안에 대한 공개 논평에 귀를 기울여야 할 의무가 있었다. 개인들과 단체들로부터 1만 건이 넘는 의견서가 도착했다. 이 규정안이 얼마나 큰 논란을 불러일으켰는지를 보여주는 드물게 많은 양이었다. 그때 내가 작성한 의견서는 전국 여성 법률 센터를 통해 회람되었고 일흔두 시간 만에 900명이 넘는 정신 건강 직종 동료들로부터 서명을 받았다. 의견서들은 대부분 규정 변경에 반대하고 있었다. 미국대학협회가 작성한 의견서에서도 지적한 것처럼, 학교에 공방 중심주의에 입각한 "유사 법정"을 마련해야 한다는 규정은 진실 찾기를 위한 더 공정한 절차를 만들 수 있는 규정이 아니라 학교가 학생을 성폭행과 성희롱으로부터 보호하는 일을 더 어렵게 만드는 규정이다.

교육부는 바로 그렇게 되기를 기대했던 것만 같다. 교육부는 규정 변경을 그냥 밀어붙였고, 그렇게 변경한 규정을 2020년에 최종 확정했다. 지금 조 바이든 행정부는 새로 확정된 규정을 뒤집을 방법을 모색하고 있다. 새 규정에서 가장 억압적인 조항 한 가지(피신고자를 포함해서 누구든 대면 반대신문에 응하기를 거부할 경우, 그가 제시하는 증거는 채택될 수 없다)는 이미 무효 처리되었다. 한 여성 인권 단체 연합체가 새 규정 관련 무효 소송을 제기했을 때 한 연방 법원 판사가 이 조항이 무효라는 판결을 내렸던 것이다. 판결을 내릴 때 윌리엄 영 판사는 이 조항이 유지되면 타이틀 나인 위반 사건 조사를 심각하게 방해할 것이고 이로써 조사는 "현저하게 무의미한 제스처"로 귀결될 것이라는 판결문을 작성했다.[24]

하지만 교육부가 의도한 효과는 그 외의 제약 조항들로 인해 이미 빚어진 듯하다. 타이틀 나인 위반 사건 조사로 징계 조치가 취해지는 경우는 성폭행에서 유죄판결이 나오는 경우 못지않게 드물어졌다. 리드대학에서 '성 건강, 학생 인권, 관계 교육' 프로그램을 이끌고 있는 로언 프로스트는 학내 성폭행 사건이 연간 100건이라면 신고되는 사건은 그중 스무 건에서 마흔 건, 징계 위원회에 회부되는 사건은 그중 세 건에서 다섯 건, 징계받는 학생은 한두 명일 것이라고 추산한다.[25] 이렇듯 무엇을 성폭행/성희롱으로 "칠 것이냐"라는 공식적 정의가 좁아진 상황 탓에 타이틀 나인에 입각한 공식적 조사 업무가 위축되었다고 말할 수도 있다. 하지만 그렇게 좁아진 지침에 들어맞지 않는 성적 위반 행위에 대처하는 좀 더 비공식적이고 창의적인 방식들로 가는 문은 역설적이게도 바로 그러한 상황을 계기로 열리게 되었다.

회복적 정의라는 대안

대학에서 가르치는 많은 교육자는 젊은 가해자에게 책임을 지게 하는 진짜 교육적인 방법들을 모색하는 과정에서 회복적 정의 개념을 활용할 수 있는지 고려하고 있다. 퇴학을 비롯한 가혹한 처벌은 젊은 학생들의 방어적 태도를 강화시키고 그들이 다른 곳에서 재범을 저지를 위험을 오히려 높일 수 있는 반면, 젊은 가해자들이 교육 공동체의 테두리를 벗어나지 않은 채로 자기가 저지른 행동의 결과를 확실하게 짊어지게 되면 그것이야말로 그들에게는 윤리적으로 성장할 수 있는 최선의 길이 아니겠느냐는 것이다.(지인 간 성폭행은 많은 경우 일회성 사건인 반면에 젠더 기반 폭력들 중에는 강압적 통제 관계의 맥락 속에서 되풀이되는 것들이 있는데, 회복적 정의는 전자에 더 적절한지도 모른다.) 회복적 정의 옹호자들은 이런 식의 책임 부과가 피해자가 당한 피해뿐 아니라 대학 공동체가 당한 피해까지 바로잡을 수 있으리라는 논의를 펼친다.

윌리엄스대학에서 타이틀 나인 코디로 일하는 메그 보송은 성폭행, 스토킹, 성희롱을 신고하는 학생들에게 "대안 해법"이라는 선택지가 있다고 말한다. 이러한 해법을 선택한 학생은 피신고자를 부른 자리에서 낭독할 의견 진술서를 작성하고 그 과정에서 기관의 지원을 받게 된다. 낭독은 치유 모임에서 이루어질 수도 있지만, 일종의 "셔틀 외교"에 나선 회복적 정의 주선자가 신고자를 대신해 피신고자에게 읽어주는 경우가 좀 더 일반적이다.(그녀는 대부분의 신고자가 대면 자리를 원하지 않는다는 것, "셔틀" 선택지를 선호한다는 것을 알게 되었다.) 대부분의 피징계자는 젠더 문제, 성폭행 문제, 성관계에서의 동의 문제를 다루는 교육 프로그램에 과제를 제출해야 한다. 해당 프로그램을 이수하지 않으면 졸업할 수 없다. 피징계자는 신고자에게 받아들여질 만한 보상 계획을 마련한다는 어려운 "감정노동" 또한 수행해야 한다. 보상 계획은 신고자로부터의 피드백을 통해 여러 차례의 수정 과정을 거쳐야 할 수도 있다. 이 과정은 자기 행동이 다른 사람에게 어떤 피해를 주었는가를 생각해보기, 그리고 자기가 저지른 짓을 속죄하려면 어떻게 해야 하는가를 상상해보기를 요구한다. 다시 말해, 이 프로그램은 피징계자에게 공감 능력을 개발하기를 요구한다.

이 과정은 피징계자가 피해 보상 책임을 인정하는 동의서를 작성함으로써 마무리된다. 여기서 피해 보상 책임을 인정한다는 말은 흥미롭게도 실제로 피해를 초래한 데 대한 책임을 인정한다는 뜻이 아니다. 그런 내용으로 동의서를 작성하면 기소당할 가능성도 있다. 피징계자는 바로 그런 이유에서 회복적 정의라는 선택지를 선호한다. 이 과정에 참여하는 생존자들은 이것이 법적 차원의 기술적 세부 사항이라는 것과 회복적 정의 과정이 미흡할 경우 피징계자를 형사 고소하는 선택지가 있다는 것을 이해하고 있는 듯하다.

보송은 이 접근 방법의 한계점들을 분명히 밝히고 있다. 무엇보다도 그녀는 회복적 정의가 모두를 위한 해법이 아니라고 못

박는다. 상습적 가해자와 무기를 사용한 가해자가 제외되어야 함은 물론이고 부인으로 일관하는 피신고자와 소시오패스의 기미를 보이는 피신고자도 제외되어야 한다는 것이다. 둘째, 키라 존스도 분명 이 점에 동의할 텐데, 보송은 모임 과정 그 자체가 사건의 재발을 막는 데 충분하리라고 기대하는 것이 비현실적이라고 본다. 학교의 책임에 대한 이상론에서 그녀는 신중한 후속 조치에 대한 책임, 곧 피신고자의 행동거지를 감시하면서 그가 재학 기간 내내 보상 동의서의 항목들을 제대로 이행하는지를 확인할 책임을 짚어 말한다.[26]

회복적 정의라는 대안적 해법은 종종 중재와 혼동되지만, 보송은 두 가지가 전혀 다르다는 점 또한 분명히 밝히고 있다. 두 가지가 어떻게 다른가를 아는 일은 개념 차원과 실무 차원에서 공히 매우 중요하다. 갈등을 중재할 때는 당면 문제에 대한 책임이 양쪽 모두에게 약간씩 있다고 가정되고, 주선자는 양쪽 사이에서 중립적 입장을 취한다. 반면에 회복적 정의에서 주선자는 신고자가 있고 피신고자가 있다는 것, 가해 당사자가 있고 피해 당사자가 있다는 것을 인지한다. 주선자의 입장은 중립이 아니라 윤리 공동체를 대변하는 입장, 곧 피해 당사자의 정당성을 입증하고 가해 당사자에게 책임을 지게 하는 입장이다. 회복적 정의 주선자가 해야 할 일은 가해 당사자의 행동에 대한 공동체의 비난 의견을 대변하고 마땅한 피해 보상을 요구하는 것, 그러면서 동시에 가해 당사자와 피해 당사자 양쪽 모두에게 존중과 공감을 표하는 것이다.

왜 회복적 정의와 중재의 실무적 차이를 알아두어야 할까. 그 이유는 타이틀 나인 징계에 대한 교육부의 규정들과 관련되어 있다. 최근까지도, 성폭행 사건에 대한 중재를 확실하게 금지하는 것이 교육부의 방침이었다. 피해자가 가해자에 못지않게 책임을 짊어지게 되는 너무 흔한 관행을 막기 위함이었다.('옷을 그 따위로 입고 돌아다니면서 아무 일도 안 당할 줄 알았나?') 하지만 수많은 학부 행정가들은 회복적 정의와 중재가 어떻게 다른지 분간을 못 했고, 그런 이유에서 그들은 회복적 정의가 어떻게 타이틀 나인의 공식적 징계에 대한 대안일 수 있을까를 탐색하기를 꺼렸다. 더 최근에는 교육부가 가해자 징계를 최소화하려는 노력의 연장선상에서 성폭행 신고의 비공식적 해결을 공공연히 허용해왔다. 이러한 상황이 앞으로 회복적 정의가 더욱 광범위하게 시행되고 회복적 정의의 유효성이 보다 체계적으로 연구되는 것에 오히려 도움이 될지도 모른다.

『고등교육기관을 위한 회복적 정의 소책자』[27]의 저자 데이비드 카프 교수는 오랫동안 회복적 정의를 강력히 옹호해왔다. 강간 신고에 적절히 대응함으로써 강간 문화에 유의미한 변화를 이끌어낼 가장 희망적인 방법이라는 이유에서였다. 그는 모든 성폭행이 표적 강간인 것은 아니라는 점을 지적한다.(잘못된 지적은 아니다.) 폭행 사건은 많은 경우 사전 계획 없이 저질러지고, 폭행을 저지르는 젊은 남자들은 젠더와 권력의 쟁점들에 무지하고 성적으로 미숙하고 윤리적으로 미성숙하다. 여기에 다량의 알코올을 더하면, 폭행 사건의 완벽한 레시피가 완성된다. 카프는 그런 젊은 남자들이 상습범인 것은 아니라면서 그들을 교육함으로써 그들의 행동을 개선할 수 있다는 논의를 펼친다.

이 논의의 맥락에서 카프는 남학생 "케빈"과 여학생 "에이미"가 학내 파티에서 만난다는 가상의 사례를 소개한다. 케빈은 에이미가 만취 상태라는 것을 아는 상태로 그녀의 기숙사 방까지 같이 걷게 되고, 에이미는 성관계에 동의하게 된다.(실은 그녀가 먼저 행동을 취한다.) 그런데 침대 위에서 복잡한 문제가 생긴다. 에이미는 급히 욕실로 달려 들어가고, 토하는 것 같은 소리가 나고, 침대로 돌아온 뒤로는 계속 무반응 상태다. 케빈은 의식이 없는 것 같다고 생각하면서도 기어코 성관계를 진행한다. 다음 날, 에이미는 지난밤의 일을 전혀 기억하지 못한다. 케빈이 "광란의 밤"을 보내게 해준 것에 감사를 표할 때, 에이미는 상대가 자기의 술 취한 상태를 이용했다는 데 대해 격분해 학교에 신고서를 제출한다. 흔히 "회색 영역" 사건으로 분류되는 것이 바로 이런 사건이다. 케빈은 반발한다. 그 일이 그저 오해였다고 생각한다는 게 그렇게까지 용서받지 못할 잘못인가요? 그 일을 성폭행으로 "칠" 수는 없을 것 같은데요? 어쨌든 에이미는 좋다고 했는데요? 에이미가 동의라는 것을 할 수 없을 만큼 만취한 상태였는지 아닌지 그걸 내가 무슨 수로 알겠어요?

반발을 일축하기가 그렇게 어렵지는 않다. 그 일을 이렇게 볼 수도 있습니다, 케빈. 당신이 에이미와 성관계를 가졌을 때 에

이미가 어떤 상태였는지 떠올려보세요. 에이미가 그 상태로 운전하겠다고 했으면 당신은 그러라고 했을까요? 좀 더 정확한 비유를 들자면, 당신은 에이미가 그 상태로 운전하는 차에 타고 싶겠어요? 동의라는 것을 할 수 없을 만큼 만취한 사람과 성관계를 하는 것을 이 나라에서는 실제로 범죄로 "칩니다." 법적으로 따져보면, 당신이 저지른 짓은 교칙 위반이기만 한 것이 아니라 명실상부 형사 범죄입니다. 주州에 따라 다르지만 그런 주가 많습니다.

하지만 이런 훈계는 여러모로 논점을 벗어나 있다. 이 시나리오에서는 아무도 케빈을 형사범으로 고소하기를 원하지 않는다. 에이미도 원하지 않고(대개는 원하지 않는다), 학교도 원하지 않고, 케빈도 당연히 원하지 않는다. 청소년은 음주 운전을 포함해 많은 어리석은 짓을 저지른다. 윤리 교육의 핵심은 그들의 미숙한 전두엽(통찰력, 판단력, 타인의 관점을 이해하는 능력, 타인의 감정에 공감하는 능력을 기르는 데 필요한 생물학적 토대)이 성숙하도록 돕는 것이다. 에이미는 케빈이 가해를 인정하기를 바라고 이번 일이 약이 되었다는 것을 말로 표현하기를 바란다. 그런 에이미에게 학교는 윤리적 지지를 제공해주어야 하고 케빈이 자신의 잘못을 깨닫도록 도와줄 수 있고 케빈에게 보상을 요구할 수 있는 제도적 장치를 마련해야 한다.

카프는 가혹한 징계 조치가 케빈에게 불공정하게 처벌받았다는 느낌 주기, 잘못된 행동의 합리화라는 케빈의 방어기제를 강화하기, 학생들의 친교 네트워크가 케빈을 강간범이라고 부르는 집단과 에이미를 거짓말쟁이라고 부르는 집단으로 양분되기 등 부작용을 낳을 가능성을 지적한다. 그러면서 회복적 정의에는 그런 부작용이 없다는 논의를 펼친다. 회복적 정의는 피해의 복구에 집중하고자 하고, 책임을 물을 때는 "사회적 지지를 확보할 수 있는 방식으로, 개개인에게는 치유를 제공하고 생활과 학업을 위해서는 더 안전한 학내 분위기를 제공할 수 있는 방식으로" 묻고자 한다는 것이다.[28]

이 대안적 과정을 통해 케빈은 (바라건대) 자기 자신의 행동 원리와 특권 의식에 대한 반성을 시작할 것이다. 성적으로 흥분해 있는 남자가 파트너에게 의식이 없다는 이유로 자제하리라고 기대하기는 불가능하다는 신념을 재고하기 같은 것이 그런 반성의 일환일 수 있을 것이다. 동성 친구들에게 허세를 부리려면 이성과 자야 할 것만 같은 사회적 압력을 느끼고 있다는 내용으로 발표하기 같은 것도 그런 반성의 일환일 수 있을 것이다. 사과할 용기 내기도 그런 반성의 일환일 수 있을 것이다. 이 과정을 통해 에이미는 침묵당하지 않았다는 느낌과 정당성을 입증받았다는 느낌을 가질 수도 있을 것이고, 케빈이 두 번 다시 이런 짓을 저지르지 않으리라는 믿음을 가질 수도 있을 것이다. 두 사람 중 어느 한 사람이 대학 공동체에서 쫓겨났다고 느끼는 일도 없을 것이다.

이런 종류의 틀을 가지고 회복적 정의의 구체적인 실무들을 구상해보는 카프는, 치유 모임 같은 덜 가혹한 조치들은 학내에서 광범위하게 2차 예방 수단으로 시행하고 비교적 가혹한 조치들은 상습적 가해 사건이나 계획범죄임이 확실한 성폭행 사건으로 한정할 것을 제안한다. 최근에 타 대학들에서 활동하는 동료들과 공동으로 집필한 논문에서 카프는 가해 당사자와 피해 당사자 둘 다 정말 자발적으로 참여하게 할 수 있는 절차들을 설명하고, 기밀 유지 의무의 법적 한도를 검토하고, 학생들이 서명할 보상 동의서 샘플을 제공하는 등 회복적 정의 프로그램 개발에 필요한 지침들을 제공한다.[29]

학내 성폭행 사건에 회복적 정의의 대안적 징계 프로그램을 적용했을 때의 상대적 효율성을 보여줄 수 있는 성과 데이터를 찾는다면, 아직은 그런 대규모 연구 작업이 안 나와 있다. 그런 프로그램들은 이제 막 마련된 상태다. 하지만 주어진 상황에 따라서 새롭게 적용될 가능성, 잘 설계된 성과 연구들이 나올 가능성, 성공한 프로그램들이 널리 확산될 가능성은 분명 존재한다. 그런 프로그램들은 징계 효과를 높이는 방법, 곧 예방 삼각대의 세 다리 중 가장 약한 다리를 더 강하게 만드는 동시에 그 다리를 모든 관련자에게 더 공정하게 만드는 방법의 모델이 되어주고 있다. 물론 이런 대학용 회복적 정의 프로그램들의 효율성이 증명된다 하더라도, 이런 프로그램을 다른 많은 기관들에 적용하는 일이나 더 넓은 사회로 확대하는 일은 엄청난 도전일 것이다. 그러니 이런 프로그램들의 위상을 생각해보고자 한다면, 문화를 쇄신할 새로운 방법들을 모색하는 사회과학 기초 연구의 첫 단계라고 생각해두자.

요약하자. 사회정의를 위해 성 평등을 증진해야 한다는 사명과 공중 보건을 위해 폭력을 예방해야 한다는 사명을 가지고 성폭행이라는 만성 역병 같은 사회문제를 다룰 새로운 방법을 상상할 수 있다는 점에서, 대학은 이상적 실험실이라고 여겨진다. 독재의 규칙들을 제의화하는 뿌리 깊은 사회 관행들에 저항해야 한다는 어려운 과제 앞에서, 대학은 호혜를 지향하는 새로운 사회 관행들이 창출되는 데도 도움이 될 수 있고 신뢰할 수 있는 제도들이 마련되는 데도 도움이 될 수 있다. 그렇게 마련된 신뢰가 정의롭고 민주적인 윤리 공동체의 토대가 될 것이다.

결론
가장 오래 걸리는 혁명

> 나에게 이 여행은 나를 명료한 믿음의 자리로 데려다주었다. (…) 여자들의 삶에 가치가 있다는, 젠더 기반 폭력을 끝내는 것이 진정한 평등으로 가는 유일한 길이라는, (…) [그리고] 우리가 성폭력을 끝낼 수 있다는 믿음의 자리로.
>
> – 애니타 힐, 『믿음』[1]

50년도 더 된 옛날, 나는 영국 작가이자 심리학자인 줄리엣 미첼이 쓴 『여성들: 가장 오래 걸리는 혁명』이라는 작은 팸플릿을 읽었다. 거기서 그녀는 여성이 해방되는 것이 왜 단순히 노동계급이 세력화되는 것에 비해 그토록 복잡한지를 좌파 "형제들"에게 명확히 설명해준다. 그녀에 따르면, 노동자들은 생산 영역에서 억압당하는 데 비해, 여성은 생산, 재생산, 성, 아동 양육이라는 네 개 부문에서 억압당한다. 한 부문에서 이룬 진전이 다른 영역에서 생긴 반발로 인해 약화될 수도 있다. 그녀가 예로 드는 소련의 경우, 여성들이 일터에서 이룬 공적 진전은 재생산과 성이라는 이른바 사적 차원에서 시행된 반동적인 정책들로 인해 약화되었다. 여성해방은 가장 오래 걸리는 혁명,

4대 부문 모두에서 여성들을 세력화하지 않고서는 성공할 수 없는 혁명이었다.[2]

가장 오래 걸리고 있는 이 혁명의 반세기 동안 우리는 어느 정도 진전을 보았나? 1979년에 국제연합에서 여성차별철폐협약이 통과된 덕분에 적어도 명목상으로는 여성의 권리도 인권이라는 것을 전 세계가 인정하게 되었다. 비준국은 99개국이고, 눈여겨볼 만한 예외국은 사우디아라비아와 미국이다. 협약 제1조에 보면, 여성에 대한 차별이라 함은 "정치적, 경제적, 사회적, 문화적, 시민적 또는 기타 분야에 있어서 결혼 여부에 관계없이 남녀 동등의 기초 위에서 인권과 기본적 자유를 인식, 향유 또는 행사하는 것을 저해하거나 무효화하는 효과 또는 목적을 가지는 성에 근거한 모든 구별, 배제 또는 제한"을 뜻한다. 비준국들은 국내의 진전 상황을 4년에 한 번씩 보고하게 되어 있다.[3]

공적 분야 관련 협약 조항들은 선거권과 피선거권을 특히 강조하고 평등하게 교육을 받을 권리와 노동력으로 공적 영역에 참여할 권리 또한 강조한다. 사적 분야에서 재생산과 아동 돌봄을 언급하는 협약 조항들은 재생산을 선택하는 것이 여성의 시민권이라는 것과 아동 양육 책임에 있어서 남녀가 평등하다는 것을 명시한다. 다만 성 부문은 언급되지 않고 있다. 국제연합은 아직 여성의 쾌락 문제에 조심스러워한다. 하지만 우리가 3장에서 배운 것처럼, 이제는 국제연합도 성폭력이 전 세계적 재앙이라는 것을 인지하고 있다.

1994년, 국제연합은 여성 대상 폭력을 전담하는 특별 보고관이라는 직위를 설치해 이 부문의 진전 상황을 점검하기 시작했다. 그로부터 15년이 지난 2009년, 특별 보고관 야킨 에르투르크는 이렇게 말했다. "여성 대상 폭력이 불처벌 범죄라는 사실, 정의로 가는 길이 온갖 방해물로 점철돼 있다는 사실, 가정 폭력에 책임을 부과하기가 어렵다는 사실은 대부분의 경우 아직 여전하다."[4] 2019년 직위 설치 25주년 기념 진전 상황 보고서에서 특별 보고관 두브라브카 시모노비치는 이렇게 말했다. "여성 대상 폭력에서 자유로울 권리는 현재 국제 규범의 차원에서 국제 인권 기준으로 인정돼 있지만, 현실은 성년 여자들과 미성년 여아들에 대한 젠더 기반 폭력을 계속 용인하고 있고, 많은 사회들이 이를 정상으로 간주하고 있다."[5] 표현을 바꾸면, 여성의 권리에 립 서비스를 하는 나라는 늘어났지만, 그렇게 말뿐인 권리를 넘어서기 위해서는 문화를 심층에서부터 쇄신해야 한다는 것이다.

미국의 진전 상황은 어떨까? 페미니즘 운동에서 '두 번째 물결'이 일던 당시, 여성들은 시위 때 종종 "59¢"라고 써 있는 단추를 달고 나왔다. 남성 평균 임금 1달러당 여성 평균 임금이 얼마인지를 보여주는 숫자였다. 1990년에는 그 액수가 64센트까지 올라가 있었다. 미국 노동부에 따르면, 현재 백인 여성은 평균적으로 백인 남성의 79퍼센트를 번다. 흑인 여성은 63퍼센트, 히스패닉 여성은 55퍼센트를 번다.[6] 이것이 진전의 한 가지 척도일 것이다. 이런 추세라면 백인 여성에게 백인 남성과의 동일 임금이 가능해지는 때는 2070년 정도가 될 것이고, 흑인 여성의 경우는 그로부터 50년 후가 될 것이다.

여러 공적 생산 분야(업계, 학계, 전문직, 정부, 군대)에서 많은 경우 전무하거나 겨우 명목을 내세우는 수준이었던 여성의 성비는 이제 20퍼센트에서 30퍼센트라는 중간 단계에 거의 접근했지만, 아직 완전한 성별 통합 단계까지 가지는 못했다. 권력과 부의 피라미드에서 상부로 갈수록 여성의 성비는 낮아진다. 그리고 여전히 최저임금 수준의 일자리 다수는 여성 위주로, 특히 유색인 여성 위주로 채워져 있다.

나에게 한 가지 이론이 있는데, 여러 공적 분야에서 여성의 성비가 겨우 명목을 내세우는 수준을 넘을 때 비로소 폭력과 착취에 대한 공론화가 시작된다는 이론이 그것이다. 가장 악명 높은 약탈자들을 폭로하고 규탄하면서 그들을 권력의 자리에서 끌어내리는 일이라도 시도해보는 맹아적 형태의 정의는 그때부터 시작되는데, 나는 언젠가부터 그 일을 대청소라고 부르고 있다. 더러운 일이지만 누군가는 해야 할 일이다. 어쨌든 내가 속한 직종에서는 분명 누군가가 해야 할 일이었다. 1980년대 초반, 정신의학계에서 여성의 성비가 15퍼센트 문턱을 넘었다. 그러면서 미국정신의학협회APA의 여성 위원회가 목소리를 내기 시작한 것, 명목 세우기에 동원되는 여성들을 위한 단체였던 여성 위원회가 남성 중심 지도부를 상대로 책임을 묻는 액티비즘 단체로 변한 것은 내가 생각할 때 우연이 아니다. 우리는 모두 저명한 정신의학과 의사들이 환자들을 상대로 저지르는 성 착취 사건들을 다 보고 있었고, 우리가 내린 판단은 이 직종에 대청소가 필요하다는 것이었다.

미국 최초의 흑인 여성 의원 셜리 치점은 이런 말을 남겼다고 한다. "그들이 회의 때 의자를 안 주면, 접이의자를 가지고 와라." 1982년, 이 만트라에 따라 우리 여성 위원회 멤버들은 우리를 부르지 않는 APA 이사회의 문을 두드렸다. 우리는 전국의 정신의학과 의사들을 대상으로 환자들과의 성적 연루 실태를 묻는 설문 조사를 실시할 것을 제안하면서 이사회의 공식적 승인을 요청했다. 이사회는 우리의 요청을 거부했다. 이사회에서 유일하게 문제의 심각성을 인지하고 있는 듯한 사람은 법률 고문이었다. 환자들이 의료 과실 소송을 걸기 시작하면서 APA가 상당액을 지출하는 중이었던 것이다.

여성 위원회의 나네트 가트렐과 셀비아 올라테와 나는 우리끼리라도 설문 조사를 실시해야 한다고 판단을 내렸고, 설문 조사를 위한 기금을 모았다. 익명 보장이었고, 전국에서 정신의학과 의사 1400명이 우리의 무작위 표본 설문 조사에 응했다. 설문 조사 결과, 남성 정신의학과 의사의 7퍼센트, 여성 정신의학과 의사의 3퍼센트가 한 명 이상의 환자와 성관계를 맺었음을 인정했다.(성관계 건수로 따지면 95퍼센트가 남성 정신의학과 의사였다.) 〈아메리칸 저널 오브 사이카이어트리〉 편집장 존 네미아가 1986년에 우리 보고서를 과감히 게재했는데, 우리 보고서에서 그 어떤 방법론적 오류도 찾아낼 수 없었다는 것이 심사자 일곱 명 전원의 말이었다. 참고로 게재 여부를 정하는 심사자는 보통 두세 명이다.[7] '두 번째 물결'의 이야기들 중에 바로 이런 유의 이야기가 많다. 우리가 그렇게 말썽을 일으킨 덕분에 우리 직종 몇몇 알파남이 의사 면허를 조용히 반납했던 것이라고 생각하면 지금도 즐거워진다.

우리 사회의 여러 부문들 중에 50년 전에는 여성이 전무했거나 겨우 명목을 내세우는 수준으로 존재했던 부문들로부터 나온 몇 가지 추가적 통계가 나의 대청소 가설을 뒷받침해준다. 미국 군대에서 여성들은 지금 공군 "항공병"의 21퍼센트, 해군 수병의 20퍼센트, 육군 병사의 15퍼센트다.[8] 여성 군인들이 이렇게 15퍼센트 문턱을 넘어섬에 따라, 육해공 대청소는 이른바 군 성 트라우마 사건들의 신고가 늘어나는 형태를 취해왔다. 미국 의회에서 여성들은 지금 상원의 24퍼센트, 하원의 27퍼센트인데, 대청소해야 할 곳이 많이 발견되어왔다. 의회 대청소는 군사재판의 법 조항과 법 절차를 개혁함으로써 군 성희롱 및 성폭력 가해자 불처벌 관행을 바꾸는 형태를 취해왔다. 양당 여성 의원들이 함께 발의한 개혁 법안은 2021년에 군 고위층으로부터의 오랜 저항을 뚫고 통과되었다. 한편 영화 산업에서 여성들은 2016년에 흥행 250위 안에 든 영화의 모든 감독, 작가, 제작자, 제작 책임자, 촬영감독의 17퍼센트였고, 영화 산업 대청소는 할리우드를 비롯한 여러 미디어에서 최고위층을 채우고 있는 수많은 저명한 연쇄 약탈자들을 공개적으로 폭로하는 형태를, 그리고 흑인 여성들에 의해 시작된 이른바 #미투 운동을 전 세계적으로 확산시키는 형태를 취해왔다.

〈뉴욕 타임스〉 기고 논설에서 캐서린 매키넌은 #미투 운동이 법률 개혁만으로는 성취될 수 없었을 무언가를 성취했다는 점을 지적했다. 그녀는 이렇게 썼다. "괴롭힘에 반발하는 행동이야말로 직장과 학교에 변화를 가져올 수 있었다. 그런 행동들은 기회주의적 착취자들을 저지할 수 있었을 뿐 아니라 상습적 약탈자들까지 저지할 수 있었다. 가해자들을 기피하는 행동, 곧 성차별로 인한 취약성을 이용하는 자들을 기피하는 행동이야말로 사회에 변화를 가져올 수 있었다. 그런 행동들이 강간 문화를 바꿀 수 있었다."[9] 이러한 최근 성과들은 생산과 성이라는 서로 교차하는 두 부문에서의 진전과 불처벌 관행을 없앨 수 있는 새로운 형태의 정의에서의 첫걸음이 결합된 결과일 수도 있을 것이다.

재생산 부문의 경우, 일찍이 페미니즘의 '두 번째 물결'이 미국 전역에서 피임권과 임신 중지권에 대한 법적 차원의 인정을 확보했고, 페미니스트들은 그때부터 쭉 방어 태세를 취하고 있다. 시간이 갈수록 백래시에 들러붙는 정치 권력도 커지고 있지만 말이다. 내가 이 대목을 쓰고 있는 지금, 여론의 대세는 임신 중지권을 지지하고 있음에도, 50년간 미국 전역에서 유효했던 해당 판례들이 대법원의 권위주의적 과반수에 의해 막 무효화되었다. 성폭력에 불처벌 관행의 있음과 성폭력 생존자를 위한 정의의 없음을 악명 높게 상징하고 있는 대법관 두 명도 당연히 그 과반수에 포함되어 있다. 그들의 결정으로 인해 많은 주에서 임신 중지의 범죄화가 또 한 번 가능해졌다. 법이 재생산을 통제하는 방향으로 역행하면 소수파 우익 포퓰리즘 운동들이 종교 단체들과 동맹해서 그런 법 개악을 홍보함으로써 민주주의를 퇴행시키는 것이 무슨 국제적 패턴처럼 되어 있는데, 이번의 대법원 판결은 바로 그 패턴을 따라가고 있다.[10]

아동 돌봄 부문의 경우, 지난 50년간 사실상 아무런 진전도 없었다는 것이 내가 받은 인상이다. 돌봄 노동은 여전히 여성들의 노동이고, 여전히 민영화되어 있고, 여전히 저평가되고 있다. 여성의 종속을 끝내려면 몇 번을 더 죽었다 살아나야 할까?

생존자 의제

젠더 기반 폭력을 겪은 생존자들은 가부장적 질서의 불의함을 바로 가까이에서 보아온 사람들이자 가장 오래 걸리는 혁명에는 심층적 차원의 문화적 정치적 변혁이 필요함을 이해하는 사람들이며, 바로 그런 이유에서 여성들을 위한 정의의 비전을 세우는 일에 앞장설 수 있는 사람들이다. 이것이 지금까지의 내 주장이었다. 그 생각이 틀리지 않았음을 최근의 한 국면이 확실하게 뒷받침해준다. 2017년, 대규모 민간단체 네 곳의 리더들, 성폭력 생존자임을 공개하고 활동하는 유색인 여성들이 '생존자 의제'라고 불리게 될 의제들을 개발하기 위해 연합했다. 그들은 생존자들이 무엇을 원하는지를 듣기 위해 온라인 설문 조사를 실시했을 뿐 아니라 다수의 포커스 그룹•을 지휘했다. 2020년 7월, '미투 인터내셔널'의 설립자 겸 상임 이사 타라나 버크와 '이주 여성을 위한 정의'의 설립자 겸 회장 모니카 라미레스는 이렇게 썼다. "인종차별을 끝내기 위한 싸움과 성폭력을 끝내기 위한 싸움은 매우 긴밀히 연결돼 있다. 「생존자 의제」는 이 해방 이야기 안에서 새 장을 쓰게 될 것이다."[11] 매우 깊이 뿌리박혀 있는 두 억압 시스템이 교차하는 지점에서 살아가고 있는 유색인 여성들이야말로 지금까지 오랫동안 갈라져 있었던 두 갈래의 생명 운동(흑인의 생명을 위한 운동과 여성의 생명을 위한 운동)을 결합하는 독특한 자리에 위치할 수 있으리라는 것은 자명하다.

2020년 9월에 열린 3일간의 온라인 정상회담에서 주최자 라미레스는 이렇게 선언했다. "생존자들이 하나가 되어 폭력 없는 세계의 비전을 세워야 할 때입니다." 이러한 급진적 비전을 따를 때, 정의를 구현한다는 말은 가부장적이고 인종차별적인 지배 종속 시스템들의 근본적인 폭력성을 폭로하고 그 시스템들이 초래하는 해악들을 바로잡으면서 그 시스템들을 종료시킨다는 것, 바로 그 뜻이다. 기조 연설자 애니타 힐은 1만 2000명의 청중에게 이렇게 말했다. "살아오면서 이런 일은 처음입니다. 이런 일이 일어나기를 오랫동안 기다리고 있었습니다."

헤아릴 수 없이 많은 여성들이 오랫동안 이런 순간을 기다려왔다. 나의 청년기에 몰아쳤던 '두 번째 물결'과 대단히 비슷한,

• 여론 조사를 위해 각 계층을 대표하도록 뽑은 소수로 이루어진 그룹.

하지만 그때보다 더 강해지고 더 넓어지고 더 깊어진 급진 페미니즘의 물결을 목격하면서 나의 노년기도 용기를 얻었다. '나도 피해자다me too'라는 말을 입 밖에 내면서 생존자들은 내가 혼자가 아니라는 것, 내가 수치스러워 할 필요가 없다는 것, 내 불행이 나만의 불행이 아니라는 것을 깨닫고 있다. 생존자들은 가부장적 시스템들을 지탱하는 은폐된 폭력을 폭력이라고 명명하면서, 폭력의 종료를 위해 일어서기를 윤리 공동체의 방관자들에게 요구하고 있다.

2020년에 발표된 30쪽 분량의 「생존자 의제」는 가장 오래 걸리는 혁명의 미래 청사진이다. 이 의제에서는 여성 억압의 모든 부문이 다루어진다. 생산 부문에서 이 의제는 가장 취약한 사람들(가정에 고용된 노동자, 팁 받는 노동자, 미등록 노동자)의 권리를 주장한다. 아동 양육 부문에서 이 의제는 많은 사람들이 이용할 수 있고 비용 면에서 부담스럽지 않은 주간 돌봄 서비스를 위해 공공투자를 단행하자고 하고, 돌봄 제공자들에게 생활 가능 임금을 지급하자고 한다. 재생산 부문에서 이 의제는 보편적 건강 보장을 단행하자고 하고, 피임권과 임신 중지권의 제한을 없애자고 한다. 2022년 6월에 있었던 생존자 정의와 재생산 정의 연계 토론회에서 타라나 버크는 대법원 판결을 내다보면서 이렇게 말했다. "운동의 토대는 희망입니다. 전략을 찾아냅시다. 각자의 좌절 앞에서 주저앉지 맙시다. 어떻게 움직여나갈지 전략을 만들어냅시다."

성 부문에서도 이 의제는 가장 취약한 여성들인 성매매당하는 여성들에게 초점을 맞춘다. 이들 가운데는 유색인 여성이 압도적으로 많다. 포주들과 '존'들뿐 아니라 경찰도 그들(완곡하게 성노동자라고 불리는 여자들)을 약탈하는 만큼, 이 의제는 성을 제공하고 돈을 받는 합의된 거래를 비범죄화하자고 한다. 내가 생각할 때 이 의제의 입장에서 핵심어는 '합의'다. 얼마나 많은 미성년 여아와 성년 여성이 자유롭게 성매매에 동의하느냐는 논란의 여지가 있는 질문이다. 왜냐하면 우리가 7장에서 보았듯 그들은 대부분 인종차별적 종속 상황, 극단적인 빈곤 상황, 아동 학대 상황, 노숙 상황에서 성매매로 유입되기 때문이다. 더구나, 전 세계적으로 성매매 유입 시기가 평균적으로 청소년기 초반에서 중반 사이임을 고려할 때, 대부분의 유입자는 합법적으로 동의할 수 있는 위치에 있지 않다.[12] 아무리 자유지상주의적인 논객이라고 해도, 아동 학대의 비범죄화를 옹호하는 경우는 거의 없다. 단, 몇몇 "섹스 포지티브" 작가들의 경우는 예외다.

그런 이유에서 나는 노르딕 모델이 「생존자 의제」에 친화적이라는 논의를 전개하고자 한다. 아울러 스웨덴 성구매자처벌법은 성매매 피해자들에게 의료 서비스, 정신 건강 진료 서비스, 주거, 직업 재활 서비스, 교육 서비스에 접근할 탄탄한 기회를 제공하면서 동시에 경찰과 사회를 대상으로 성 산업의 해악을 교육하는 만큼, 나는 노르딕 모델이 치유적 사법 의제에 한층 더 친화적이라는 논의도 전개할 것이다.[13] 이렇듯 성 부문에서 성구매자처벌법은 9장에서 논의한 예방과 공중 보건의 '삼각대' 모델에 상응한다고도 볼 수 있다.

「생존자 의제」를 통해 그려지는 정의의 급진적 비전은 가해자 처벌 대신 생존자를 위한 안전과 치유에 초점을 맞춘다. 「생존자 의제」는 가해 당사자와 피해 당사자 양쪽 다의 인간성을 존중하면서 동시에 가해 행동을 중지시키려면 어떻게 해야 하는가라는 가장 어려운 문제를 진심으로 고심한다. 「생존자 의제」의 정의 비전은 나와 인터뷰한 생존자들이 그리는 비전과 기본적으로 일치한다. 「생존자 의제」는 기존의 공동체 안전 체계들이 적어도 당장은 필요하다는 것을 인정한다. 「생존자 의제」는 경찰을 없애자고 하는 것도 아니고 법원을 없애자고 하는 것도 아니고 심지어 감옥을 없애자고 하는 것도 아니다.

「생존자 의제」는 "공동체가 안전을 다루는 방식을 근본적으로 재상상"하자고 하고, "형법 제도"의 대안, 가해자 처벌 대신 생존자 치유에 초점을 맞추는 제도를 창안하자고 한다. 「생존자 의제」는 가해자에게 책임을 지게 하는 새로운 방식, 가해자를 감금하거나 가해자를 추방하거나 가해자의 인간성을 부정하는 것이 아닌 방식을 상상해보자고 한다. 물론 이런 방식으로 책임의 정도를 결정할 수 있는 모델들이 아직 존재하지 않는다는 것은 「생존자 의제」도 인정하고 있다. 쇄신된 윤리 공동체에서 방관자들은 종속당해온 사람들과 단호하게 함께하기 위해 지배하는 사람들과 공모하는 편한 길을 포기하는데, 「생존자 의제」는 바로 그렇게 윤리 공동체를 쇄신하자고 한다. 마지막으로 「생존자 의제」는 백인 남성 우월주의를 미화하는 문화를 변혁하고 성폭력의 "근본 원인"에 대처하는 방식으로 성폭력을 예방하면서 이를 위해 공중 보건과 교육에 대한 공동체 투자를 확고히 단행하자고 한다.

이것이 생존자 정의의 급진적 비전이다. 우리 안에 너무나도 깊이 박혀 있는 억압 체계들을 해체하기 시작할 것, 그리고 모든 사람을 존중하고 모든 사람을 포함하고 모든 사람의 목소리를 듣는 새로운 체계들을 창안할 것을 이 비전은 우리 모두에게 요구한다. 한 사람이 폭력의 피해자가 되었을 때, 그 사람의 피해를 보상할 방법을 생각하면서 정의의 초점을 그 사람에게 맞출 것, 그리고 치유에 필요한 것들을 제공할 것을 생존자 정의는 우리 모두에게 요구한다. 생존자에게는 진실을 통과해 회복에 이르는 과정, 곧 윤리 공동체로부터 인정받고 옹호받고 사죄받고 보상받는 과정이 필요하다. 공동체가 이 과정을 완수했을 때 비로소 공동체와 생존자 사이의 망가진 관계가 치유되고, 신뢰가 회복되고, 더 나은 종류의 정의가 이루어진다.

폭력의 근본 원인은 독재의 규칙들이다. 폭력을 예방하기 위해 우리는 호혜의 규칙들, 곧 민주주의 사회에서 신뢰와 정의의 토대를 만드는 규칙들을 배우고 실천해야 한다. 호혜의 규칙들은 모든 사람들에게 이득이 되니, 그 규칙들에 따라 살 수 있는 행운이 우리 모두에게 있으면 좋겠다.

감사의 말

장수의 비결은 유전자, 사는 곳, 행운, 사랑 이렇게 네 가지라고 나의 아버지 나프탈리 루이스는 팔순 연회장에서 하객들에게 말했다. 이제 내가 그 나이가 되니, 한 사람이 가는 길이 그 사람을 둘러싼 시공간의 우연한 사건들에 얼마나 크게 좌우되는지와 먼저 간 사람들이 나중에 온 사람들에게 얼마나 큰 영향을 주는지를 조금씩 깨닫게 된다. 그런 이유에서 나는 다른 누구에게보다 먼저 나의 원 가족에게 감사를 표한다. 내가 이 길을 갈 수 있었던 것은 나의 원 가족이 나에게 준 사랑과 지원과 선물과 특권 덕분이다.

미국이 고향의 박해로부터 도망쳐 오는 이민자들을 환영했던 시절, 지금으로부터 100년도 더 된 그 잃어버린 시절, 나의 조부모는 동유럽의 '유대인 수용 지역'에서 도망쳐서 그 "몰려든

무리"에 끼었고, 그렇게 뉴욕항에서 자유의 여신상을 만나고 엘리스섬에서 새 미국 이름을 받았다. 그들에게 뉴욕시는 이민자의 아메리칸드림이 이루어지는 곳, 용기를 내서 고생을 하면 자녀 세대에게 기회가 생기는 곳이었다.

나의 외조부는 내가 이 길을 가는 데 특히 큰 영향을 주었다. 나는 그를 직접 알지 못하지만 그의 이름을 물려받았다. 예후다 블로흐(개명 후: 존 블록)는 1887년 열일곱 살의 나이로 혼자 미국으로 건너왔고, 영어를 배우면서 의대에 갈 돈을 모으느라 외판원으로 일했다. 시간이 흐르고, 그는 뉴욕의 로어 이스트 사이드에서 일반의로 개원했다. 그는 뉴욕 이주민 가정의 장녀였던 로즈 부어스틴을 아내로 맞았다. 동생 다섯 명을 돌보느라 학교 공부를 의무교육 6년으로 마쳐야 했던 로즈는 평생을 못 배웠다는 열등감에 시달렸다. 나의 외조부모는 자식이 생기면 아들뿐 아니라 딸에게도 대학 교육을 시켜주겠다고 함께 다짐했다. 그렇게 그들의 딸 헬렌은 버나드대학을 졸업하고 컬럼비아대학에서 심리학으로 박사 학위를 취득하면서 학계에서 두각을 나타냈다. 만약에 헬렌이 한 세대 뒤에 태어났더라면 자기 아버지의 뒤를 이어 의사가 되지 않았을까 하는 생각을 나는 이따금 해본다. 청소년이었던 내가 헬렌에게 나도 엄마 같은 심리학자가 되고 싶다고 했을 때, 헬렌은 나에게 그러지 말고 의대에 가라고 했다. "그래야 더 큰 힘을 가질 수 있다"면서. 틀린 말이 아닌 것은 당연했다. 그때는 잘 몰랐지만, 아버지를 숭배하는 딸이었던 헬렌이 내가 태어나기 전에 세상을 떠난 자기 아버

지의 뒤를 내가 이어주기를 바란 것도 당연했다.[1]

나의 친조부모 리베카 레프와 이세르(개명 후: "아이크") 리프시츠는 각자 뉴욕의 공장에서 노동자로 일하면서 폴란드에 남아 있는 동생들을 데려오기 위해 돈을 저축해나갔다. 그들은 내가 아직 어렸을 때 세상을 떠났기 때문에 그들에 대한 기억은 별로 없지만, 리프시츠 할아버지가 회당에 출석하는 독실한 신자이자 국제 여성복 노조에서 활동하는 헌신적인 노조원이었던 것은 기억난다. 그들이 살았던 휑한 브롱크스 공동 주택의 드문 장식품 중 하나였던 작은 프랭클린 D 루즈벨트 석고 흉상을 나는 아직 유품으로 간직하고 있다. 자식들에게 더 좋은 것을 주고 싶어 했던 것은 그들도 마찬가지였고, 그들의 두 아들은 다 대학 교수가 되었다. 그중 성을 루이스라는 미국식 성으로 바꾼 나프탈리는 당시에 학비가 전액 무료였던 시립대학에서 두각을 나타냈다. 당시 뉴욕은 공교육 시스템으로 유명한 도시였다. 일찍이 언어 영역에서 자신의 재능을 발견한 그는 소르본에서 고전학으로 박사 학위를 취득했고, 뉴욕으로 돌아와서는 이 도시의 공립대학 시스템 안에서 학생들을 가르치면서 평생을 보냈다. 한번은 명문 사립대학에서 일자리를 제안받았지만, 자기는 자기 같은 노동계급 출신 학생들을 가르치는 편이 좋다는 설명과 함께 거절했다.

나를 키운 것은 한편으로는 이런 두 양육자 나프탈리와 헬렌이었고, 한편으로는 뉴욕의 좌익 인텔리겐차라는 2차 대전 직후의 자극적인 문화 환경이었다.(그 당시의 나는 내가 물려받은 그 유산을 그저 당연하게만 여기고 있었으니, 책으로 가득 차 있지 않은 친구 집에 처음 놀러가서 순진하게 기겁했던 일이 아직 기억난다.) 언어의 아름다움과 정확함에 관해 내가 아는 거의 모든 것은 아버지에게서 배웠다. 어머니에게서는 심리학의 기본과 학문의 기본을 배웠다. 용감함과 정직함에 관해 내가 알아야 할 모든 것은 마녀 재판 시절에도 용감하고 정직했던 나의 두 양육자로부터 배웠다.(그들과 그들의 수많은 친구들과 동료들이 매카시즘의 광풍 속에서 마녀 재판에 소환되었다.) 선동가들의 권력에 맞설 보호 장치를 어느 정도 제공해주는 제도들, 곧 권리장전과 법치의 제도들을 갖춘 입헌 민주주의 국가에서 사는 것이 얼마나 중요한가라는 결코 잊어서는 안 될 교훈도 배웠다.

두 양육자 모두 나에게 큰 기대를 걸고 있었고, 내가 타지로 유학 가는 것을 격려했다. 나는 하버드대학에서 고향 도시와는 전혀 다른 세계를 발견했다. 하버드대학에 아직 유대인 쿼터가 있던 시기였던 만큼 입학 초기에 문화 충격을 겪기도 했지만, 나에게 이 대학(래드클리프대학 학부와 하버드대학 의과대학)은 스승들과 평생지기들을 만난 곳이었다. 훗날 나는 뜻밖에도 하버드대학 의대 소속 임상 교수가 되었고, 그렇게 하버드대학의 넉넉한 부속병원 시스템 내에서 의료 공동체를 꾸릴 만한 곳을 찾을 수 있었다. 그러니 나를 길러주고 내게 학문적 거처를 내준 하버드대학에 나는 깊이 감사하지 않을 수 없다.

지난 40년간 거의 줄곧 내게 그런 거처가 되어주었던 곳은 하버드대학 부속병원 중 하나인 케임브리지 헬스 얼라이언스 정신의학과의 '폭력 피해자 프로그램'이다. 나는 이 공동체 동료들의 아량과 헌신에 감사하는 마음으로 가득하다. 트라우마 분야에서 일하고 싶다는 사람들에게 늘 나는 절대로 혼자서 일하지 말라고 말한다. 인간이 저지를 수 있는 최악을 목격한 뒤에는 최선의 모범을 보이는 사람들을 곁에 둘 필요가 있다. 그래야 절망하지 않고 버틸 수 있다. 나와 함께 '폭력 피해자 프로그램'을 거처로 삼은 자매들과 형제들은 진료실에서뿐 아니라 V-데이 무대에서 연극을 할 때도, 케임브리지병원 대표로 드래곤 보트 경주에 참가해 노를 저을 때도 늘 영감의 원천이 되어주었다. 우리는 함께 울고 함께 웃었고, 누군가가 결혼하고 누군가의 자녀가 태어났을 때는 함께 축하했다. 시간이 흐른 뒤로는 나를 비롯해서 나이 많은 누군가의 손주가 태어났을 때도 함께 축하했다. 많은 자매형제들이 평생지기가 되어주었다.

이 책을 쓰는 과정에서 나를 위해 격려와 비판적 피드백을 아끼지 않은 수많은 친구들, 동료들, 가족들에게도 감사를 전한다. 로버트 제이 리프턴과 프랭크 퍼트넘으로부터는 일찌감치 사려 깊은 조언을 받을 수 있었다. 다이앤 로즌펠드와 함께 조직한 1일 워크숍에서는 대학이라는 장소가 새로운 정의의 비전들을 실험해보는 공간이 될 수 있을까를 놓고 아이디어를 모을 수 있었다. 올리와 레우벤 아비-요나, 멜리사 팔리, 데이비드 콘스탄, 캐런 메싱, 프라티우샤 투말라-나라는 초고를 읽고 여러 가지 유용한 의견을 내주었다. 지난 50년간 내게 가장 가까운 동료가 되어준 친애하는 친구 에밀리 샤초프는 이번에도 힘이 되어주리라는 기대를 저버리지 않았다. 비판이 필요한 대목을 비판해주는 일도 빠뜨리지 않았다. 오빠 존 블록 루이스와 딸 에마 루이스 베른트는 내가 격려와 아이디어를 필요로 할 때면 늘 그것을 줄 수 있는 곳에 있어주었다.

에이전시와 함께 작업하는 것은 이번이 처음이었는데, 일라이어스 알트먼은 이 책을 대뜸 이해하고 나를 무진장 도와주었다. 내 편집자 라라 하이머트는 팬데믹 시기 내내 어린아이를 돌보는 중에도 완벽한 전문가였다. 이번 책에 일관성 있고 정합성 있고 가독성이 있는 논의가 있는 한, 그 공로의 큰 부분은 그녀의 몫이다. 오류들과 결함들은 물론 나의 것이다.

물론 내가 가장 감사해야 할 사람들이 있다. 나와 인터뷰하면서 본인의 이야기, 본인의 비전을 나누어준 서른 명의 제보자들에게, 그리고 내 학생들과 내 환자들 모두에게, 그리고 내가 지금 알고 있는 거의 모든 것을 오랜 세월에 걸쳐 나에게 가르쳐준 내 양친에게 가장 큰 감사를 전한다.

주

서론

1 J L Herman: *Trauma and Recovery: The Aftermath of Violence—from Domestic Abuse to Political Terror.* New York: Basic Books, 1992, 1997, 2015, 2022.

2 R J Lifton: *Death in Life: Survivors of Hiroshima.* Chapel Hill, NC: University of North Carolina Press, 1969, 1991.

3 United Nations: *The World's Women 2015: Trends and Statistics.* Department of Economic and Social Affairs, Statistics Division, 2015.

4 G Paley: "Two Ears, Three Lucks." *The Collected Stories.* New York: Farrar, Straus & Giroux, 1994, xi쪽.

5 K Sarachild: "Consciousness-Raising: A Radical Weapon." In: *Feminist Revolution.* New York: Redstockings, 1975. 캐시는 급진주의 페미니즘을 받아들이면서 아버지의 성을 버리고 어머니의 성으로 개명했다.

6 D J Henderson: "Incest." In: A M Freedman, H I Kaplan & B J Sadock (Eds.): *Comprehensive Textbook of Psychiatry,* 2nd Edition. Baltimore: Williams & Wilkins, 1975, 1532쪽.

7 J L Herman & L Hirschman: Father-daughter incest. *Signs: Journal of Women in Culture and Society* 1977; 2:735~756쪽.

8 S Brownmiller: *Against Our Will: Men, Women, and Rape.* New York: Simon & Schuster, 1975. L Walker: *The Battered Woman.* New York: William Morrow, 1979. C MacKinnon: *Sexual Harassment of Working Women.* New Haven, CT: Yale University Press, 1979.

9 내가 이 내용을 포함해서 자전적 내용을 처음 담은 글은 J L Herman: Helen

Block Lewis: A memoir of three generations. *Psychoanalytic Psychology* 2013; 30:528~534쪽.
10 K Crenshaw: "How R Kelly Got Away with It," *New York Times*, 2021년 1월 3일.

작업 방식에 관한 짧은 글

1 J L Herman: Justice from the victim's perspective. *Violence Against Women* 2005; 11:571~602쪽.

1장 독재의 규칙

1 T Snyder: *On Tyranny: Twenty Lessons from the Twentieth Century.* New York: Penguin Random House, 2017. [국역본: 티머시 스나이더, 『폭정』, 조행복 옮김, 열린책들, 2017.]
2 A D Biderman: Communist attempts to elicit false confessions from air force prisoners of war. *Bulletin of the New York Academy of Medicine* 1957; 33:616~626쪽; 인용은 617쪽.
3 Amnesty International: *Report on Torture.* New York: Farrar, Straus & Giroux, 1973.
4 KUBARK Counterintelligence Manual (1963), 90쪽. 인용은 F W Putnam: *The Way We Are: How States of Mind Influence Our Identities, Personality, and Potential for Change.* New York: IP Books, 2016, 373쪽.
5 전직 '제9구역 항소 법원' 판사 알렉스 코진스키의 말, 인용은 M C Nussbaum: *Citadels of Pride: Sexual Assault, Accountability, and Reconciliation.* New York: Norton, 2021, 143쪽.
6 R Lloyd: *Girls Like Us: Fighting for a World Where Girls Are Not for Sale, an Activist Finds Her Calling and Heals Herself.* New York: HarperCollins, 2011, 95~96쪽.
7 K Richards & M Jagger: "Under My Thumb." In: *Aftermath.* London: Decca Records, 1966.
8 O Patterson: *Slavery and Social Death.* Cambridge, MA: Harvard University Press, 1982.
9 M Gessen: *Surviving Autocracy.* New York: Riverhead Books, 2020, 47쪽.
10 같은 책, 111쪽.

11 M Rothberg: *The Implicated Subject: Beyond Victims and Perpetrators*. Stanford, CA: Stanford University Press, 2019.

2장 평등의 규칙

1 인용은 in K Young: "Our Freedom Is America's Freedom," *New York Times*, 2021년 6월 20일, SR 5면.

2 J Rawls: *A Theory of Justice*. Revised Edition. Cambridge, MA: Harvard University Press, 1999.

3 인용은 L Weschler: *A Miracle, a Universe: Settling Accounts with Torturers*. New York: Pantheon, 1990, 244쪽.

4 M C Nussbaum: *Citadels of Pride: Sexual Assault, Accountability, and Reconciliation*. New York: Norton, 2021, 41~56쪽.

5 S Jacoby: *Wild Justice: The Evolution of Revenge*. New York: Harper & Row, 1983.

6 출처는 "Revenge Is Sour," *The Complete Works of George-Orwell*, http://www.george-orwell.org/Revenge_is_Sour/0.html.

7 J Murphy: "The Retributive Emotions." In: J G Murphy & J Hampton (Eds.): *Forgiveness and Mercy*. Cambridge, UK: Cambridge University Press, 1988, 1~9쪽.

8 R London: *Crime, Punishment, and Restorative Justice: From the Margins to the Mainstream*. Boulder, CO: First Forum Press, 2011, 64쪽.

9 같은 책, 74~75쪽.

10 E Erikson: *Childhood and Society*. New York: Norton, 1950.

11 내가 가진 많은 생각들이 그러하듯 내가 이 생각을 하게 된 것도 내 어머니(윤리 감정들을 연구한 정신분석가 겸 연구자)의 선구적 작업 덕분이다. 볼 곳은 H B Lewis: *Psychic War in Men and Women*. New York: New York University Press, 1976, 71~72쪽.

12 C Miller: *Know My Name: A Memoir*. New York: Viking, 2019, 349~350쪽.

13 E Erez: "Who's afraid of the big bad victim? Victim impact statements as victim empowerment and enhancement of justice". *Criminal Law Review*; 1999년 7월, 545~556쪽.

14 B Williams: *Shame and Necessity*. Berkeley: University of California Press, 1990, 80쪽.

3장 가부장제

1 C A MacKinnon: *Feminism Unmodified: Discourses on Life and Law.* Cambridge, MA: Harvard University Press, 1987, 169쪽.

2 United Nations: *The World's Women 2015: Trends and Statistics.* Department of Economic and Social Affairs, Statistics Division, 2015.

3 P Tjaden & N Thoennes: *Prevalence, Incidence, and Consequences of Violence Against Women: Findings from the National Violence Against Women Survey.* US Department of Justice, National Institute of Justice, 1998. M J Breiding, S G Smith, K C Basile, et al.: Prevalence and characteristics of sexual violence, stalking, and intimate partner violence victimization: National Intimate Partner and Sexual Violence Survey. *Morbidity and Mortality Weekly Report*, Surveillance Summaries 2014; 63:1~18쪽.

4 "Wartime Sexual Violence," Wikipedia, https://en.wikipedia.org/wiki/Wartime_sexual_violence#1974_to_1992.

5 J D Foubert, A Clark-Taylor & A F Wall: Is campus rape primarily a serial or one-time problem: Evidence from a multi-campus study. *Violence Against Women* 2019; 25:1~16쪽.

6 "Prevention Strategies," CDC, www.cdc.gov/violenceprevention/childabuseandneglect/prevention.html.

7 J Herman, D Russell & K Trocki: Long-term effects of incestuous abuse in childhood. *American Journal of Psychiatry* 1986; 143:1293~1296쪽.

8 J L Herman: *Father-Daughter Incest*. Cambridge, MA: Harvard University Press, 1981.

9 R Lanius: "Restoration of the Hijacked Self: Toward Embodiment and Connection." 제32회 보스턴 국제트라우마학회 강연문, 2021년 5월 27일.

10 V Springora: *Consent* (영역자: R Lehrer). New York: HarperCollins, 2021, 156쪽. [국역본: 바네사 스프링고라, 『동의』, 정혜용 옮김, 은행나무, 2021.]

11 J G Noll: Child sexual abuse as a unique risk factor for the development of psychopathology: The compounded convergence of mechanisms. *Annual Review of Clinical Psychology* 2021; 17:1~26쪽.

12 같은 글.

13 R Kluft: "On the Apparent Invisibility of Incest." In: R Kluft (Ed.): *Incest-Related Syndromes of Adult Psychopathology.* Washington, DC: American Psychiatric Association Press, 1990, 25쪽.

14 A Dworkin: Prostitution and male supremacy. *Michigan Journal of Gender & Law* 1993; 1:1쪽.

15 J G Noll, P K Trickett, W W Harris, et al.: The cumulative burden borne by offspring whose mothers were sexually abused as children: Descriptive results from a multigenerational study. *Journal of Interpersonal Violence* 2009; 24:424~449쪽.

16 C S Widom, S J Czaja & K A DuMont: Intergenerational transmission of child abuse and neglect: Real or detection bias? *Science* 2015; 347:1480~1485쪽. J Kaufman & E Zigler: Do abused children become abusive parents? *American Journal of Orthopsychiatry* 1987; 57:186~192쪽.

17 United Nations: *Ending Violence Against Women: From Words to Action, Study of the Secretary-General (Overview).* UN Women, 2006, iv쪽.

18 C P Smith & F J Freyd: Institutional betrayal. *American Psychologist* 2014; 69:575~587쪽.

19 K A Lonsway & J Archambault: The "justice gap" for sexual assault cases: Future directions for research and reform. *Violence Against Women* 2012; 18:145~168쪽.

20 B R Hagerty: "An Epidemic of Disbelief: What New Research Reveals About Sexual Predators, and Why Police Fail to Catch them," *The Atlantic*, 2019년 8월.

21 M S Morabito, L M Williams & A Pattavina: *Decision Making in Sexual Assault Cases: Replication Research on Sexual Violence Case Attrition in the US*, Washington, DC: US Department of Justice, 2019.

22 J Manning: "Survivors Deserve Justice," *New York Times*, 2021년 9월 29일, A20면.

23 M Bowdler: *Is Rape a Crime? A Memoir, an Investigation, and a Manifesto.* New York: Flatiron Books, 2020, 145쪽.

24 R Campbell, S R Wasco, C E Ahrens, et al.: Preventing the "second rape": Rape survivors' experiences with community service providers. *Journal of Interpersonal Violence* 2001; 16:1239~1259쪽.

25 D Lisak, L Gardinier, A C Nicksa, et al.: False allegations of sexual assault: An analysis of ten years of reported cases. *Violence Against Women* 2010; 16:1318~1334쪽.

26 S Gagnon & A Wagner: Acute stress and episodic memory retrieval: Neurobiological mechanisms and behavioral consequences. *Annals of the New York Academy of Sciences* 2016; 1369:55~75쪽.

27 J L Herman: Crime and memory. *Bulletin of the American Academy of Psychiatry and Law* 1995; 23:5~17쪽. D Brown, A W Scheflin & D C Hammond: *Memory, Trauma Treatment, and the Law.* New York: W W Norton & Company, 1998.
28 R McMahan: *Fortunate Daughter: A Memoir of Reconciliation.* Berkeley, CA: She Writes Press, 2021, 106~107쪽, 116~118쪽.
29 M Alexander: *The New Jim Crow: Mass Incarceration in the Age of Colorblindness.* New York: New Press, 2010.
30 A S Simmons: *Love WITH Accountability: Digging Up the Roots of Child Sexual Abuse.* Chico, CA: AK Press, 2019.

4장 인정

1 A Brodsky: *Sexual Justice: Supporting Victims, Ensuring Due Process, and Resisting the Conservative Backlash.* New York: Metropolitan Books, 2021, 76쪽.
2 K Dwyer, D Walsh & A H Webb: *Call to Reform the Archdiocese of Boston.* 미발표 원고, 2003.
3 John Harvard's Journal: "Neither Comfort nor Cover: A Withering Investigation of Sexual Harassment," *Harvard Magazine*, 2021년 5/6월, 22~23면.
4 A Brodsky: 사담, 2021년 8월 25일.

5장 사죄

1 J Curran: "Sex Scandal Big Business for Lawyer," Associated Press, 2002년 4월 1일.
2 A Lazare: *On Apology.* New York: Oxford University Press, 2004.
3 N Tavuchis: *Mea Culpa: A Sociology of Apology and Reconciliation.* Stanford, CA: Stanford University Press, 1991.
4 R McMahan: *Fortunate Daughter: A Memoir of Reconciliation.* Berkeley, CA: She Writes Press, 2021.
5 R McMahan: 인터뷰, 2021년 6월 3일.
6 E Schatzow and J L Herman: Breaking secrecy: Adult survivors disclose to their families. *Psychiatric Clinics of North America* 1989; 12:337~350쪽.
7 H Zehr: Changing Lenses: *A New Focus for Crime and Justice.* Scottsdale, PA:

Herald Press, 1990.
8 D Konstan: *Before Forgiveness: The Origins of a Moral Idea*. New York: Cambridge University Press, 2010.
9 E Ensler: *The Apology*. New York: Bloomsbury, 2019. [국역본: 이브 엔슬러, 『아버지의 사과 편지』, 김은령 옮김, 심심, 2020.]
10 V(E. Ensler): "The Alchemy of Apology." 제32회 보스턴 국제트라우마학회 강연문, 2021년 5월 29일.
11 R Enright: *Forgiveness Is a Choice: A Step-by-Step Process for Resolving Anger and Restoring Hope*. Washington, DC: American Psychological Association, 2002.
12 A M Hunter: "The Thorny Question of Forgiveness." Maple Street United Methodist Church(Lynn, Massachusetts)에서의 설교, 1999년 10월 17일. 설교자로부터 제공받은 미발표 원고. Boston: Safe Havens Interfaith Partnership Against Domestic Violence, 4~5쪽.
13 D Martin: "Harm, Hope and Healing: International Dialogue on the Clergy Sex Abuse Scandal" Lecture at Marquette University Law School Conference, Milwaukee, Wisconsin, 2011년 4월 4일.
14 Y Gorelik: "Exploring the Complexities of Forgiveness," *The Conversation*, 2017년 1월 26일, https://theconversation.com/exploring-the-complexities-of-forgiveness-71774#.

6장 책임지기

1 J Brown: "Inaugural," *New York Times Magazine*, 2021년 1월 31일, 27면.
2 Alliance for Safety and Justice: *Crime Survivors Speak: National Survey of Victims' Views*. San Francisco, CA: David Binder Research, 2016.
3 D Paterson & R Campbell: Why rape survivors participate in the criminal justice system. *Journal of Community Psychology* 2010; 38:191~205쪽.
4 J Braithwaite: "The Fundamentals of Restorative Justice." In: D Sullivan and L Tiffit (Eds.): *Handbook of Restorative Justice: A Global Perspective*. London: Routledge, 2006, 35~43쪽.
5 J Braithwaite: *Crime, Shame, and Reintegration*. Cambridge, UK: Cambridge University Press, 1989, 156쪽.
6 같은 곳.
7 J Stubbs: "Domestic Violence and Women's Safety: Feminist Challenges to

Restorative Justice." In: H Strang & J Braithwaite (Eds.): *Restorative Justice and Family Violence*. Cambridge, UK: Cambridge University Press, 2002, 42~61쪽.
K Daly: *Restorative justice: The real story*. Punishment & Society 2001; 4:55~79쪽.
A Smith: Preface. In: C-I Chen, J Dulani & L Lakshmi (Eds.): *The Revolution Starts at Home: Confronting Intimate Violence Within Activist Communities*. Chico, CA: AK Press, 2016, xiii~xvii쪽.

8 H Zehr: *Changing Lenses: A New Focus for Crime and Justice*. Scottsdale. PA: Herald Press, 1990, 172쪽.

9 H Zehr: *Transcending: Reflections of Crime Victims. Intercourse*. PA: Good Books, 2001, 195쪽.

10 P Gobodo-Madikizele: 인터뷰, 2009년 10월 12일.

11 K Daly: "The Limits of Restorative Justice." In: D Sullivan & L Tifft (Eds.): *Handbook of Restorative Justice: A Global Perspective*. New York: Routledge, 2006, 134~144쪽.

12 The Chrysalis Collective: "Beautiful, Difficult, Powerful: Ending Sexual Assault Through Transformative Justice." In: C-I Chen, J Dulani & L L Piepzna-Samarasinha: *The Revolution Starts at Home: Confronting Intimate Violence Within Activist Communities*. Chico, CA: AK Press, 2016, 189~206쪽.

13 J Stubbs: "Domestic Violence and Women's Safety: Feminist Challenges to Restorative Justice." In: H Strang & J Braithwaite: *Restorative Justice and Family Violence*. Cambridge, UK: Cambridge University Press, 2002, 43~61쪽.
D A Leidholdt: *Sanctuary for Families*. New York: 비공개 기록, 2021년 11월.

14 G Duwe: Can circles of support and accountability (COSA) work in the United States: Preliminary results from a randomized experiment in Minnesota. *Sexual Abuse: A Journal of Research and Treatment* 2013; 25:143~165쪽.

15 A Lanni: Taking restorative justice seriously. *Buffalo Law Review* 2021; 69:635~681쪽.

16 R London: *Crime, Punishment, and Restorative Justice: From the Margins to the Mainstream*. Boulder, CO: First Forum Press, 2011, 177쪽.

17 같은 책, 183쪽.

18 M Kaba: *We Do This 'Til We Free Us: Abolitionist Organizing and Transformative Justice*. Chicago, IL: Haymarket Books, 2021.

19 B Naylor: Effective justice for victims of sexual assault: Taking up the debate on alternative pathways. *UNSW Law Journal* 2010; 33:662~684쪽.

20 BishopAccountability.org: https://www.bishopaccountability.org.

21 K Dwyer: 사담, 2020년 11월.
22 플레이테스Fleites 외 대 마인드긱MindGeek 외의 소송, 미국 캘리포니아 중부 지방 법원, 사건 번호 2:21-cv-4920, 2021년 6월 17일 제출.
23 M Farley: 사담, 2021년 9월 25일. 2022년 6월 19일 현재 이 사건들의 현황을 업데이트해준 '정의 옹호 기금Justice Defense Fund' 설립자 겸 CEO 라일라 미켈웨이트에게도 감사한다. 추가 정보를 보려면, S Kolhatkar: "The Perils of Pornhub," *New Yorker*, 2022년 6월 20일, 30~39면.

7장 배상

1 A M Jones: "Reparations Now, Reparations Tomorrow, Reparations Forever." In: *Reparations Now!* Spartanburg, SC: Hub City Press, 2021.
2 S Herman & M Waul: *Repairing the Harm: A New Vision for Crime Victim Compensation in America*. Washington, DC: National Center for Victims of Crime, 2004, 57쪽.
3 I Cho & A Kim: "Lawsuit Alleges Harvard Ignored Sexual Harassment Complaints Against John Comaroff for Years," *Harvard Crimson*, 2022년 2월 9일.
4 "Guide for a Trauma-Informed Law Enforcement Initiative," City of Cambridge, 2020, https://www.cambridgema.gov/-/media/Files/policedepartment/SpecialReports/guideforatraumainformedlawenforcementinitiative.pdf.
5 B Hamm, PsyD: 사담, 2020년.
6 F Camacho: Sexually exploited youth: A view from the bench. *Touro Law Review* 2015; 31:377~382쪽.
7 같은 글, 379쪽.
8 F Camacho: 인터뷰, 2021년 11월 8일.
9 F Camacho: "Human Trafficking and the Courts—the Evolution of Perceptions and the Responses to Prostitution and Human Trafficking over the Last Thirty-Five Years." Lecture at Sanctuary for Families Conference, 2019년 10월 1일.
10 S Wang-Breal: *Blowin' Up*. 다큐멘터리 영화. New York: Once in a Blue Films, 2019.
11 H, J & P: "Dear Johns—An Open Letter to Sex Buyers," *Boston Globe*, 2019년 3월 18일, A9면.
12 T. Serita: 인터뷰, 2021년 12월 30일.
13 예를 들면, "Sex, Carceralism, and Capitalism." In: A Srinivasan: *The Right to Sex:*

Feminism in the Twenty-First Century. New York: Farrar, Straus & Giroux, 2021, 149~179쪽.

14 L Platt, P Grenfell, R Meiksin, et al.: Associations between sex work laws and sex workers' health. *PLoS Med* 2018; 15(12):e1002680.

15 R Moran & M Farley: Consent, coercion, and culpability: Is prostitution stigmatized work or an exploitative and violent practice rooted in sex, race and class inequality? *Archives of Sexual Behavior* 2018; 48:1947~1953쪽.
M Farley: Making the connections: Resource extraction, prostitution, poverty, climate change, and human rights. *International Journal of Human Rights* 2021; https://www.tandfonline.com/doi/full/10.1080/13642987.2021.1997999.

16 New Zealand Prostitution Law Review Committee: *Report of the Prostitution Law Review Committee on the Operation of the Prostitution Reform Act of 2003.* 뉴질랜드, 웰링턴, 2008년.

17 W Kaime-Atterhog: *Perspectives on the Swedish Model to Prevent and Combat Prostitution and Trafficking for Purposes of Sexual Exploitation.* Stockholm: House of Plenty Foundation, 2021.

18 M Waltman: Pornography: *The Politics of Legal Challenges.* New York: Oxford University Press, 2021. 영어뿐 아니라 스웨덴어로 나와 있는 실질적 문헌을 포함하는 증거 자료들에 대한 전반적 검토를 보려면, 특히 9장: "Substantive Equality Prostitution Law, 1999~2019," 334~370쪽.

19 F Camacho: 인터뷰, 2021년 11월 8일.

20 F Camacho: "Human Trafficking and the Courts—The Evolution of Perceptions and the Responses to Prostitution and Human Trafficking over the Last Thirty-Five Years." Lecture at Sanctuary for Families "Vision for Change" Conference, 뉴욕, 2019년 10월 27일.

21 F Camacho: 인터뷰, 2021년 11월 8일.

8장 재활

1 인용문은 A R Ackerman & J S Levenson: *Healing from Sexual Violence: The Case for Vicarious Restorative Justice.* Brandon, VT: Safer Society Press, 2019, 89쪽.

2 M DeLisi, A E Kosloski, M G Vaughn, et al.: Does childhood sexual abuse victimization translate into juvenile sexual offending? New evidence. *Violence and Victims* 2014; 29:620~635쪽.

3 D Dehart & S Lynch: *Women's and Girls' Pathways Through the Criminal Legal System: Addressing Trauma, Mental Health, and Marginalization*. San Diego, CA: Cognella, 2021.

4 G Duwe: Can circles of support and accountability (COSA) work in the United States: Preliminary results from a randomized experiment in Minnesota. *Sexual Abuse: A Journal of Research and Treatment* 2013; 25:143~165쪽.

5 J L Herman: Considering sex offenders: A model of addiction. *Signs: Journal of Women in Culture and Society* 1988; 13:695~724쪽.

6 R L Snyder: *No Visible Bruises: What We Don't Know About Domestic Violence Can Kill Us*. New York: Bloomsbury, 2019.

7 D Rosenfeld: "Who Are You Calling a 'Ho'? Challenging the Porn Culture on Campus." In: M T Reist & A Bray (Eds.): *Big Porn Inc: Exposing the Harms of the Pornography Industry*. Victoria, Australia: Spinifex Press, 2011, 41~52쪽; 인용은 45쪽.

8 H M Zinzow & M Thompson: A longitudinal study of risk factors for repeated sexual coercion and assault in US college men. *Archives of Sexual Behavior* 2015; 44:213~222쪽. J D Foubert, A Clark-Taylor & A F Wall: Is campus rape primarily a serial or one-time problem? Evidence from a multi-campus study. *Violence Against Women* 2019; 25:1~16쪽.

9 "About Us," Domestic Abuse Intervention Programs, https://www.the duluthmodel.org/about-us.

10 R E Dobash, R P Dobash, K Cavanaugh, et al.: *Changing Violent Men*. Thousand Oaks, CA: Sage, 2000. E Gondolf: *Batterer Intervention Systems: Issues, Outcomes, and Recommendations*. Thousand Oaks, CA: Sage Publications, 2002.

11 E Gondolf: *The Future of Batterer Programs: Reassessing Evidence-Based Practice*. Boston, MA: Northeastern University Press, 2012.

12 U Douglas, D Bathrick & P A Perry: Deconstructing male violence against women: The Men Stopping Violence community-accountability model. *Violence Against Women* 2008; 14:247~261쪽.

13 J D Stinson & J V Becker: *Treating Sex Offenders: An Evidence-Based Manual*. New York: Guilford, 2013.

14 M Koss: The RESTORE Program of Restorative Justice for sex crimes: Vision, process, and outcomes. *Journal of Interpersonal Violence* 2014; 29:1623~1660쪽.

15 A R Ackerman & J S Levenson: *Healing from Sexual Violence: The Case for Vicarious Restorative Justice*. Brandon, VT: Safer Society Press, 2019.

9장 예방

1 S Abdulali: *What We Talk About When We Talk About Rape*. New York: New Press, 2018, 133쪽. [국역본: 소하일라 압둘알리, 『강간을 말할 때 우리가 이야기하는 것』, 김성순 옮김, 쌤앤파커스, 2020.]

2 K M Boyle: Social psychological processes that facilitate sexual assault with the fraternity party subculture. *Sociology Compass* 2015; 9:386~399쪽.
K McCray: Intercollegiate athletics and sexual violence: A review of literature and recommendations for future study. *Trauma, Violence and Abuse* 2015; 16:438~443쪽.

3 P R Sanday: *Fraternity Gang Rape: Sex, Brotherhood, and Privilege on Campus*. New York: New York University Press, 2007.

4 F W Putnam: *Something Terrible Happened to These Children: Memoir of a Child Abuse Doctor*. 미발표 원고, 2022년.

5 D Rosenfeld: Uncomfortable conversations: Confronting the reality of target rape on campus. *Harvard Law Review Forum* 2015; 128:359~380쪽.

6 J D Foubert, A Clark-Taylor & A F Wall: Is campus rape primarily a serial or one-time problem: Evidence from a multi-campus study. *Violence Against Women* 2019; 25:1~16쪽.

7 MASOC Campus Sexual Misconduct Conference, William James College, Boston, Massachusetts, 2021년 6월 10일.

8 J S Santelli, S A Grilo, T-H Choo, et al.: Does sex education before college protect students from sexual assault in college? *PLoS ONE* 2018; 13(11):e0205951.

9 P Orenstein: "Ignoring Pornography Won't Make It Go Away," *New York Times*, 2021년 6월 15일.

10 C A MacKinnon: *Feminism Unmodified: Discourses on Life and Law*. Cambridge, MA: Harvard University Press, 1987, 171쪽.

11 S D Hill: 인터뷰, 2020년 11월 18일, 2020년 12월 10일.

12 K Peterson, P Sharps, V Banyard, et al.: An evaluation of two dating violence prevention programs on a college campus. *Journal of Interpersonal Violence Online* 2016; 1~26쪽. https://doi,org/10.1177/088626051663069. K Alegria-Flores, K Raker, R K Pleasants, et al.: Preventing interpersonal violence on college campuses: The effect of One Act training on bystander intervention. *Journal of Interpersonal Violence* 2017; 32:1103~1126쪽.

13 A L Coker, B S Fisher, H M Bush, et al.: Evaluation of the Green Dot Bystander Intervention to reduce interpersonal violence among college students across three campuses. *Violence Against Women* 2015; 21:1507~1527쪽.
14 T N Richards: An updated review of institutions of higher education's responses to sexual assault: Results from a nationally representative sample. *Journal of Interpersonal Violence* 2019; 34:1983~2012쪽.
15 C Mengo & B M Black: Violence victimization on a college campus: Impact on GPA and school dropout. Journal of College Student Retention: Research, *Theory & Practice* 2015; 16:1~15쪽.
16 Anonymous: "Dear Harvard: You Win," *Harvard Crimson*, 2014년 3월 31일.
17 John Harvard's Journal: "Harvard's Sexual Assault Problem," *Harvard Magazine*, 2015년 11/12월, 18~20면.
18 K J Holland, L M Cortina & J J Freyd: Compelled disclosure of college sexual assault. *American Psychologist* 2018; 73:256~268쪽.
19 J F Isselbacher and A Y Su: "With End of Sanctions, Khurana Bids Signature Policy Proposal Goodbye," *Harvard Crimson*, 2020년 7월 1일.
20 S C Chu & I M Lewis: "Prevalence of Sexual Misconduct at Harvard Remains Unchanged from Four Years Ago, AAU Survey Finds," *Harvard Crimson*, 2019년 10월 15일.
21 J F Isselbacher and A Y Su: "With End of Sanctions, Khurana Bids Signature Policy Proposal Goodbye," *Harvard Crimson*, 2020년 7월 1일.
22 A Brodsky: *Sexual Justice: Supporting Victims, Ensuring Due Process, and Resisting the Conservative Backlash*. New York: Metropolitan Books, 2021.
23 L Ferre-Sadurni: "He Is Accused of Rape but Has 'a Good Family,'" *New York Times*, 2019년 7월 3일, 1면.
24 "Federal Judge Vacates Part of Trump Administration's Title IX Sexual Harassment Rule," National Women's Law Center, 2021년 8월 11일, https://nwlc.org/resources/federal-judge-vacates-part-of-trump-administrations-title-ix-sexual-harassment.
25 R Frost: 인터뷰, 2020년 9월 3일.
26 MASOC Campus Sexual Misconduct Conference, William James College, Boston, Massachusetts, 2021년 6월 10일.
27 D R Karp: *The Little Book of Restorative Justice for Colleges and Universities*. New York: Good Books, 2015.
28 D R Karp: "Restorative Justice and Responsive Regulation in Higher Education:

The Complex Web of Campus Sexual Assault Policy in the United States, and a Restorative Alternative." In: G Burford, V Braithwaite & J Braithwaite (Eds.): *Restorative and Responsive Human Services*. New York: Routledge, 2019, 143~164쪽.

29 M Orcutt, P M Petrowski, D R Karp, et al.: Restorative Justice approaches to the informal resolution of student sexual misconduct. *Journal of College and University Law* 2020; 45쪽.

결론 가장 오래 걸리는 혁명

1 A. Hill: *Believing*. New York: Viking, 2021.

2 J Mitchell: Women: The longest revolution. *New Left Review* 1966; 40쪽.

3 United Nations General Assembly: "Convention on the Elimination of All Forms of Discrimination Against Women," UN Human Rights Office of the High Commissioner, 1979년 12월 18일, https://www.ohchr.org/en/professionalinterest/pages/cedaw.aspx.

4 "15 Years of the United Nations Special Rapporteur on Violence Against Women, Its Causes and Consequences (1994~2009)—A Critical Review," UN Human Rights Office of the High Commissioner, https://www.ohchr.org/Documents/Issues/Women/15YearReviewofVAWMandate.pdf.

5 "Violence Against Women, Its Causes and Consequences: Report of the Special Rapporteur on Violence Against Women, Its Causes and Consequences," United Nations, https://undocs.org/A/HRC/41/42.

6 www.dol.gov/agencies/wb/data/facts.

7 N Gartrell, J L Herman, S Olarte, et al.: Psychiatrist-patient sexual contact: Results of a national survey, I: Prevalence. *American Journal of Psychiatry* 1986; 143:1126~1131쪽.

8 Office for Diversity, Equity, and Inclusion: https://diversity.defense.gov.

9 C A MacKinnon: "#MeToo Has Done What the Law Could Not," *New York Times*, 2018년 2월 4일.

10 M Fisher: "As Abortion Rights Expand, US Joins the Telling Exceptions," *New York Times*, 2021년 9월 10일, A6면.

11 T Burke & M Ramirez: "We Cannot End Racism Without Listening to Sexual Violence Survivors," *ELLE*, 2020년 7월 7일.

12 M Farley, A Cotton, J Lynne, et al.: Prostitution and trafficking in nine countries: Update on violence and post traumatic stress disorder. *Journal of Trauma Practice* 2003; 2:33~74쪽. M Farley: "Prostitution: An Extreme Form of Girls' Sexualization." In: EL Zurbriggen & T-A Roberts (Eds.): *The Sexualization of Girls and Girlhood*. New York: Oxford University Press, 2013, 166~194쪽.
13 M Waltman: *Pornography: The Politics of Legal Challenges*. New York: Oxford University Press, 2021.

감사의 말

1 J L Herman: Helen Block Lewis: A memoir of three generations. *Psychoanalytic Psychology* 2013; 30:528~534쪽.

찾아보기

| ㄴ |

| ㄷ |

| ㄹ |

| ㅇ |

| ㅈ |

| ㅍ |

| ㅎ |

| 기타 |

옮긴이 김정아

번역가. 옮긴 책으로 『비폭력의 힘』, 『3기니』, 『마음의 발걸음』, 『걷기의 인문학』, 『버지니아 울프라는 이름으로』, 『프닌』, 『발터 벤야민, 사진에 대하여』, 『발터 벤야민과 아케이드 프로젝트』, 『발터 벤야민 평전』, 『발터 벤야민 또는 혁명적 비평을 향하여』, 『아카이브 취향』, 『역사: 끝에서 두 번째 세계』, 『사랑한다고 했다가 죽이겠다고 했다가』, 『자살폭탄테러』, 『미국 고전문학 연구』, 『붉은 죽음의 가면』, 『폭풍의 언덕』, 『오만과 편견』 등이 있다.

진실과 회복

초판 발행 2024년 3월 15일

지은이 주디스 루이스 허먼
옮긴이 김정아
펴낸이 김정순
책임편집 허정은
편집 허영수
마케팅 이보민 양혜림 손아영

펴낸곳 (주)북하우스 퍼블리셔스
출판등록 1997년 9월 23일 제406-2003-055호
주소 04043 서울시 마포구 양화로 12길 16-9(서교동 북앤빌딩)
전자우편 editor@bookhouse.co.kr
홈페이지 www.bookhouse.co.kr
전화번호 02-3144-3123
팩스 02-3144-3121

ISBN 979-11-6405-238-7 03330